教育部人文社会科学重点研究基地成果
中国语言文学国家双一流建设学科成果

汉 语 方 言 语 法 研 究 丛 书

顾问　邢福义　张振兴

主编　汪国胜

崇阳方言语法研究

祝　敏◎著

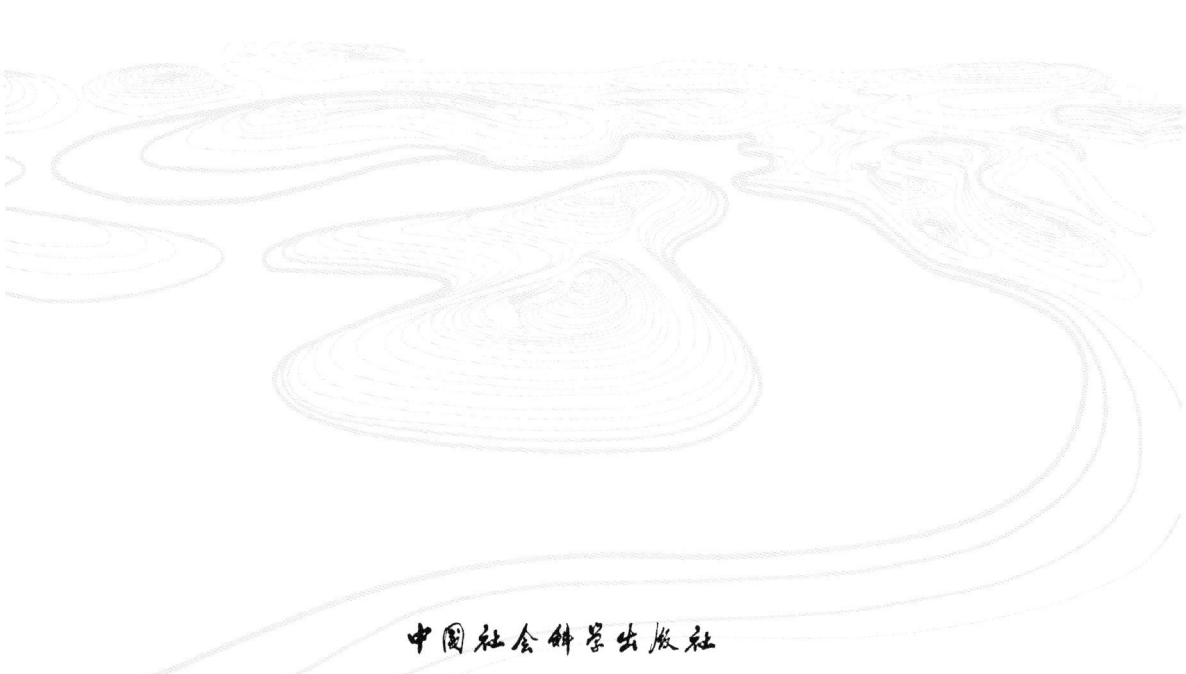

中国社会科学出版社

图书在版编目（CIP）数据

崇阳方言语法研究／祝敏著 . —北京：中国社会科学出版社，2022.9
（汉语方言语法研究丛书）
ISBN 978-7-5227-0644-3

Ⅰ.①崇… Ⅱ.①祝… Ⅲ.①西南官话—语法—方言研究—崇阳县 Ⅳ.①H172.3

中国版本图书馆 CIP 数据核字（2022）第 137304 号

出 版 人	赵剑英
责任编辑	张　林
特约编辑	张　虎
责任校对	郝阳洋
责任印制	戴　宽

出　　版	中国社会科学出版社
社　　址	北京鼓楼西大街甲 158 号
邮　　编	100720
网　　址	http://www.csspw.cn
发 行 部	010-84083685
门 市 部	010-84029450
经　　销	新华书店及其他书店

印刷装订	北京君升印刷有限公司
版　　次	2022 年 9 月第 1 版
印　　次	2022 年 9 月第 1 次印刷

开　　本	710×1000　1/16
印　　张	20.5
字　　数	328 千字
定　　价	119.00 元

凡购买中国社会科学出版社图书，如有质量问题请与本社营销中心联系调换
电话：010-84083683
版权所有　侵权必究

总　　序

20世纪80年代以来，随着汉语方言研究的拓展和深化，方言语法的研究越来越受到学界的关注和重视。这一方面是因为方言语法客观上存在着不同程度的不容小视的差异，另一方面是因为共同语（普通话）语法和历史语法的深入研究需要方言语法研究的支持。

过去人们一般认为，跟方言语音和词汇比较而言，方言语法的差异很小。这是一种误解，让人忽略了对方言语法事实的细致观察。实际上，在南方方言，语法上的差异还是不小的，至少不像过去人们想象的那么小。当然，这些差异大多是表现在一些细节上，但就是这样一些细节，从一个侧面鲜明地映射出方言的特点和个性。比如，湖北大冶方言的情意变调，[1] 青海西宁方言的左向否定，[2] 南方方言的是非型正反问句，[3] 等等，这些方言语法的特异表现，既显示出汉语方言语法的丰富性和复杂性，也可以提升我们对整体汉语语法的全面认识。

共同语语法和方言语法都是对历史语法的继承和发展，它们密切联系，又相互区别。作为整体汉语语法的一个方面，无论是共同语语法还是历史语法，有的问题光从本身来看，可能看不清楚，如果能将视线投向方言，则可从方言中获得启发，找到问题解决的线索和证据。朱德熙和邢福义等先生关于汉语方言语法的许多研究就是明证。[4] 可见方言语法对于共同语语法和历史语法研究的重要价值。

---

[1]　汪国胜：《大冶话的情意变调》，《中国语文》1996年第5期。
[2]　汪国胜：《从语法角度看〈现代汉语方言大词典〉》，《方言》2003年第4期。
[3]　汪国胜、李娶：《汉语方言的是非型正反问句》，《方言》2019年第1期。
[4]　朱德熙：《从历史和方言看状态形容词的名词化》，《方言》1993年第2期；邢福义：《"起去"的普方古检视》，《方言》2002年第2期。

本《丛书》由教育部人文社会科学重点研究基地华中师范大学"语言与语言教育研究中心"筹划实施并组织编纂，主要收录两方面的成果：一是单点方言语法的专题研究（甲类），如《武汉方言语法研究》；二是方言语法的专题比较研究（乙类），如《汉语方言疑问范畴比较研究》。其中有的是国家或教育部社科基金项目的结项成果，有的是作者多年潜心研究的学术结晶，有的是博士学位论文。就两类成果而言，应该说，当前更需要的是甲类成果。只有把单点方言语法研究的工作做扎实了，调查的方言点足够多了，考察足够深了，有了更多的甲类成果的积累，才能更好地开展广泛的方言语法的比较研究，才能逐步揭示汉语方言语法及整体汉语语法的基本面貌。

出版本《丛书》，一方面是想较为集中地反映汉语方言语法的研究成果，助推方言语法研究，另一方面是想为将来汉语方言语法的系统描写做点基础性的工作。《丛书》能够顺利面世，得力于中国社会科学出版社张林编辑的全心支持，在此表示衷心的感谢。《丛书》难免存在这样那样的问题，盼能得到读者朋友的批评指正。

汪国胜
2021 年 5 月 1 日

目　　录

导　言 ……………………………………………………………… (1)
  0.1 崇阳概况 ……………………………………………………… (1)
    0.1.1 地理人口 ………………………………………………… (1)
    0.1.2 历史沿革 ………………………………………………… (1)
    0.1.3 行政区划 ………………………………………………… (2)
    0.1.4 地方文化 ………………………………………………… (2)
    0.1.5 语言使用 ………………………………………………… (3)
  0.2 崇阳方言的内部差异 ………………………………………… (4)
  0.3 关于崇阳方言的研究 ………………………………………… (5)
    0.3.1 语音研究 ………………………………………………… (6)
    0.3.2 词汇研究 ………………………………………………… (8)
    0.3.3 语法研究 ………………………………………………… (9)
    0.3.4 小结 ……………………………………………………… (10)
  0.4 崇阳音系 …………………………………………………… (11)
    0.4.1 声母 ……………………………………………………… (11)
    0.4.2 韵母 ……………………………………………………… (12)
    0.4.3 声调 ……………………………………………………… (13)
  0.5 符号说明 …………………………………………………… (14)
  0.6 发音人 ……………………………………………………… (14)

第1章　重叠 ……………………………………………………… (16)
  1.1 名词重叠 …………………………………………………… (16)
  1.2 量词重叠 …………………………………………………… (17)
    1.2.1 一X(一)X ……………………………………………… (17)

1.2.2　X是X ……………………………………………… (18)

1.3　动词重叠 …………………………………………………… (22)

1.3.1　VV神 …………………………………………… (22)

1.3.2　AABB ……………………………………………… (23)

1.4　形容词重叠 ………………………………………………… (24)

1.4.1　AABB ……………………………………………… (25)

1.4.2　A里A气 …………………………………………… (25)

1.4.3　AXΛY ……………………………………………… (26)

1.4.4　AA神 ……………………………………………… (26)

1.5　小结 ………………………………………………………… (28)

第2章　语缀 ………………………………………………………… (30)

2.1　前缀 ………………………………………………………… (31)

2.1.1　初 …………………………………………………… (31)

2.1.2　第 …………………………………………………… (31)

2.1.3　老 …………………………………………………… (32)

2.1.4　小/细 ………………………………………………… (33)

2.1.5　经 …………………………………………………… (34)

2.2　后缀 ………………………………………………………… (35)

2.2.1　仔 …………………………………………………… (35)

2.2.2　首 …………………………………………………… (35)

2.2.3　头 …………………………………………………… (37)

2.2.4　煞 …………………………………………………… (38)

2.2.5　哒 …………………………………………………… (38)

2.2.6　子 …………………………………………………… (39)

2.2.7　巴 …………………………………………………… (40)

2.2.8　把 …………………………………………………… (41)

2.2.9　神 …………………………………………………… (43)

2.2.10　气 ………………………………………………… (43)

2.3　中缀 ………………………………………………………… (44)

2.3.1　里 …………………………………………………… (44)

2.3.2　不 …………………………………………………… (44)

2.4 小结 ……………………………………………………………… (44)

第3章 方所 ……………………………………………………………… (46)

3.1 单纯方位词 ………………………………………………………… (46)

3.1.1 单独使用 …………………………………………………… (46)

3.1.2 搭配使用 …………………………………………………… (47)

3.2 合成方位词 ………………………………………………………… (48)

3.2.1 X头、X底 ………………………………………………… (49)

3.2.2 边弦、边上、侧边、旁边 …………………………………… (49)

3.2.3 底下、屎哒、㶿㶿 ………………………………………… (50)

3.3 小结 ………………………………………………………………… (50)

第4章 时间 ……………………………………………………………… (51)

4.1 时间名词 …………………………………………………………… (51)

4.2 时间副词 …………………………………………………………… (52)

第5章 趋向 ……………………………………………………………… (53)

5.1 趋向动词 …………………………………………………………… (53)

5.1.1 起去 ………………………………………………………… (53)

5.1.2 归去、去归 ………………………………………………… (54)

5.2 句法功能 …………………………………………………………… (55)

第6章 数量 ……………………………………………………………… (56)

6.1 数词 ………………………………………………………………… (56)

6.1.1 几 …………………………………………………………… (56)

6.1.2 把 …………………………………………………………… (57)

6.1.3 多 …………………………………………………………… (58)

6.1.4 出头 ………………………………………………………… (58)

6.2 量词 ………………………………………………………………… (59)

6.2.1 个体量词 …………………………………………………… (59)

6.2.2 不定量词 …………………………………………………… (59)

6.2.3 动量词 ……………………………………………………… (60)

6.3 数量名短语 ………………………………………………………… (61)

6.4 小结 ………………………………………………………………… (61)

第7章 代词 (62)

7.1 人称代词 (62)
- 7.1.1 基本形式 (62)
- 7.1.2 主要特点 (63)

7.2 指示代词 (68)
- 7.2.1 基本形式 (68)
- 7.2.2 主要特点 (69)

7.3 疑问代词 (74)
- 7.3.1 基本形式 (74)
- 7.3.2 主要特点 (74)

7.4 小结 (76)

第8章 性状 (78)

8.1 "XA"式形容词 (78)
- 8.1.1 结构特点 (78)
- 8.1.2 表意特点 (79)
- 8.1.3 句法功用 (80)

8.2 "X哒A"式形容词 (81)
8.3 重叠式形容词 (82)
8.4 四字格形容词 (82)
8.5 小结 (84)

第9章 程度 (86)

9.1 词汇手段 (86)
- 9.1.1 点把、点子、有点把 (86)
- 9.1.2 闷、蛮 (90)
- 9.1.3 斗倒、紧倒 (90)
- 9.1.4 几 (91)
- 9.1.5 才、才是 (91)
- 9.1.6 还 (92)
- 9.1.7 硬、硬是 (92)
- 9.1.8 个、个样、个么、伊样 (93)

9.2 句法手段 (93)

9.2.1	述补式	(93)
9.2.2	比较式	(95)
9.2.3	要几……就有几	(96)

9.3 小结 ……………………………………………………………… (96)

第10章 介引 …………………………………………………… (97)

10.1 介引时空 ………………………………………………………… (97)
  10.1.1 在 ……………………………………………………… (97)
  10.1.2 得、到 …………………………………………………… (98)
  10.1.3 从、往、顺倒、过、经过 ……………………………… (99)
  10.1.4 朝、照、照倒、对倒 …………………………………… (100)
  10.1.5 着、着倒 ………………………………………………… (100)
  10.1.6 到 ………………………………………………………… (100)
  10.1.7 隔 ………………………………………………………… (101)

10.2 介引对象 ………………………………………………………… (101)
  10.2.1 跟 ………………………………………………………… (101)
  10.2.2 对 ………………………………………………………… (102)
  10.2.3 得、到 …………………………………………………… (102)
  10.2.4 替、比 …………………………………………………… (102)
  10.2.5 连、连倒、带、连……带 ……………………………… (103)
  10.2.6 除哒 ……………………………………………………… (103)

10.3 介引工具 ………………………………………………………… (104)
10.4 介引实施、受事 ………………………………………………… (104)
10.5 介引方式、依据 ………………………………………………… (104)
  10.5.1 趁、趁倒 ………………………………………………… (104)
  10.5.2 按、按倒、照、照倒、靠、凭 ……………………… (105)
  10.5.3 尽、等、随便 …………………………………………… (105)

10.6 介引目的 ………………………………………………………… (106)
10.7 小结 ……………………………………………………………… (107)

第11章 关联 …………………………………………………… (108)

11.1 词间连词 ………………………………………………………… (108)
  11.1.1 表并列 …………………………………………………… (108)

11.1.2　表选择 ……………………………………………… (109)
　　11.1.3　表递进 ……………………………………………… (109)
11.2　句间连词 …………………………………………………… (109)
　　11.2.1　表并列 ……………………………………………… (109)
　　11.2.2　表选择 ……………………………………………… (110)
　　11.2.3　表递进 ……………………………………………… (111)
　　11.2.4　表转折 ……………………………………………… (111)
　　11.2.5　表假设 ……………………………………………… (112)
　　11.2.6　表条件 ……………………………………………… (113)
　　11.2.7　表目的 ……………………………………………… (114)
　　11.2.8　表因果 ……………………………………………… (115)
11.3　小结 ………………………………………………………… (115)

第12章　体貌 ………………………………………………… (117)

12.1　起始体 ……………………………………………………… (118)
　　12.1.1　句法形式 …………………………………………… (118)
　　12.1.2　"起来"的虚化 ……………………………………… (119)
12.2　进行体 ……………………………………………………… (119)
　　12.2.1　（正）在$_1$＋V ……………………………………… (120)
　　12.2.2　V＋在$_2$ …………………………………………… (120)
　　12.2.3　在$_1$＋V＋在$_2$ …………………………………… (120)
　　12.2.4　V倒＋在$_2$、V倒＋O＋在$_2$ ……………………… (121)
　　12.2.5　V＋来＋V＋去 ……………………………………… (122)
12.3　持续体 ……………………………………………………… (122)
　　12.3.1　句法形式 …………………………………………… (123)
　　12.3.2　句法意义 …………………………………………… (123)
　　12.3.3　"倒"的功能 ………………………………………… (124)
　　12.3.4　"倒"的来源 ………………………………………… (126)
12.4　完成体 ……………………………………………………… (126)
12.5　经历体 ……………………………………………………… (129)
12.6　先行体 ……………………………………………………… (129)
　　12.6.1　句法形式 …………………………………………… (129)

12.6.2 "当"的虚化 …………………………………………（130）
　12.7 短时貌和尝试貌 ……………………………………………（131）
　12.8 再次貌 ………………………………………………………（132）
　12.9 小结 …………………………………………………………（133）

第13章 语气 …………………………………………………………（135）
　13.1 啊 ……………………………………………………………（135）
　　13.1.1 用于陈述句 …………………………………………（136）
　　13.1.2 用于祈使句 …………………………………………（136）
　　13.1.3 用于疑问句 …………………………………………（136）
　　13.1.4 用于感叹句 …………………………………………（137）
　13.2 吵 ……………………………………………………………（137）
　13.3 吧 ……………………………………………………………（138）
　13.4 哈 ……………………………………………………………（139）
　13.5 呢 ……………………………………………………………（139）
　13.6 咯、个咯 ……………………………………………………（140）
　13.7 诶、喂 ………………………………………………………（140）
　13.8 小结 …………………………………………………………（141）

第14章 助词 …………………………………………………………（142）
　14.1 结构助词 ……………………………………………………（142）
　　14.1.1 箇 ……………………………………………………（142）
　　14.1.2 得 ……………………………………………………（144）
　14.2 动态助词 ……………………………………………………（147）
　14.3 小结 …………………………………………………………（147）

第15章 处置句 ………………………………………………………（149）
　15.1 句法结构 ……………………………………………………（150）
　　15.1.1 基本句式 ……………………………………………（150）
　　15.1.2 "把"的虚化 …………………………………………（151）
　15.2 表意特点 ……………………………………………………（155）
　　15.2.1 处置义 ………………………………………………（155）
　　15.2.2 致使义 ………………………………………………（156）
　　15.2.3 对待义 ………………………………………………（156）

15.3　主观性 …………………………………………………（156）
15.4　小结 ……………………………………………………（159）

第16章　被动句 …………………………………………（160）
16.1　句法形式 ………………………………………………（160）
　　16.1.1　"把得"被动句 ……………………………………（160）
　　16.1.2　"被"字被动句 ……………………………………（162）
16.2　语义特点 ………………………………………………（162）
　　16.2.1　强已然性 …………………………………………（162）
　　16.2.2　强施动性 …………………………………………（163）
16.3　语用功能 ………………………………………………（163）
　　16.3.1　拂意功能 …………………………………………（163）
　　16.3.2　语篇功能 …………………………………………（164）
16.4　"把得"的演变 …………………………………………（165）
　　16.4.1　句法机制 …………………………………………（165）
　　16.4.2　语义机制 …………………………………………（166）
　　16.4.3　演变过程 …………………………………………（167）
16.5　小结 ……………………………………………………（169）

第17章　致使句 …………………………………………（170）
17.1　分析型致使句 …………………………………………（170）
　　17.1.1　"把"字致使句 ……………………………………（171）
　　17.1.2　"喊"字致使句 ……………………………………（174）
　　17.1.3　"尽"字致使句 ……………………………………（174）
17.2　词汇型致使句 …………………………………………（175）
　　17.2.1　"V得"致使句 ……………………………………（175）
　　17.2.2　"V人"致使句 ……………………………………（175）
17.3　小结 ……………………………………………………（176）

第18章　双宾句 …………………………………………（177）
18.1　给予义动词双宾句 ……………………………………（178）
18.2　取得义动词双宾句 ……………………………………（182）
18.3　欠负义动词双宾句 ……………………………………（184）
18.4　言说义动词双宾句 ……………………………………（184）

| 18.5 其他义动词双宾句 …………………………………… (185)
| 18.6 小结 ……………………………………………………… (187)
| 第19章 比较句 ………………………………………………………… (191)
| 19.1 等比句 …………………………………………………… (192)
| 19.1.1 肯定式 ……………………………………………… (193)
| 19.1.2 否定式 ……………………………………………… (194)
| 19.1.3 疑问式 ……………………………………………… (196)
| 19.2 差比句 …………………………………………………… (197)
| 19.2.1 示差比较 …………………………………………… (197)
| 19.2.2 差比句与比拟句 …………………………………… (203)
| 19.3 递比句 …………………………………………………… (205)
| 19.4 极比句 …………………………………………………… (206)
| 19.4.1 肯定形式 …………………………………………… (206)
| 19.4.2 否定形式 …………………………………………… (207)
| 19.5 小结 ……………………………………………………… (207)
| 第20章 疑问句 ………………………………………………………… (209)
| 20.1 特指问句 ………………………………………………… (210)
| 20.1.1 问事物或事件 ……………………………………… (210)
| 20.1.2 问人 ………………………………………………… (212)
| 20.1.3 问地点 ……………………………………………… (212)
| 20.1.4 问方式或原因 ……………………………………… (213)
| 20.1.5 问性状 ……………………………………………… (214)
| 20.1.6 问时间 ……………………………………………… (214)
| 20.1.7 问数量或程度 ……………………………………… (215)
| 20.2 是非问句 ………………………………………………… (216)
| 20.2.1 陈述句+吧 ………………………………………… (217)
| 20.2.2 陈述句+啊 ………………………………………… (217)
| 20.2.3 陈述句+吵 ………………………………………… (218)
| 20.2.4 陈述句+升调 ……………………………………… (218)
| 20.3 正反问句 ………………………………………………… (219)
| 20.3.1 VP+冇、陈述句+么 ……………………………… (220)

20.3.2　VP+不、陈述句+啵 ……………………………………（221）
　　20.3.3　V+neg.+V ……………………………………………（223）
20.4　选择问句 ………………………………………………………（225）
20.5　小结 …………………………………………………………（226）

第21章　否定句 …………………………………………………（230）
21.1　句法形式 ………………………………………………………（230）
　　21.1.1　含有否定词的否定句 ………………………………（230）
　　21.1.2　不含否定词的否定表达 ……………………………（236）
21.2　语义表达 ………………………………………………………（237）
　　21.2.1　否定的辖域 …………………………………………（238）
　　21.2.2　否定词的语义差别 …………………………………（239）
　　21.2.3　否定式的不对称性 …………………………………（240）
21.3　含否定成分的非否定形式 ……………………………………（241）
　　21.3.1　"冇"的冗余 …………………………………………（241）
　　21.3.2　不是我话、不是话箇事 ……………………………（242）
　　21.3.3　不晓得几X …………………………………………（242）
　　21.3.4　莫话/看 ……………………………………………（243）
21.4　小结 …………………………………………………………（243）

第22章　述补结构 ………………………………………………（244）
22.1　程度补语 ………………………………………………………（244）
　　22.1.1　程度范畴的表达 ……………………………………（245）
　　22.1.2　程度补语的类型 ……………………………………（246）
　　22.1.3　小结 …………………………………………………（252）
22.2　结果补语 ………………………………………………………（253）
　　22.2.1　黏合式述补结构 ……………………………………（253）
　　22.2.2　V+得+C ……………………………………………（255）
22.3　可能补语 ………………………………………………………（257）
22.4　趋向补语 ………………………………………………………（260）
　　22.4.1　简单趋向补语 ………………………………………（260）
　　22.4.2　复合趋向补语 ………………………………………（262）
22.5　数量补语 ………………………………………………………（262）

22.5.1　时量补语 ……………………………………（262）
　　22.5.2　动量补语 ……………………………………（263）
　　22.5.3　比较数量补语 ………………………………（263）
  22.6　小结 …………………………………………………（263）
第 23 章　存现句 …………………………………………………（265）
第 24 章　祈使句 …………………………………………………（266）
  24.1　表示命令 ……………………………………………（266）
  24.2　表示请求 ……………………………………………（266）
  24.3　表示禁止 ……………………………………………（267）
  24.4　表示建议、劝阻 ……………………………………（267）
第 25 章　感叹句 …………………………………………………（268）
第 26 章　余论 ……………………………………………………（269）
  26.1　研究思路 ……………………………………………（269）
  26.2　研究设想 ……………………………………………（272）
参考文献 ……………………………………………………………（275）
附录　语法例句 ……………………………………………………（285）
后　记 ………………………………………………………………（311）

导　言

0.1　崇阳概况

0.1.1　地理人口

崇阳县地处湖北省东南部，幕阜山脉中段北麓，居湘、鄂、赣三省交界处，隶属咸宁市。地理坐标为北纬29°12′—29°41′，东经113°43′—114°21′。崇阳县东邻通山县，南靠通城县及江西省修水县，西界湖南省临湘市，北连赤壁市和咸宁市咸安区。县境东西最长61公里，南北最宽52公里，总面积约为1968平方公里。

崇阳县四周群山环绕，北面大幕山、南面大湖山、西面大药姑山，祖脉为幕阜山。山地、丘陵、平畈零星分布全境，其中山地较多，水田相对较少，素有"八山半水半分田"之说。崇阳县虽为山区，但地理环境优越，区位交通便利，北靠武汉，南临长沙，东至九江，西接岳阳，地处长江经济开发带，是湘鄂赣重要的交通、物流枢纽。崇阳不仅山青，而且水秀，境内有大小河流50余条、大中小型水库90多座。隽水河是崇阳的母亲河，自西而北贯穿全境，全长58公里；距县城6公里的青山水库水面达3.8万亩，蓄水量达4.3亿立方米，是崇阳最大的水利工程；崇阳还是鄂南有名的"百泉之乡"，现已查明境内有各种泉眼147口。

据2020年第七次全国人口普查结果初步统计显示，崇阳县常住总人口427130人，其中，少数民族人口仅占0.07%，其他均为汉族。

0.1.2　历史沿革

崇阳古属三苗国地，春秋时属楚国疆域，秦时隶荆州长沙郡。崇阳建县于汉高祖五年（公元前202年），时为下隽县，属荆州；唐天宝二年（743年）置唐年县，属鄂州；五代吴顺义七年（927年）改名宗阳县；北宋开宝八年（975年）始名"崇阳"，因其"诸山丛集"而得名，属湖北路；元属武昌路；明、清属武昌府，1914年属江汉道；1949年属大冶专区；1952年属孝感专区；1959年属武汉市；1961年复属孝感专区；1965年属咸宁专区；1970年属咸宁地区；1998年属咸宁市。

0.1.3 行政区划

截至2016年，崇阳县辖8个镇、4个乡、10个社区居委会、186个村民村委会。所辖8镇4乡分别为：天城镇、石城镇、桂花泉镇、白霓镇、青山镇、金塘镇、路口镇、沙坪镇，铜钟乡、高枧乡、港口乡、肖岭乡。县政府驻天城镇，是全县的政治、经济、文化中心，总面积11平方公里，总人口12万人，卫生、文化、金融、交通等各项公共设施齐全。自古，天城镇就是兵家必争之要塞和商贾汇集之地。

0.1.4 地方文化

崇阳历史悠久，20世纪70年代当地出土的商代铜鼓，是3000多年前祖先进化和文明的象征。崇阳县人文荟萃，且与湘鄂赣多县毗邻，对各地文化兼收并蓄，并在汇聚交融中独具特色：民间诗歌、故事，民间谚语，民间舞蹈、灯调，民间号子、小调，民间戏曲如提琴戏、花鼓戏、汉剧等不一而足，还有古建筑文化、红色文化和宗教文化资源异彩纷呈，民间还盛行划龙舟、玩采莲船等多种传统文化活动。2001年，崇阳县被文化部命名为"中国民间艺术之乡"。

被誉为近代汉民族民间长篇叙事诗歌代表作的长篇叙事山歌《双合莲》《钟九闹漕》于19世纪中叶产生于崇阳县，2006年被湖北省政府公布为"湖北省第一批非物质文化遗产"名录，成为我国诗歌艺术宝库中的瑰宝。它们与汉乐府诗歌《孔雀东南飞》和《木兰辞》一道，代表着汉民族民间叙事诗的光辉成就。

提琴戏是崇阳县民间艺人将岳阳花鼓戏在崇阳改编后独创的一个地方剧种，流传已近两百年。提琴戏已成为崇阳百姓的精神食粮。其主奏乐器是大筒胡琴，因将琴筒放在腰间站着演奏而别具特色。1999年，崇阳县被省文化厅命名为"湖北省民间艺术（提琴戏）之乡"；2000年，被国家文化部命名为"中国民间艺术（提琴戏）之乡"；2008年、2012年经复审，再次被国家文化部命名为"中国民间文化艺术之乡"。2008年，崇阳提琴戏被国务院公布为"国家级非物质文化遗产"名录，也是目前咸宁市唯一一项国家级非遗。

同时，崇阳还有众多文化名人与文化遗迹。宋代文豪黄庭坚少年时在白霓金城山刻苦攻书，洗笔染黑池水，留下"金城墨沼"的故事，激励着崇阳一代代的学子。京剧创始人之一的徽班名伶米应生，武汉大学第一任校长王世杰，"九三学社"主要发起人、原国务院参事吴藻溪等，都给崇阳这片土地留下了许多宝贵的文化遗产。

0.1.5 语言使用

据《中国语言地图集》（第2版·汉语方言卷），① 崇阳方言属于赣语大通片。湖北省内大部分地区方言属于官话区，鄂东南一角的赣语区与它们差异显著。崇阳县特殊的地理位置和历史人口迁移等原因，使崇阳方言在彰显赣语特色上还兼具湘语、客家话甚至和吴语等特点；再加上崇阳境内多山、自古交通不便，因而留存颇多古音现象。崇阳县人民均使用崇阳方言，但内部分歧较大，主要体现在语音上，其次是词汇，语法部分以往被关注得比较少，被认为大体上与北京话无异，其实自身特色仍很鲜明。

与北京话相比，崇阳方言呈现如下特点：

语音方面，崇阳方言的声母共有19个（含零声母），非常有特点。其一，有内爆音［ɓ］和［ɗ］。其二，保留有浊擦音［v］、［z］和［ʐ］。其三，塞音和塞擦音都没有送气音，北京话的送气双唇塞音［p'］和送气舌头塞音［t'］都读为内爆音；送气舌尖前塞擦音、舌面塞擦音分别读为［z］和［ʐ］；北京话的［k'］、［x］声母字在崇阳方言中都读作［h］。其四，［ŋ］除作韵尾外，还可以充当声母。

---

① 中国社会科学院语言研究所等编：《中国语言地图集》（第2版·汉语方言卷），商务印书馆2012年版。详见文字说明部分第142页，图片部分B1-20-赣语。

崇阳方言韵母共有 28 个，只有一个不太典型的撮口呼 [yɛ]，且不能与其他声母相拼合，只能拼零声母音节，崇阳方言甚至也没有严格意义的合口呼，[u] 韵的实际发音都有唇齿轻微相碰的现象，近似 [ʋ]。

崇阳方言声调共有六大类，古平去两声均依声母清浊而在今方言中分阴阳，保留有入声。崇阳方音在某种程度上保留了古音成分，如"古无舌上"音现象就比较普遍，如"猪""竹"等声母都读为 [t]。

词汇方面，崇阳方言词单音节较多，如北京话的"衣服""桌子""被褥"等词崇阳方言分别说为"衣""桌""被"；口语词非常丰富而且有特色，如动词特别是表示动作的动词很多，有的甚至无法在北京话或其他方言中找到合适的对应词；表形容词的程度表示法形象生动、极具特色，比如"铁紧 特别紧；像被铁箍住一样紧""朗稀 稀稀疏疏""沁甜 特别甜"等；相当一批词或词素常用，但本字需加考证或者有音义而无适当汉字可记；保留了部分古语词，如"伊 第三人称代词""㜆家 妻子或年纪大的女性""莫别""话事 说话"等。

语法方面，崇阳方言的语法宏观上看起来大部分好像与北京话无大的差异，但通过近些年的研究，也被发现许多有特色的地方。比如，被动句只有"把得"一种被动标记，此标记还兼具"换作"义；体标记比较丰富，后置体助词"在"和"当"可分别表示进行体和先行体；崇阳方言缺少动词重叠式现象，一般表示短时、尝试性动作用"V 一下"表示，而形容词则有少量的重叠式；结果补语的否定式语序与北京话不同，比如，崇阳方言的"不看见"意为北京话的"看不见"或"看不清"等。这些都将是本书的研究重点。

近年来，随着经济的发展、普通话的推广和社会人员流动的增多，崇阳县会说普通话的人越来越多，尤其是党政机关、公共服务行业、新闻媒体、学校等单位特别强调要讲普通话，在郑重场合中，如大型会议、电视新闻等，一般都讲普通话。此外，崇阳方言受省内强势方言武汉话的影响也日趋明显。

0.2 崇阳方言的内部差异

大致来说，语法层面上县内方言差异性不大，但从语音层面可分为四大片：

其一，中部片区，主要包括天城、白霓、青山、石城、大桥等乡镇。这一片区未受周边其他县市方言影响，为标准崇阳方言。

其二，东南片区，主要包括港口、金塘、高枧、大源等乡镇。这一片区因与江西修水接壤，其方音特点与修水方音相似。

其三，西南片区，主要包括肖岭、沙坪、泉湖、台山等乡镇。这一片区因与通城县和湖南临湘接壤，其方言特点也与两县方言相似。

其四，北部片区，主要包括路口、金沙、桂花泉、洪下等乡镇。这一片区因与通山县、赤壁市和咸宁市接壤，其方言特点也与这些县市方言相似。

本书的研究以中部片区天城口音为调查对象，重点描写和解释其语法现象和特点。

0.3 关于崇阳方言的研究

湖北省内方言大部分属官话区，但东南角一带的咸宁市咸安区及咸宁市所辖的赤壁市、通山县、通城县、嘉鱼县、崇阳县的方言与之不同，再加黄石市所辖的大冶市、阳新县方言，这五县二市一区所使用的方言常被称作鄂东南方言。其归属虽有争议，但目前被普遍认为是赣语大通片。赵元任先生早在1948年就称其为"第三区方言"，认为"第三区方言最特别，内部也最复杂，地域占东南一小角，大致可以归入赣语系统里"[1]。宏观上来看，鄂东南方言呈现出复杂性的特点，不仅与湖北省内官话区方言相比，语音复杂难懂，就其内部而言，"十里不同音"也是常见现象。微观上来看，虽同属赣语区，但其内部的语音、词汇、语法差异仍然显著，各地方言特色不一，难以归统，才会出现其归属至今仍存争议的现象。

作为鄂东南方言中重要的一员，崇阳方言也因其自身的特殊性和研究价值吸引了不同时期的语言学家的关注。20世纪的《湖北方言调查报告》（赵元任等，1948年）和《湖北方言概况（初稿）》（湖北省方

---

[1] 赵元任等：《湖北方言调查报告》，商务印书馆1948年版，第1569页。

言调查指导组编著，1960年）都对崇阳方言有过相关调查和记载；1982年日本东京大学已故教授桥本万太郎特地来华调查鄂东南方言（詹伯慧、李元授，1987年）。进入21世纪，2002年湖北师范学院黄群建教授带领团队对鄂东南各县市区的方言进行了语音调查；2004年北京语言大学曹志耘教授率领几位博士研究生来鄂东南调查方言，为《汉语方言地图集》的绘制采集数据；2015年至今，华中师范大学汪国胜教授带领一批青年学者先后进行了大型项目"湖北省方言研究""中国语言资源保护工程"方言调查项目的调查和研究，把鄂东南方言的研究向纵深推进。这些专家学者的调查研究无一不关注到崇阳方言。具体而言，崇阳方言的研究现状分类总结如下。

0.3.1　语音研究

相对于词汇和语法研究，崇阳方言的语音研究起步最早也最为充分。

1948年由商务印书馆出版的《湖北方言调查报告》记录了崇阳方言的语音系统（吴宗济记音），是最早研究崇阳音系的文献：系统描写了崇阳方言的声韵调，并详细论述了其声韵调的特点；整理了崇阳音系与中古音系对比的表格；制作了同音字表；记录了几段会话。这次调查对后人研究崇阳方言奠定了基础，尤其是有助于我们了解20世纪三四十年代崇阳方言的面貌，以及在将近一个世纪里崇阳方言的变化。但是，受历史条件所限，当时无法深入崇阳县内寻找合适的发音人，两位年轻的发音人均是生活在汉口的白霓镇人，受武汉话的影响非常大，对调查结果的精确性有一定的影响。

1991年由武汉大学出版社出版的《崇阳县志·卷三十一方言》（何秀华执笔）较全面地展示了崇阳方言的语音、词汇和语法现象，其中语音系统的描绘最为细致，不仅有声韵调系统，还提供了同音字表；语词部分按词性分类收集了近千语词和一百多条民间谚语；语法部分则简要说明了崇阳方言的几个语法特点并提供相应的例句。该县志的方言记载虽然较《湖北方言调查报告》全面，尤其是提供了一些宝贵的民俗方言语料，但语音部分的研究不够深入，其音系的处理尤其是韵母系统还有待商榷，另外缺少古今音的对比；词汇、语法也仅限于提供资料、总结大致特点的层面，科普性较强而学术性较为欠缺。

2002 年华中师范大学出版社出版的《鄂东南方言音汇》（黄群建主编）也记录了崇阳方言的声韵调系统，并详述了其语音特点（含古今音的对比），同时制定了同音字表。该音系认为崇阳方言仍保留了全浊声母，这一点与《湖北方言调查报告》中崇阳音系的声母记载有出入（后者的音值说明里虽然也提及了这一点，但两者仍存在出入）。

2002 年中国地质大学出版社出版的《鄂东南方音辩证》（陈有恒、尤翠云主编）以表格的形式呈现鄂东南 8 市县方音与普通话语音的对应关系，崇阳方音为其中一部分。这本手册主要从推广普通话的角度记录崇阳语音，可作为集中识字正音的辅助教材，为方言研究提供语料，但研究性不够。

1991 年咸宁地区地方志办公室主持编印的《鄂南方言志略》（陈有恒著，鄂咸地图内字第 29 号，1991 年）系统介绍鄂南八县市的语音、词汇、语法等方面的特点，并对鄂南方言进行了纵向和横向对比，但研究比较宏观，还有待深入。

除了论著，还有几篇论文也探讨了崇阳方言的语音。

刘宝俊（1988）发表的《湖北崇阳方言音系及特点》一文整理了崇阳县天城音系，并通过与《湖北方言调查报告·崇阳卷》的音系进行对比，得到一些新发现。张道俊（2006）《崇阳（天城）方言声系分析》从上古音和中古音分析崇阳天城方言的声系，全面总结其读音规律；张道俊（2009）《崇阳方言声系的几个上古音特征》探讨了诸如"古无舌上"等上古汉语语音在崇阳方言中的残留现象。张道俊（2011）《崇阳方言文白异读分析》通过考察崇阳方言的文白异读现象，认为其文白主要体现在韵母和声母的六类异读上。欧阳澜（2018）《崇阳县沙坪话音系》描写了沙坪话的音系特点，并指出其与天城镇为代表的崇阳方言的异同。

除了这些直接以崇阳方言语音为研究对象的论文外，还有些讨论鄂东南方言语音特点的论文也涉及崇阳方言语音。比如：陈有恒（1979）《鄂东南方言的特征》从整体上论述了鄂东南方言在语音、词汇和语法诸方言的特征。陈有恒、刘兴策（1986）《鄂东南方言的内部分歧与外部联系》从语言接触的角度论述了鄂东南方言在语音、词汇和语法诸方面的主要特征和内部差异，并与邻近的湘语、赣语及省内其他方言作了对比研究。近年来，崇阳方言浊音声母引起了学者们的研究兴趣，比如：陈立中（2004）《论湘鄂赣边界地区赣语中的浊音走廊》、张勇生（2013）《鄂东南赣语 v 声母的来源及其分布》都提到了崇阳方言的浊音声母现象；郑妞（2015）《湖北方言中日母字的几类特殊读音》也特别提到了崇阳方言日母字的历史层次；李佳（2010）《鄂东南方言蟹假果摄的主要元音及相关问题》提及了崇阳方言声母的"次清化浊"现象，但重点论述其蟹假果摄主要元音的发音类型及来源。郑婷（2015）的硕士学位论文《皖鄂赣交界区域三片方言的音韵研究》从跨方言比较的角度，选取34个方言点（包括崇阳方言），以中古音类为纲，利用汉语方言处理系统，采用历时比较和共时描写的方法，对三片方言的音韵特点进行归纳和分析，厘清它们的一致性和差异性。

此外，陈勇（2018）的硕士学位论文《旬阳县麻坪镇崇阳话研究》以陕西省旬阳县麻坪镇的崇阳话为研究对象，该地居民是明末从湖北省咸宁市崇阳县移民至此，至今称自己所说的方言为"崇阳话"。该文首次提到湖北境外的崇阳话并整理出音系。以此为依据，对比两地崇阳音系，我们发现麻坪镇崇阳话受官话影响非常大，声韵系统与湖北省咸宁市崇阳县的崇阳方言相去甚远。但这项调查无疑给我们提供了另一份难得的资料和研究思路，日后或许可以继续追溯该地崇阳话的语音演变机制。

0.3.2 词汇研究

崇阳方言的词汇研究目前所见成果甚少，除了上述《崇阳县志》中整理的一些方言词汇外，仅有少数几篇文章涉及崇阳方言词汇的研究：

陈有恒（1989）《鄂南方言的词汇特点》高屋建瓴地从词形、词义和词源三个方面论述了鄂南方言在词汇上的一些突出特点；刘宝俊（1993）《崇阳方言本字考》论及崇阳方言的词汇用字现象；万献初（1994）《鄂南地名志中的地名俗字评议》则对鄂南七县（市）1982—1984年先后出版的《地名志》中出现的方言地名俗字进行了一番考查和评议，揭示了方言俗字的产生规律和文化含蕴。

0.3.3 语法研究

崇阳方言的语法研究虽晚于语音研究，但明显有从零星到系统的发展趋势。

20世纪崇阳方言的语法研究多零散于鄂东南地区的语法研究当中，比较宏观。主要的研究者为当年咸宁师专的陈有恒教授，其研究成果也多见于20世纪八九十年代的《咸宁师专学报》，例如：《鄂南方言里的"AA甚"》（1982）从形态结构、意义特征和语法功能三个方面论述了流行于嘉鱼、赤壁、崇阳、通城等县市的"AA甚"结构，并与通行于大冶、阳新、通山、咸宁等县市的"炽个A"进行比较分析；《鄂南方言里的"把""到""在"》（1982）论述了"把""到""在"三个词在鄂南方言中与北京话不同的意义和用法；《鄂东南的活古话》（1986）介绍了鄂东南方言词汇中保留的"何""个""着""话""至"等几个古语词；《鄂南方言的几个语法现象》（1990）从词的形态变化、词的组合特例、语序和句式共四个方面论述了鄂南方言一些较突出的语法现象。

进入21世纪后，随着方言学界对方言语法研究的重视，崇阳方言的语法现象也进一步得到关注，成果虽然不算多，但系统性增强，主要体现在《崇阳方言研究》（祝敏著）这本专著的出版上。该书于2020年由华中师范大学出版社出版，从语音、词汇和语法等方面系统性介绍崇阳方言，其中语法部分分为词法和句法，较全面地描写了代词系统、时体系统、程度表达系统、否定表达系统、疑问表达系统、被动系统、语气表达系统等相关的语法现象。

另外，祝敏还先后发表数篇崇阳方言语法研究的论文：《湖北崇阳话中的"点子"和"点把"》（2009）横向对比了崇阳方言和普通话、武汉话中的"点子"和"点把"的语义语用特征；《"把得"在崇阳方言中的语法化动因和演变机制》（2017）从历时演变的角度阐释了崇阳方言被动标记"把得"一词的演变机制；《崇阳方言的"把得"被动句》（2018）不仅静态描写了崇阳方言被动句的句法、语义语用特征，还分析了"把得"这一被动标记的动态演变。此外，还有徐琦《湖北崇阳方言语法札记》（2008）同样着眼于崇阳方言的语法现象的描写和研究；姜雯洁（2009）《浅析崇阳方言中"刮"与"完"字的用法》关注表完结义的补语"刮"和"完"在崇阳方言中的使用异同现象；王欢（2016）《崇阳方言"X 把两 X"结构多视角考察》、王欢（2016）《崇阳方言的程度副词"猛"》、聂环（2017）《崇阳方言中的动词重叠式"VV 神"》、聂环（2017）《湖北崇阳方言形容词重叠式"AAB 崽"小议》分别以崇阳方言的某个词法或语法结构现象进行研究；石玉利（2015）《浅析湖北崇阳方言的几种特殊句式》关注该方言的句法现象，甘紫丹（2014）的硕士学位论文《湖北崇阳方言代词研究》则系统性研究崇阳方言的代词系统；王欢（2017）的硕士学位论文《湖北崇阳方言语缀研究》较全面地描写了崇阳方言的语缀现象，并通过普方对比、方方对比突出其语缀特点。

除了上述这些分类研究外，甘紫丹（2013）《鄂南方言研究综述》和王宏佳（2019）《鄂东南方言研究综述》都对前期的鄂东南方言研究进行了较为全面的梳理和整理，从宏观上给我们展现了崇阳方言的研究现状。

0.3.4　小结

总的来说，前人的研究取得了相当的成就，为后来者提供了十分宝贵的思路和语料，但崇阳方言的研究还存在以下几个问题：

其一，研究不平衡。语音研究起步最早也最为充分；语法研究从零星到散点，到逐渐趋于系统，但仍缺乏深度和广度；词汇部分的研究最为滞后，至今仍无较有影响力的系统性的论著。

其二，研究不系统。早期成果多散见于鄂东南方言的整体研究中，时至今日，鄂东南其他很多县市已出版方言志或研究专著，如通山、阳新、通城、赤壁都已出版方言志，咸宁方言出版有《咸宁方言研究》《咸宁方言词汇研究》等专著。崇阳方言的研究也得到初步的重视，已有《崇阳方言研究》出版，但该方言系统性的词汇、语法研究仍值得期待。

其三，研究不深入。一方面，过去人们总认为方言语音的差异最明显，最值得研究，导致词汇语法研究不受重视，即便有，也只是点缀性地描写个大概，更谈不上深入分析句法特征、演变机制等历时研究；另一方面，即便是语音研究，受时代背景和研究方法的限制，现有的语音研究成果未必适用于目前的方言面貌，再加上语言的发展变化，当下的我们很有必要再做一次深入的调查、整理和分析。另外，语法系统的发展机制和动因的解释力明显较弱，语法学各项理论的应用研究尤为缺乏。

其四，研究不全面。一是目前崇阳方言的横向跨方言对比研究方面，语音层面的研究成果较为喜人，但语法方面涉及得明显不足。现有的崇阳方言语法研究多是针对某一特殊的词法或句法现象进行描写和论述，或有古今演变的梳理和阐释，但少有方言接触、方言对比、语言类型学的视角。从更大格局、更广视野来看，该方言现有的语法研究是不全面、不深入的。二是如果方言研究能渗透到地方文化的保护、数据库语料的整理和建设等方面，崇阳方言的学术研究将会获得更大维度的社会效益和应用价值。

0.4　崇阳音系

0.4.1　声母

包括零声母在内，崇阳方言有19个声母。

表0—1　　　　　　　　崇阳方言的声母系统

p 布八兵拜	ɓ 派片爬病	m 麦明门面	f 飞饭血红	v 味围云为
t 多东张竹	ɗ 讨天甜毒	n 脑南老蓝		
ts 资早租争			s 丝事双手	z 字坐抄初
tɕ 九酒经俊		ȵ 年牛热娘	ɕ 想响县洗	ʑ 贼谢轻全
k 高乖街介		ŋ 泥鱼月软	h 开共下好	
ø 问活温王				

说明：

①内爆音［ɓ］和［ɗ］有时内爆成分比较弱，尤其读单字时偶有近似［b］和［d］的现象，似乎表明［ɓ］、［ɗ］是［b］、［d］浊音清化的一种过渡状态。但这种现象不稳定不成系统，在词汇、句子等语

流中，内爆音特征更为典型，故统一记为内爆音[ɓ]、[ɗ]。

②[z]和[dz]有混读现象，不区分意义，且[dz]的读音不典型，故记为[z]。[ʐ]和[dʐ]亦如此。

③[v]声母不太浊，但与细音相拼时有明显的唇齿相碰，故记作[v]。

④喉音[h]介于[x]、[h]之间，但多数时候比[x]靠后，故记作[h]。

⑤古来母字拼细音时在崇阳话中读为[ɗ]，如"李[ɗi⁵³]""连[ɗiɛ²¹]"等，拼洪音时读为[n]，如"来[næ²¹]"等。

0.4.2 韵母

崇阳方言韵母共28个（包括自成音节的[n̩]）。按顺序排列如下：

ɿ 师丝试直	i 戏赔对飞急一	u 苦谷步付	
æ 排山塔鸭		uæ 快关弯袜	
ɛ 根肯客黑耕	iɛ 年靴热灯接色	uɛ 国卷决	yɛ 茄权远跪
ə 二南短盒十出		uə 官活骨物	
ɑ 茶牙白尺	iɑ 写夜借吃壁	uɑ 瓦刮瓜话	
o 歌托壳学	io 笑桥走药学		
au 宝桃帽抄			
əu 猪路叔够	iəu 秋修酒六		
		ui 鬼橘雨贵	
ən 寸懂升春		uən 滚困温问	
in 心星用熏日		uin 军均云裙	
aŋ 糖双硬进	iaŋ 响病兄钉	uaŋ 旺黄光狂	
n̩ 五尔嗯			

说明：

①韵母[u]自成音节时实际有一个唇齿相碰的过程，类似浊擦音[v]，但是又不够浊；在唇齿清擦音[f]后摩擦也较重；与其他辅音相拼时实际音值为[ʋ]。

②[ɛ]组开口度稍小，介于[e]和[ɛ]之间，但比较接近[ɛ]。

③崇阳方言［æ］和［ɑ］是两个音位，例如：［fɑ²²］花 ≠ ［fæ²²］翻，［næ⁵⁵］辣 ≠ ［nɑ⁵⁵］拿等。另外，［æ］组偶有较弱的［i］尾；［ɑ］稍有圆唇现象。

④［ŋ̍］自成音节，仅有三个代表字，即"五、尔你、嗯"。

⑤［yɛ］是崇阳方言中唯一的撮口呼，但实际舌位比［y］靠后一点。

⑥［au］的开口度偏小，有些字如"宝"的韵母实际音值为［ou］。

⑦［əu］收音时有时［u］开口度都偏大，实际音值为［əo］

⑧单元音［i］与双唇塞音相拼时会偏［ɪ］，［in］则偏［ien］，但实则不区分意义，故统一记作［i］和［in］。

⑨［io］韵母有时会开口度稍大，接近［iɔ］。

0.4.3 声调

单字调6个，不包括轻声。

阴平 22　　东该灯风通开天春

阳平 21　　门龙铜皮牛油糖红

上声 53　　懂古鬼九统苦讨草买老五有

阴去 214　冻怪半四痛快寸去

阳去 44　　动罪近后前~卖路硬乱洞地饭树

入声 55　　谷稻~百搭节急哭拍塔切刻六麦叶树~月毒白盒罚

说明：

①六个调类中两个平调、两个降调，分别为低平调（阴平22）、高平调（阳去44）和低降调（阳平21）、高降调（上声53），均能明显区分。

②阳平的起调有时稍高，近似31。

③阴去是个曲折调，有时实际音值为213；另外在语流中，先降后升不明显，可能直接读为24或23。

④入声已经没有明显闭塞韵尾成分，但相对于其他调类明显起调最高并收音短促。

0.5　符号说明

本书文读音在字下加两横线表示，如"很"。白读音在字下加一横线表示，如"牙"。同音借字在字下加波浪线表示，如"越接（越）"。没有合适的同音借字，就用方框"□"表示，并注明国际音标和意义。注音加中圆点（·）的，表示后面的字是轻声。一个字有几个读音，或者一个词有几个语法功用，就在该字右下角用数字1、2、3标明，具体情况随文说明。例词（组）中所用符号"｜"表示两个例子之间的分隔；加"/"表示两可。注中用代替号"~"代替本字。例句前头加"*"表示崇阳方言这样的说法不能成立；加"?"表示可能会有这样的说法，但值得商榷或不地道，或可说可不说。

0.6　发音人

本书主要发音人情况如下：

①汪南海，男，1953年10月出生于湖北省咸宁市崇阳县天城镇，高中文化。家庭语言环境单纯，父母妻儿均为崇阳县天城镇人，未在别处长期居住，只会说崇阳话。现为退休职工。

②卢荣华，男，1965年2月出生于湖北省咸宁市天城镇，高中文化。家庭语言环境单纯，父母配偶子女均为崇阳县天城镇人。自由职业者，日常仅使用崇阳方言，对当地文化比较了解和热爱。

③叶桂珍，女，1961年3月生，湖北省咸宁市崇阳县天城镇人，中学文化。家庭语言环境单纯，父母配偶子女均为崇阳县天城镇人，未在别处长期居住，日常基本说崇阳话，也能说一点不标准的普通话。退休工人。

④丁和英，女，1958年5月生，湖北省咸宁市崇阳县路口镇人，初中文化。父母均为路口镇人，成年后到天城镇工作生活至今，现为退休职工。

⑤廖桂英，女，1968年8月生，湖北省咸宁市崇阳县路口镇人，小学文化。成年后到天城镇工作生活至今，现为全职家庭主妇。语言环

境单纯，仅会说崇阳方言，对崇阳地方文化比较热爱。

⑥黄亮，男，1981年5月生，湖北省咸宁市崇阳县天城镇人，大学本科。出生成长在崇阳县天城镇，但外出读大学后回来工作，会说崇阳话和普通话。现为崇阳县某公司职员。

⑦汪丽，女，1985年1月生，湖北省咸宁市崇阳县天城镇人，大学本科。除在武汉进修本科两年外，其他时间均在崇阳县城，语言环境相对单纯，会说崇阳话和普通话，但日常交流基本说崇阳话。现为自由职业者。

第 1 章 重叠

汉语中的重叠一般分为构词重叠和形态重叠，前者指重叠前后词的意义和形态功能一样，如"爸爸""妈妈"等；后者指重叠前后意义和功能有明确差异，如"看看""天天"等。①

相对于北京话里丰富的重叠形式，崇阳方言中重叠这一语法手段的运用不仅数量少而且使用范围也很窄：动词几乎没有单音节重叠形式，双音节重叠式不仅少见而且使用范围也有限；名词、量词仅有极少量的重叠形式；形容词重叠形式相对较为多样，但数量也明显少于北京话。下面分别进行介绍。

1.1 名词重叠

崇阳方言的名词重叠现象主要表现在三个方面。

其一，称呼人名时，可以取名字中的某一个单字重叠使用，例如：亮亮、俊俊、强强、朵朵、琪琪等。这是比较常见的名词重叠，但用法非常单一。

其二，亲属称谓中的名词重叠，例如：爸爸、妈妈、哥哥、姐姐、妹妹、叔叔、舅舅等。但这种重叠式的称呼一般常见于儿童语言或借鉴北京话的说法，此时后一个字可说为轻声，也可变调为入声调，仿似儿童语言，例如："妈妈"可说为 [ma^{22}ma^{55}]，也可说为 [ma^{22}·ma]。而成年人称呼"爸爸、妈妈、哥哥、姐姐、妹妹"时往往就称呼一个字，分别为：爸、妈、哥、姐、妹；称呼"叔叔、舅舅"时仍然是重叠式称

---

① 石毓智：《汉语语法》，商务印书馆 2010 年版，第 109 页。

呼，尾字读为轻声调，如叔叔［səu⁵⁵·səu］，舅舅［ʑiəu⁴⁴·ʑiəu］。

其三，崇阳方言中还保留少许四字名词重叠形式，例如：

家家户户｜时时刻刻｜角角落落｜边边角角｜坛坛罐罐｜里里外外｜汤汤水水｜婆婆妈妈啰唆

重叠以后，这些词基本表示"周遍"或"泛指"的含义，如"角角落落"，可以理解为"每一个角落"，"汤汤水水"泛指一切有汤水的东西；个别名词重叠后，词性有所变化，如"婆婆妈妈"，完全变为形容词性，不再具备名词的词义和语法功能了。

1.2 量词重叠

北京话的量词重叠形式比较丰富，如表"每个"意味的名词量词重叠如"天天""人人""个个""次次""年年"等，但在崇阳方言中，除"个个"在使用外，几乎没有这种"XX（本节 X 表示量词，下同）"重叠式，表示"每一"意义的有三种方法：其一，"每 X"，如"每日""每年""每回""每个"等；其二，"一 X（一）X"格式；其三，"X 是 X"格式。后两种可以算作量词重叠形式，下面分别讨论。

1.2.1 一 X（一）X

在具体语境中，崇阳方言的有些量词可重叠为"一 X（一）X"格式，一般在句中做状语，强调动作的方式。例如：

（1）路要一步（一）步箇走，饭要一口（一）口箇吃。路要一步一步地走，饭要一口一口地吃。

（2）写作业要一题（一）题看清楚再写。写作业要一题一题看清楚了再写。

（3）莫急，一句（一）句箇话！别急，一句句地说！

三个例句中的重叠基式"步步""口口""题题"和"句句"在一般情况下基本都不使用，但在上述语境中却非常适宜，两种形式"一 XX"或"一 X 一 X"表意基本没有差别，但语用上后一种会更强调量的循序渐进，而前一种紧凑式使用更频繁。

1.2.2 X 是 X

这一重叠格式在汉语方言中的分布比较广泛，据付欣晴、朱文明归纳，这一格式普遍存在于客语（湖南汝城、广东五华）、湘语（湖南益阳、涟源）、赣语（江西丰城、都昌、南昌、抚州，安徽宿松、岳西）和西南官话（四川南江、遂宁，重庆，贵州绥阳，湖南吉首）。① 此外，该格式在湖北地区很多方言中也被普遍使用，比如，江淮官话黄孝片的黄冈、鄂州两地方言等，崇阳方言也不例外。

1.2.2.1 "X 是 X"式的结构功能

"是"嵌在重叠的量词中间，表示遍指。能进入该格式的量词一般为单音节量词，名量词和动量词都有用例。

名量词：个是个｜粒是粒｜块是块｜只是只｜根是根｜本是本｜日是日｜月是月｜年是年｜分是分｜秒是秒｜斤是斤｜量是量｜寸是寸｜尺是尺｜米是米｜吨是吨｜里是里

动量词：回是回｜趟是趟｜遍是遍｜场是场

"X 是 X"重叠式可以做句子的主语、补语和状语，有时还可以配合后缀"子"或结构助词"箇"，使结构变为形容词化或名词化。如：

（4）我班箇同学，个是个压喜欢看书。我班上的同学每个人都喜欢看书。

（5）个哒箇书，本是本（箇）新崭了箇。这里的书每本都是崭新的。

（6）个小箇伢息话起事来，句是句压是伊个事。这么小的孩子，说起话来，一句句的都是那个事（意即：说得很有道理，像大人说的话）。

（7）伊把书码得本是本箇，几整齐哦！他把书码放得一本一本的，多整齐啊！

（8）饭煮得粒是粒子箇。饭煮得一粒粒的。

（9）豆腐炕得块是块哒。豆腐煎得一块一块的。

（10）我去伊屋哒找伊，回是回伊压不在。我去他家找他，每次他都不在。

（11）伊演箇《双合莲》场是场哈点把多人看。他演的《双合莲》（崇阳提琴戏）场场都有很多人看。

以上例句中，该格式在例（4）—（6）中都是做主语，例（7）—

---

① 付欣晴、朱文明：《汉语方言量词加级重叠式"AXA"与主观量》，《南昌大学学报》（人文社会科学版）2013 年第 5 期。

(9) 都是做补语，例 (10) 和例 (11) 做状语。

1.2.2.2 "X 是 X"式的表意功能

崇阳方言"X 是 X"重叠式入句后的表意功能有两种情况，需要分别讨论。一者，单用这一结构表意，即上下文没有直接对事物形状进行评判的其他话语；二者，这一结构不独立表意，前后句中有其他语句与之呼应共同传递说话者的感情态度。前者多是表示感叹、惊喜、满意等褒奖性倾向；后者则需要结合上下文意进行理解，既可表达褒奖，亦可表达拂意、嫌恶等贬损性态度。分别举例如下：

(12) 个藕筒是筒筒！这个藕每一截都很饱满。

(13) 个藕筒是筒筒压发黑了。这个藕每一截都发黑了。

当"筒是筒"单独出现在句中做谓语表意时，传达的是说话人对"这个藕"的满意情感，可以理解为前面或后面省掉了"很饱满，很漂亮"的感叹。即便说话人没说出"很饱满"这样的词句，但交际双方都通过"X 是 X"这个重叠式认定说话人是表明"这个藕的每一截都很饱满很漂亮"；而后面一句中"筒是筒"仅仅是通过量词重叠式结构表达"每一截"这一周遍义，说话人的情感态度要通过后面的谓语来表达。所以，"X 是 X"入句后具体的句法位置承担了不同的表意功能。分而析之，崇阳方言"X 是 X"重叠式有如下几个表意特征：

其一，表遍指意义。崇阳方言"X 是 X"重叠式做句子的主语时具有很强的遍指意义。当然，这也是汉语量词重叠式的普遍意义。如例 (4) "个是个"表示"每一个人"，有很浓的强调意味，实际交流中"个是个"要适当重读两个"个"，甚至还要重读紧随其后的"压（都）"。共同语中表达遍指意义时，量词重叠式一般要与表总括义的"都"搭配使用，虽然崇阳方言里使用"X 是 X"重叠式表遍指时可以不出现表总括义的"压（都）"，但其实都是可以补充出来的。如例 (5) 可说成"个哒筒书，本是本（筒）新崭了筒"。例 (8) 中，"粒是粒子"强调煮出来的每一粒米饭都成型，虽然没有总括副词"都"，但依然包含有遍指义。

其二，表个体完整意义。如果说一般的量词重叠式都具有遍指意义的话，那么"X 是 X"重叠式做谓语、定语和补语时最主要最有特色的表意功能除了能表达遍指意意外，还能精准地表达出某个大的个体或集体分解为独立个体之后依然保存个体完整性的意义,并且主观上对这种完整性进行了一定的评价。如例(8)"饭煮得粒是粒子"说明每一粒米都个体完整,没有互相粘连至分不开;例(6)中"句是句"说明孩子虽然小,但是其语言表达能力很强,能成句地表达,每一句话都说得很完整并且有道理。

其三,表个体有序意义。"X 是 X"重叠式做状语和补语时,还可以表示物体或集体被分开后每个个体都有序的状态。如例(7)"书码得本是本箇"强调书被整理得一本一本有序地放着,不杂乱;例(10)的"回是回"强调的是一次次去找他,他都不在。

1.2.2.3 "X 是 X"式的主观量表达

陈小荷(1994)首次提出"主观量是指含有主观评价意义的量,与'客观量'相对"。崇阳方言"X 是 X"重叠式入句后与句中其他成分相配合传达出的主观量,再加上其语音语调有长短强弱之对比,所以比较有特色。体现在如下几个方面:

其一,表达主观多量。

陈小荷(1994)认为共同语中"都"对左指的数量结构既可传达主观大量(即主观多量)也可传达主观小量(即主观少量)。如陈文中的例句"他一百斤都挑得起"和"他两百斤都挑不起",前者表示主观大量,后者表示主观小量。但是,崇阳方言中"X 是 X"结构与紧随其后的总括域"哈都"或者"压都"共同传达的一定是主观多量。例如:

(14)伊屋里箇伢崽个是个哈是大学生。他家里的孩子一个个的都是大学生。

(15)件是件箇衣压破了。每一件衣服都破了。

从例(14)里面我们知道两点:第一,他家里最少有两个孩子;第二,哪怕他家里只有两个孩子,但能把两个孩子培养成大学生,在说话者和听话者看来都是极为不容易的,主观上也认为两个孩子上大学也是"多量",因此在实际交流中,要重读"个是个"中的两个"个",以及表示总括的"哈",以强调"他家里的两个孩子每个都是大学生"。例(15)也反映出说话者主观上认为"破了的衣服太多了"。

其二,表达主观完整量。

表示说话者主观上认为某个个体或集体分解为部分之后仍然是保存

完整的独立个体，尤其是有些句子前后还有主观上对这种完整性进行评价的词语或分句。例如：

（16）伊煮箇面根是根箇。他煮的面条一根一根的。

（17）我箇妈把汤分倒碗是碗箇。我妈把汤分成了一碗一碗的。

"根是根"表示在煮面的过程中，说话者认为面条没有黏黏、一根一根的保持着很好的完整性，哪怕客观上煮过的面条偶有黏黏，但在说话者眼中可以忽略不计。所以"X是X"结构做句子的谓语和补语时，更强调这种主观完整量。前文中例（5）和例（6）句同理。

其三，表达主观满意量。

崇阳方言中含有"X是X"重叠式结构的句子，既可表达如意的也可表达不如意的。比较下面两组例句：

（18a）个蛋饭炒得几好哦，粒是粒哒！这个蛋饭多好啊，一粒一粒的！

（18b）个蛋饭炒得粒是粒哒，太硬了！这个蛋饭炒得一粒一粒的，太硬了！

（19a）伊箇字个是个箇写倒几清楚哦！他的字一个一个的写得多清楚啊！

（19b）伊箇字个是个箇像鸡抓箇！他的字一个一个的都像被鸡抓了的（形容字写得很难看）！

第一组中，"粒是粒"都是来描述蛋饭的，但例（18a）主要是说明蛋饭一粒一粒的不黏糊，并且说话人对这样的蛋饭感觉很满意；而例（18b）的说话人赋予了"粒是粒"石头般坚硬的色彩，他主观上更喜欢软糯一点的炒饭。第二组中的两个句子，"个是个"都做主语表遍指，没有承担传递主观量的任务，说话者的主观评价是分别通过"清楚""鸡抓箇"等其他词语表达的。

但是，如果句子中没有出现其他补充说明说话人爱恶情感的，仅仅是用"X是X"做句子补语或谓语来对物体进行摹状的，则往往是表达主观满意量，即说话者对总量分解为独立个体的完整性表示满意甚至惊喜。而且崇阳方言里经常这么说。例如：

（20）伊箇衣套是套哒！他的衣服都是成套成套的（一套套的都是好衣服）。

（21）面条煮倒根是根箇！面条煮得一根一根的（没有黏黏）。

（22）石榴肉粒是粒哒！石榴肉一粒一粒的（很饱满）。

（23）他把煤分倒筐是筐哒！他把煤分成了一筐一筐的（有序摆放）。

以上这些句子都是表达说话者的满意之情，听话者也不会产生理解歧义。这是崇阳方言"X是X"重叠式结构的特色之一。

所以，这里说的"主观满意量"主要是指"X是X"结构单独表意的句子，句中说话人主观上对事物的性状比较满意，并用"X是X"重叠式来表达感叹惊喜之情，多用感叹句形式。

总的来说，对应到句法位置上，我们可以看出，崇阳方言"X是X"重叠式做句子的主语时主要表达主观多量和遍指义；做谓语、补语和定语时主要表达主观完整量和主观满意量。

1.3 动词重叠

1.3.1 VV 神

崇阳方言的动词重叠式不多见，主要原因是单音节动词几乎不用重叠式。如北京话的动词重叠分为单音节动词重叠和双音节动词重叠，前者构成"VV"式，表示动作的"短暂"或"尝试"意味，例如：说说、看看、走走、想想。这种情况下，崇阳方言一般用"V下子"表达，说成"话下子、看下子、走下子、想下子"等。"V下子"使用频率极高，并且几乎不用"VV"式。例如：

（1）明日去不吵？等我想下子当。明天去不去呢？让我先想想。

（2）外面在搞么嘀啊？尔去看下子。外面发生什么事了？你去看看。

（3）上昼我制了点包子，尔家哒吃下子看好不好吃。上午我做了点包子，你们吃吃看好不好吃。

（4）尔去跟隔壁箇陈娭家话下子，叫伊莫伊样乱丢东西。你去跟邻居陈婆婆说一说，让她别那样乱扔东西。

"等我想下子当"表示"稍加考虑"；"看下子"则表示时长短暂，更表示尝试去找到解决疑惑的答案；"吃下子"表示尝试着去试试味道；"话下子"既表示简单说一说，也表示看能不能通过这种方式尝试解决"她乱扔东西"的问题。

这种情况下，"V下子"后面往往可以加个已经虚化了的"看"，更能突出尝试意味。如"想下子看""吃下子看""话下子看""走下子看"等。很明显，这个"看"是从动词"用眼睛看"虚化为"看情况"，再进一步虚化为"尝试"义的后缀，此时声调也越来越轻。

崇阳方言虽然没有单音节动词的"VV"式，但是有"VV 神"重叠格式。陈有恒（1990）、聂环（2017）都曾分别论述过鄂东南方言和崇阳方言的"XX 甚（神）"重叠式。① "XX 神"重叠式中的"X"可以是动词，也可以是形容词，本部分讨论动词，后面形容词重叠部分再介绍相关的"AA 神"形容词重叠式。

"VV 神"重叠式中的动词"V"是单音节行为动词，该格式用来描写动作的快速迅疾或者匀速高频的特性。所以，虽然重叠的是单音节动词，但是整个格式具有很强的描写性，因此在句中多做形容词性谓语或者状语、补语等。例如：跑跑神形容快速跑动的样子｜跳跳神形容（欢快）蹦跳的样子｜蹦蹦神形容（欢快）蹦跳的样子｜落落神形容坠落或下落得很急速｜闪闪神形容闪动的频率比较快，程度比较亮｜呼呼神用风吹的声音形容风大风疾｜咂咂神咂嘴的动作快速多次｜咯咯神用拟声词表达笑声欢快、高频多次，形容笑得咯咯的样子等。例如：

（5）个伢崽跑跑神逢过去了。这孩子快速跑着追过去了。

（6）外底箇风闷大，刮得呼呼神。外面的风特别大，吹得呼呼的。

（7）看伊咂咂神，几得哟！看他多得意的样子！

（8）今哒箇雨落落神，怕是不会歇火了。今天的雨下得很大，怕是不会停了。

以上四个例句中的"VV 神"分别做句子的状语（例5）、补语（例6）和谓语（例7和例8），均表示快速迅疾之意，其中"呼呼神""咂咂神"还有拟声传神的作用，表示匀速高频。

1.3.2　AABB

与北京话一样，崇阳方言也有些"AB"结构的双音节动词，可以重叠后构成"AABB"式，但是数量也不太多。例如：

疯疯打打｜上上下下｜进进出出｜摇摇晃晃｜蹦蹦跳跳

重叠以后，表示动作主体的某种状态或动作频率比较高，总体上表示与反复（次数多量）、持续（时量）、强调（主观增量）等量相关的

---

① 陈有恒：《鄂南方言的几个语法现象》，《咸宁师专学报》1990 年第 1 期；聂环：《崇阳方言中的动词重叠式"VV 神"》，《科教文汇》2017 年第 8 期。

概念，可以直接做谓语动词，后面可以接补语，但不能接宾语。例如：

（9）小伢崽日哒几大箇劲咯，满房哒蹦蹦跳跳，不歇火。小孩子大白天精力充沛，满屋子里蹦蹦跳跳，不休息。

（10）莫在屋哒疯疯打打，慢跌倒了！别在家里疯疯打打，以免摔跤了！

（11）尔今哒忙么嘀啊？进进出出十几道。你今天忙什么啊？进进出出十几趟。

同时，这类动词重叠后还具备形容词特性，后面可以加上结构助词"箇"，类似于北京话的"的"，做谓语，描述主语的性状，如上面的例句几乎都可以说为：

（12）小伢崽日哒几大箇劲咯，满房里蹦蹦跳跳箇，不歇火。小孩子大白天精力充沛，满屋子里蹦蹦跳跳，不休息。

（13）莫在屋里疯疯打打箇，慢跌倒了！别在家里疯疯打打，以免摔跤了！

（14）尔今哒忙么嘀啊？进进出出箇，来回十几道。你今天忙什么啊？进进出出的，来回十几趟。

（15）个顶棚摇摇晃晃箇，不是要落下来了吧？这个顶棚摇摇来回晃晃的，不是要掉下来吧？

与形容词的语法功能一致，这些重叠式还可以做状语修饰谓语动词，例如，可以说"蹦蹦跳跳/摇摇晃晃箇走了蹦蹦跳跳/摇摇晃晃地走了""进进出出/上上下下搞一上昼进进出出/上上下下地忙一上午"。

因此，总的来说，这些动词重叠后无论在表意方面，还是在句法功能方面，都具备形容词特征。

1.4 形容词重叠

相对于名、量、动词的重叠式而言，崇阳方言的形容词重叠式数量较多，但与北京话丰富的形容词重叠式相比，仍具有很大的局限性，因为崇阳方言的形容词有很多特色表达法（在后文的"性状"章节将会详细分析，此处不再赘述），重叠方式只是其中的一种。

崇阳方言存在少量的"AA"式和"ABB"式，例如：

（1）伊箇崽我见过，黑黑箇。他的儿子我见过，黑黑的。

（2）个伢崽个样瘦哦，轻飘飘箇。这孩子这么瘦，轻飘飘的。

鉴于这些说法的偶然性，很难说它们不是受北京话影响的，因为当地更为接受的地道说法分别为"伊箇崽我见过，墨几姑哒黑［miɛ⁵⁵tɕi⁵³ku²² · dæhɛ⁵⁵］"① 和"个伢崽个样瘦哦，□轻箇［fiaŋ⁵⁵ʑiaŋ²² · ka］"。

下面重点讨论相对来说崇阳方言中较为常见的"AABB"式、"A 里 A 气"式、"AXAY"式和"AA 神"式。

1.4.1 AABB

干干净净［kə²²kə²²tɕin⁴⁴tɕin⁴⁴］形容干净的样子。

肉肉墩墩［ȵiəu⁵⁵ȵiəu⁵⁵tən²²tən²²］形容人（尤其是小孩子）胖乎乎的样子。

齐齐整整［ʑi²¹ʑi²¹tən⁵³tən⁵³］形容非常整齐。

利利落落［di⁵⁵di⁵⁵no⁵⁵no⁵⁵］形容人的外形或做事动作非常清爽利落。

桠桠节节［ŋa⁵⁵ŋa⁵⁵tɕiɛ⁵⁵tɕiɛ⁵⁵］形容傻乎乎、痴呆呆的样子。

定定吊吊［din⁴⁴din⁴⁴tio⁵³tio⁵³］形容吊儿郎当的样子。例如：看尔~箇样，哪像个二十几岁个人啊？看你那吊儿郎当的样子，哪里像个二十多岁的人啊？

清清爽爽［ʑin²²ʑin²²saŋ⁵³saŋ⁵³］形容清新干净的样子，可用来指人、物或头脑等。

……

1.4.2 A 里 A 气

哈里哈气［ha⁵³ · diha⁵³ʑi²¹⁴］形容傻里傻气的样子。

流里流气［diəu²¹ · didiəu²¹ʑi²¹⁴］形容言行透露出流氓习性的样子。

怪里怪气［kuæ²¹⁴ · dikuæ²¹⁴ʑi²¹⁴］形容稀奇古怪的样子。

娇里娇气［tɕio²² · ditɕio²²ʑi²¹⁴］形容很娇气的样子。

神里神气［sən²¹ · disən²¹ʑi²¹⁴］形容过于做作或者神经质的样子。

乡里乡气［ɕiaŋ²² · diɕiaŋ²²ʑi²¹⁴］形容很乡气、土气或俗气。

……

---

① 这些特色形容词的生动表示法，有些本字未能考察全面。鉴于此，本书给这类词语标注国际音标，以最大限度还原其口语特色。

值得一提的是，这类形容词往往有一个简化形式，即是"A气"式形容词。两者表意基本相同，但四字格更为生动且程度更深。"A气"中的A为单音节形容词，"气"类似表示"……的样子"的后缀。例如：

神气｜娇气｜乡气｜土气｜哈气傻气｜怪气

类似这样的还有"A里AB"式、"ABAC"式和"A里A气"式，例如：

糊里糊涂［fu^{21}·ɗifu^{21} ɗəu^{21}］｜古里古怪［ku^{53}·ɗiku^{53} kuæ^{214}］｜慌里慌张［faŋ^{22}·ɗifaŋ^{22} taŋ^{22}］

这类重叠式几乎无一例外都是表示贬义。

（3）伊个样话事，真是哈里哈气箇哟！他这样说话，真是傻里傻气的啊！

（4）看伊神里神气箇样，像挣了几百万箇。看他神里神气的样子，像赚了几百万的。

（5）几十岁箇人，还像个姑崽样娇里娇气箇，不蛮像样。几十岁的人了，还像个小姑娘样娇里娇气的，不怎么像样子。

（6）莫把个头发搞得黄不黄红不红箇，流里流气箇样子不好看。别把头发染得黄不黄红不红的，流里流气的样子不好看。

这些例句无一不是对说话对象进行否定甚至讽刺。

1.4.3　AXAY

该格式目前只找到四例。

巴皮巴肉［pɑ^{22}ɓi^{21} pɑ^{22}ȵiəu^{55}］形容对人非常真心、贴心、掏心掏肺、脱皮剐肉地对别人好。

糊里糊涂［fu^{21}·ɗifu^{21} ɗiəu^{21}］形容稀里糊涂的样子。

□归□几［tso^{214} kui^{22} tso^{214} tɕi^{53}］形容东倒西歪的样子。例如：把尔箇衣扯下子，着在个身上～箇。把你的衣服扯平一下，穿在身上是歪的斜的。

呛肝呛肺［ʑiaŋ^{214} kə^{22} ʑiaŋ^{214} fi^{214}］形容说话非常呛人的样子。

这些重叠式都具有独特的描写功能，形象生动地摹绘出动作行为具有的状态特点。

1.4.4　AA神

"AA神"形容词一般是重叠前面的单音节形容词，"神"相当于

表示"……的样子"的后缀。这类词并不多,可能与崇阳方言重叠式比较匮乏有关。比较常见的是"急急神｜忙忙神"等几种。例如:

(7) 看伊急急神箇样,慌么嘀啊?看他非常着急的样子,慌什么啊?

(8) 晓得我爸马上就归,我妈忙忙神箇去买菜搞饭吃。知道我爸马上就要回,我妈急急忙忙地去买菜做饭。

总体来说,以上几种形容词重叠式表意上,主要用来表达程度或强调作用,极具描述性,可译作"很……",如"笔笔直直"可以理解为"非常直","糊里糊涂"可以理解为"很糊涂";另外,这些重叠式形容词的"A里A气"式一般只表示贬义,其他两类则褒贬皆有。句法功能上,这些重叠式形容词与上述四字格词语一致,同样可以做句子的谓语、定语、补语和状语,此处不再举例赘述。

但是,由于这些重叠式形容词往往通过重叠的语法手段表达了程度之深的意味,所以它们前面对程度副词的使用有很多限制,北京话中的重叠式形容词也是这种情况。我们选用崇阳方言中四个常用的程度副词,即"点把很""闷非常""点子一点""几很,多用于感叹句中",对三类重叠式形容词进行搭配测试,结果如下:

*点把干干净净　　*点把巴皮巴肉　　点把哈里哈气
*闷干干净净　　　*闷巴皮巴肉　　　闷哈里哈气
*点子干干净净　　*点子巴皮巴肉　　?点子哈里哈气
*几干干净净啊　　?几巴皮巴肉啊　　几哈里哈气啊

由此可见,"AABB"式和"AXBY"式形容词对程度副词的接纳几乎为零,相反,"A里A气"式则基本可以与程度副词搭配。这说明,"A里A气"的描述性更强,对程度的表达较弱。

另外,崇阳方言还有"A不A,B不B"式,一般A和B为反义词并且以对举形式出现,表示性质或状态折中,毫无特色,不如人意,带拂意色彩。例如:早不早,晏晚不晏;前不前,后不后;高不高,低不低;长不长,短不短;新不新,旧不旧;黑不黑,白不白……例如:

(9) 伊着箇么衣啊?长不长,短不短箇。他穿的什么衣服啊?长不长短不短的。(表示奇怪,不好看)

(10) 个个点,早不早,晏不晏箇,不晓得制么嘀。这个时间点,早不早晚不晚,不知道该做什么。

这些其实算不上典型意义的重叠式，应该是形容词的重叠貌或者说重复用法，有一定的语境特定性。

1.5 小结

总体来看，崇阳方言重叠式数量不多，除形容词重叠形式稍显多样外，名词重叠式则是以构词重叠占主导；动词重叠式中，除"VV神"外，单音节重叠式几乎不用，双音节重叠式形式较为单一（仅为AABB式），且使用频率不高；量词重叠一般需要中间嵌词的帮助，组成"一XX"或"X是X"格式；而副词重叠式和单音节动词重叠式一样，在崇阳方言中几乎不见踪影。这一现象不能仅用"使用习惯"来解释，纵观汉语重叠现象的演变、发展，我们似乎得到了一些启示。

王建军、周梦云（2018）认为汉语重叠式"总体上经历的都是一个客观意义淡化，主观情态的强化过程"，所以"早期的重叠式无一例外都是词汇成分"，"一开始主要指向的都是客观事物，只起绘景状物的作用，如'霏霏、郁郁葱葱'，但后来却越来越多地指向人事，如'熙熙、娉娉婷婷/踉踉跄跄'"，"之后由于频繁使用，意义逐渐趋于抽象化，从而使自身的语用功能不断增强。在类推机制的作用下，该形式和结构最终凝固化，变成主观性的表达成分。"[①] 崇阳方言的重叠式也反映出突出主观性这一点上：除了拟声词和亲属称谓这类构词的重叠式以外，其他重叠式都是为了突出描述性的表达，所以具有描写、摹状性质的形容词才有四五种重叠方式；动词重叠后也具有了一系列形容词的句法功能；而量词重叠的表现最为直观——表强调意味的"XX"式重叠方式在崇阳方言中只有"个个"偶尔在使用，而表示描述动作方式的"一X（一）X"式则使用频率高得多。即便是形容词的重叠，形式、数量、使用频率也远不及北京话的形容词重叠，是因为崇阳方言有一些具有个性特色的性状形容词（详见程度表达章节内容）。

[①] 王建军、周梦云：《汉语重叠现象的演进趋势、生成历程及发展动因》，《语文研究》2018年第4期，第11—12页。

因此，我们可以说，崇阳方言是在保留自身特色表述的基础上，在方言接触和共同语中文学表现手法的助推下，才慢慢接受重叠这一表达方式，用来丰富自身的主观性、描写性表达。

第 2 章　语缀

关于汉语语缀的研究，很多学者将其与词缀混为一谈。而"在现代汉语各级语法单位中，认识分歧之大、术语分歧之大都莫过于词缀"①。

汪国胜早在 1993 年就提出给语缀定性的两个标准："一，语缀是一种虚语素，表示抽象的语法意义，标明词的语法功能；二，语素是一种定位语素，或居词头（前缀），或接词尾（后缀），或嵌词中（中缀）。"②该文还进一步按照语素意义完全虚化与否，将语缀分为典型的语缀和类语缀两个类型。张惠英则明确提出语缀与词缀的区别，即"'词缀'一般认为是词汇、构词平面上而言的问题，'语缀'则是出现于句子或语流中的缀音"；同时指出两者联系紧密，有的语言里两者形式完全一致，但"词缀超出词汇平面进入句子语流，起的作用已经不是构词而是构句"，③而有的语言中，语缀只出现于句子语流中名词之前，但加了语缀的名词作为构词就并不存在。

因此，本书所指的语缀既包括词汇层面的词缀，也包括语法层面的语缀；既包括语法化程度高的典型语缀，也包括未完全语法化的类语缀。目前，对崇阳方言语缀进行了比较系统描写的是王欢（2017）的硕士学位论文《崇阳方言语缀研究》（华中师范大学）。该文按名词、动词、形容词等各词类中的前缀、中缀、后缀分门别类进行研究；文章还概括归纳了崇阳方言语缀的特性，并与北京话和咸宁方言语缀分别进行对比分析，研究较为全面。但有些语缀的认定还需要商榷，如"四字形容词+箇"（如"尖嘴歪缺箇损人利己的人"）格式中的"箇"其实就

---

① 马庆株：《汉语语义语法范畴问题》，北京语言文化大学出版社1998年版，第154页。
② 汪国胜：《湖北大冶方言的语缀》，《方言》1993年第3期，第218页。
③ 张惠英：《语缀现象评议》，《汉语学报》2011年第4期，第21页。

是个结构助词"的",一般不认为是名词后缀,类似代词后面加上"箇",同样可以变为领属格,如"我箇我的""伊箇他(她/它)的"。但总的来说,该文比较系统地描写了崇阳方言的语缀现象,为汉语方言的语缀研究提供了宝贵的崇阳方言语料。

按照这些语缀出现的位置,下文将从前缀、后缀和中缀三个方面对崇阳方言的语缀进行描写、分析。

崇阳方言的前缀主要有"第""初""老""大""细""小"等,后缀主要有"仔""哒""首""底""家""子""巴""神"等。

2.1 前缀

严格来说,崇阳方言没有典型前缀,只有几个类前缀:"初""第""老""细""小""经""激"等,而且意义用法与北京话没有很大差别。

2.1.1 初

与北京话相同,崇阳方言的前缀"初 [zɿ²²]"附着在十以内的数词之前,构成序数词"初 X",表示农历每月前十天的次序,例如:~一丨~二丨~三丨~四丨~五丨~六丨~七丨~八丨~九丨~十。仅此而已,能产度不高,"十"以后的数词性语素组合前不能加"初"。

需要注意的是,表中学年级的"初一""初二""初三"的"初"不是语缀。

2.1.2 第

崇阳方言的前缀"第 [di⁴⁴]"与北京话的"第"用法别无二致,都是附着在数词性语素之前构成"第 X",表示次序,例如:~一丨~二丨~十丨~十五丨~一百零三丨~三千六百二十九。如果不是单纯排序,数词性语素后边通常要用量词或量词词组,例如:~一个丨~十名丨~一件事丨~二回。但在语意明确的情况下也可以将量词或量名组合省去不用,例如:

(1)个是个辆车今哒跑箇第五回。这是这辆车今天跑的第五趟。

（2）我去北京第一要制箇事就是去目伊。_{我去北京要做的第一件事是去看望他。}

2.1.3 老

崇阳方言中的前缀"老［nau⁵³］"由形容词"老"虚化而来，某些用法中还保留有形容词"老"的意义。崇阳方言的前缀"老"主要有以下几种用法。

其一，附着在"大、幺、几"或"二"至"十"之前表示排行，虚化程度较高，例如：~大｜~二｜~三｜~四｜~五｜~六｜~七｜~八｜~九｜~十｜~幺｜~几。"~几"用于询问句询问某人的排行，例如：

（3）甲：尔兄弟三个当中，尔是老几？_{你家兄弟三个中，你是老几？}

乙：老二。_{老二。}

（4）我爸是屋里老大，蛮会照几人。_{我爸是他家里的长子，特别会照顾人。}

由这个意义还引申出"老几"的反问用法，带有轻蔑的意味，讽刺对方把自己当作"老大"，一般用于争吵当中。例如：

（5）还来教训我？尔算老几？_{还来教训我？你算老几？}

（6）伊不就是比我早点来个哒？还以为自家是老几？_{他不就是比我早几天来这里吗？还以为自己是老几？}

其二，与北京话相同，崇阳方言的"老"可以附着在少数动物名称的名词性语素之前，构成动物的称谓词，虚化程度较高，例如：~虎｜~鼠｜~蟹_{螃蟹}。

其三，崇阳方言中的"老"还常常附着在表示亲属称谓的单音节名词性语素之前（"表、子"除外），构成亲属称谓词，虚化程度较高，日常生活中经常使用。

例如：~爷［Øia²¹］_{爸爸}｜~娘_{妈妈}｜~弟｜~妹｜~脚_{老公}｜~公｜~婆｜~表_{表亲}｜~庚_{同一年出生的朋友}。

其中"弟、妹、爷、娘"独用时与"~弟｜~妹｜~爷｜~娘"所指一致，加"老"则带有亲昵色彩，而且"哥哥""姐姐"一般不用"老X"格式。"公、婆、表、庚"中"表、庚"不能独用，"公、婆"可以独用，加缀所得的词义与原语素不一致，因此，这时"老"兼有构词和变义两种作用。"~弟｜~妹"多用于背称,"~爷｜~娘"用作背称时,分别相当北京话中的"~爸｜~妈",是对年迈父母的一种亲昵称呼方式,最主要还是侧重于年长。"~爷爸爸｜~娘妈妈｜~公｜~婆"还可用于面称。"~娘｜~子"面称时多用作骂人语,含有称大的意思,即把自己当作被骂人的长辈,与北京话意思用法一样,不再举例说明。

其四,崇阳方言前缀"老"附着在其他名词性语素之前,构成表人的普通名词,虚化程度较高,"老"有成词作用,例如:~师｜~乡｜~板｜~百姓等。

其五,前缀"老"附着在单音节姓氏前,表示对较自己年长且熟悉者的称呼,虚化程度不高,词汇意义有部分保留,例如:~张｜~李｜~王｜~朱等。

由此可看出,崇阳方言的"老"前缀类型较多,但大致上与北京话的用法类似。

2.1.4　小/细

崇阳方言的小称前缀常用的有两个,"小 [εio^{53}]"和"细 [εi^{214}]",都可以用在名词性语素前(虚化程度不高时还不是真正意义上的前缀,可以看成是形容词修饰后面的名词),此时,名词后面还可以用表小称的后缀"子 [$tsæ^{53}$]"做呼应,并且读为轻声 [·tsæ],构成"小/细＋X＋子"结构。两者有时可以互换,有时又各具特色。

2.1.4.1　只能用"小"的情况

①表物品大小,例如:"~锅｜~凳｜~盆"等,也可说成"~锅子｜~盆子｜~桌子｜~椅子"。②表幼小动物,例如:~鸟(没有"~鸟子"的说法)｜~鱼(子)｜~猪(子)｜~鸡(子)等。这两种情况下的"小"可以看作形容词修饰后面的名词,不是真正意义上的前缀。③表社会地位比较低的人物或不太光明正大的行当,虚化程度比较高,与"大小"含义基本无关,例如:~偷｜~丑｜~贩｜~老婆等。④附着在表示姓氏的单音节语素之前,用来称呼比自己年龄小的人,能产程度较高,例如:~王｜~李｜~张｜~吴等,这种用法与前缀"老"相对。⑤还有一些无法具体归类,可能是受北京话影响,可能是方言本身产出

的，比如：~年夜｜~舅子｜~菜｜~指甲｜~炒｜~康｜~说等。

2.1.4.2 只能用"细"的情况

主要是用在亲属称谓中，表排行较小的。例如：~爷[Øia²¹]最小的叔父｜~娘最小叔父的妻子｜~妈同"细娘"意等。前缀"细"是个类语缀，保留形容词"细"的词汇意义比较明显的。"细"的主要作用是用来构形，个别情况兼有构词和构形两种作用，如这里的"~爷｜~娘"。

2.1.4.3 "小"和"细"可换用的情况

主要存在于对小孩子的称呼中。比如，小/细崽小儿子｜小/细伢崽小孩子，小朋友｜小/细姑崽小女孩等，此时"崽"不读轻声，读为[tsæ⁵³]，是崇阳方言中表"儿子""孩子"的词，有时甚至直接用"小细伢崽"来强调小孩子的"幼小"，类似北京话里"小小孩"的说法。

(7) 我有三个崽，个是我箇小/细崽。我有三个儿子，这是最小的儿子。

(8) 个是哪个屋里箇小/细伢崽？这是哪家的小孩啊？

(9) 伊还是个两岁大箇小细伢崽。他只是个两岁的小孩子。

由此可见，崇阳方言中，前缀"小"的用法比"细"要广，"细"的用法局限性则比较大。

2.1.5 经

崇阳方言中的"经[tɕin²²]"一般附着在单音节动词或形容词前面，构成"经V"式形容词，表示"某物或某人经受得住某种长期的动作行为"。"经"这一形容词前缀，能产性较高，但虚化程度较低，在词中表意依然很实在，都有"经受"意。例如：~吃｜~用｜~看｜~洗｜~煮｜~着穿｜~吹｜~嚼｜~搞｜~烧｜~饱｜~饿｜~睏｜~戏等。这些词在句中主要做谓语，受程度副词和否定副词的修饰。

(10) 个块布制箇衣点把经着。这块布做的衣服非常耐穿。

(11) 青菜不经煮，一煮就烂了。青菜不耐煮，一煮就烂了。

(12) 个种碳蛮经烧，比一般箇碳多烧个把小时。这种碳非常耐烧，比一般的碳多烧一个小时左右。

(13) 个东西几经用哦，用了二十几年了啊！这东西多么耐用啊，用了二十多年了啊！

2.2 后缀

崇阳方言的后缀主要有"仔、首、头、煞、哒、子、巴、把、神"等。

2.2.1 仔

上文提到过,崇阳方言的后缀"仔[tsæ⁵³]"附着在名词性语素后,表示事物的细小,能产程度比较高,例如:鸡~|鸭~|猪~|牛~|伢~|手袱~毛巾|女伢~女儿;女孩子|倒伢~女儿;女孩子|男伢~男孩子|细伢~小孩子等。有时还可以在"仔"缀词语前加上前缀"细"或"小",有进一步强调小的意味。

此外,"仔"还可以附着在某些名词和形容词之后,构成指人名词。例如:聋~|哑巴~|驼背~|癞~|泼皮~|老脚~老年男性|哽巴~说话结巴的人|拐脚~瘸腿的人|哈巴~傻里傻气的人|戳皮~无赖的人|假马~虚情假意的人或臭美的人|好吃~|拐子~蛮横无理的人|哭皮~爱哭的人|乖(巴)~乖巧的孩子|肉(巴)~肉嘟嘟的孩子|玩心~心思比较重或者精明的人等。一般而言,"子"前面的名词、形容词都是表示或描述人的某种特点的,而且多数都是不太好的特点,比如,身体的缺陷、性格的偏激、行为的异常等特点;也有少数几个表示长辈对孩子疼爱,比如:乖(巴)~乖巧的孩子|肉(巴)~肉嘟嘟的孩子|玩心~贪玩的人、心思比较重的人或者父母心头肉的人。

(1)好好吃饭,我箇乖(巴)仔!好好吃饭,我的乖孩子!
(2)几好箇肉巴仔啊!多好的肉嘟嘟的孩子啊!
(3)伊是个玩心仔。他是个精明的人。

2.2.2 首

在崇阳方言中,后缀"首[səu⁵³]"可以附着在动词性语素或形容词性语素后,构成抽象名词"V/A首",表示值得、合算等意思。"首"的这种表示法在湖北省内很多方言里都存在,比如,鄂东南的赣语区崇阳方言、咸宁方言、大冶方言,西南官话的武汉方言,江淮官话的鄂州方言等。具体到崇阳方言来看,后缀"首"有如下几个特点:

其一，能产度比较高，但成词能力比较弱。被附成分基本是行为动词，可以是单音节的，也可以是双音节的，例如：看～｜想～｜打～｜吃～｜喝～｜话～｜谈～｜听～｜讲～｜瞄～｜搞～｜戏～｜补～｜读～｜商量～｜指望～｜检查～｜可怜～等。但搭配后构成的"V首"类词语几乎不能单独成词，只能在特定的句法结构中使用。因此，从这个意义上说，"首"只能算语缀，而不是词缀。

其二，对句法结构有选择性。主要表现为，"V首"类词语一般不能单独出现在肯定句中使用。它们通常与动词"有"配合，作"有"的宾语。甚至，一般不直接出现在"有"后面，两者中间还得出现其他成分，如程度副词、否定副词或疑问词等。但用在否定句或反问句中，形成"冇得+V首"或"有么+V首"，则中间不需要其他成分。对比下列一组例句：

（4）*个部电影看首。

（5）？个部电影有看首。这部电影有看头。

（6）个部电影有点子看首。这部电影有点看头。

（7）个部电影冇得看首。这部电影没有看头。

（8）个部电影有么看首哟？这部电影有什么看头？（反问语气，表不屑）

例（4）完全不成立，"V首"类词也基本如此。在肯定句中，没有"有"的搭配，"V首"几乎不能单独使用。例（5）勉强可以说，但没有后面三个例句表达自然。后面三例则分别使用"有+X+V首"结构的肯定句，否定句和反问句，是"V首"类词语接受度最高的句法结构。

其三，语义表达上，主观倾向比较明显。虽然可以用于肯定、否定、反问和正反问等结构中，但在肯定句中用法比较受限，其语义多半还是表示否定、不如意，或勉强满意。如上面一组例句中，如果想表示"这部电影很有看头"，可以说成"个部电影蛮有看首"，但这种说法在崇阳方言中并不多见。相对而言，下列表示不如意或勉强如意的句子更为常见。

（9）个景区冇得（么）看首，只有划船还有点戏首。这个景区没有什么值得看的，只有划船还可以玩一下。

（10）尔话箇个事定都定了，还有么商量首？你说的这个事已经定了，还有什么值得商量的？

（11）尔尝下子个菜，有冇得吃首？你尝一下这个菜，好不好吃？

以上三个例句分别使用了该结构的否定、肯定、反问和正反问句式。例（9）还使用了"还有点"，突然表达了比较勉强的语义特点。

2.2.3 头

跟北京话类似，崇阳方言的"头 [ɖio²¹]"后缀也主要是名词类后缀，可以附着在名词、形容词、动词和量词后，组成名词。根据虚化程度的不同，可以分为典型语缀和类语缀两种情况，后文每类别下分为A/B 两组举例如下，A 组为典型语缀，B 组为类语缀。A 组词"头"的意义虚化程度很高，词义已经跟"头"的本义关系不大，但 B 组词基本还保留"头部"的含义。

A 组又可分为以下几类情况：

a. "名词+头"。"头"缀可附着在日常生活里常见事物的名词后面，包括生活用品类名词、食物类名词、身体器官类名词、处所方位类名词等。

斧~｜日~｜砖~｜木~｜骨~｜舌~｜眉~｜拳~｜年~｜芋~｜罐~｜地~｜零~

b. "动词+头"，构成工具类名词或抽象名词。

锄~｜插~｜枕~｜钻~｜镐~｜来~｜派~｜盼~

c. "形容词+头"，构成抽象名词。

甜~｜苦~｜气~

d. "量词+头"，构成表人外形的名词。

个~｜块~

除"名词+头"外，其他类型的"头"缀词，数量不多，而且意义和用法跟北京话此类词基本相同。

B 组主要是"名词+头"的类型，例如：

布~｜线~｜烟~｜床~｜桥~｜墙~｜屋~｜人~｜风~｜葱~｜蒜~｜山~｜唧~乳头｜月~｜瓜~｜指甲~｜村~

此外，还有一种情况，有些名词附着"头"缀后，表意与原名词没有关系了，而是用来喻指具有某些特性的人，例如：

猪~指蠢笨的人｜鬼~指狡猾奸诈的人｜贱骨~骂人用语，指低贱的人｜懒骨~指懒惰的人

（12）个样话都不听，伊真是个猪头。这样说都不听，他真是个猪头。

(13) 个崽是个鬼头，歪点子点把多。这个孩子是个狡猾的人，坏主意特别多。

(14) 伊个贱骨头，硬是要去求别个。他这个贱骨头，非要去求别人。

(15) 看伊一副懒骨头，日日都睏在床上，么得了？看他一把懒骨头，天天都睡在床上，怎么得了？

2.2.4 煞

崇阳方言的后缀"煞 [sæ⁵⁵]"附着在单音动词或形容词后（偶见少数双音节形容词），构成"X 煞"，表示程度的强烈，所以"煞"字要重读甚至有一定程度的拖长语调，用以突出程度之深。"X 煞"结构在崇阳方言中能产度非常高，意为"非常 X"或者"X 极了"。例如：

"动词+煞"：跑~｜笑~｜哭~｜怄~｜打~｜闹~｜吵~等。

"形容词+煞"：烦~｜气~｜饿~｜干~很渴｜忙~｜累~｜喜~｜热~｜冷~｜酸~｜咸~｜尖~非常小气｜溜~很熟练的样子｜胀~｜兴~很兴奋｜嫌~很讨人嫌｜利落~｜小气~等。

值得注意的是，"X 煞"结构一般用在陈述句或感叹句中，从来不会出现在否定句中。另外，据袁宾（2003：100—101）和唐贤清、陈丽（2011：5—7）研究，"煞"的本字应为"杀"，魏晋以后，大量出现虚化为程度补语的"煞"置于动词或形容词之后，取代"杀"。唐贤清、陈丽（2011：8）通过考察还发现，虽然"煞"在北京话中很少见，但广泛出现于方言中，包括吴语、客家话、赣语、晋语、徽语和部分官话。据笔者了解，"X 煞"的这一用法流行于鄂南赣语片区的咸宁、崇阳、通城等县市方言中。

2.2.5 哒

崇阳方言的后缀"哒 [·dæ]"常常置于单音节名词后面，往往读为轻声，相当于北京话的"子、儿"后缀。例如：桌~｜凳~｜鞋~｜桃~｜李~｜枣~｜梨~｜茄~｜豆~｜袜~｜盆~｜盅~杯子｜袱~毛巾｜镜~｜刨~等。还有很多北京话里不能加"子"后缀的名词，崇阳方言照样可以加"哒"后缀，如：书~｜车~｜桶~｜碗~｜谜~谜语｜屋~家或房子｜狗~｜猫~｜树~｜田~｜水~等。

后缀"哒"还可以附着在双音节名词后，意义和用法与附着在单音节名词后基本一致，适用的名词范围非常广，有时间节令、家居用品、蔬菜吃食、昆虫动物等。而且这种情况下，一般不能对应北京话的"子"。比如：上昼~上午｜夜~晚上｜明日~明天｜昼边~下午｜春天~｜热天~夏天｜冷天~冬天；老屋~家乡｜椅靠~靠背椅｜小椅~｜地撮~撮箕｜手机~｜围裙~｜捞箕~笊篱；萝卜~萝卜｜包心坨~包菜｜京椒~青椒｜蒂棒~植物的茎部｜北瓜~南瓜｜蝇马~苍蝇｜尖叫~蝉｜翼个膀~翅膀｜寒噤~蚯蚓｜飞薄~灯蛾等。

少数多音节名词或名词短语后面也可以加后缀"哒"，比如：荡刀片~理发师用的鐾刀布｜枕头套~｜擦脚袱~擦脚毛巾｜鸡毛刷~鸡毛掸子｜大指甲壳~大拇指等。

女性单字人名后面加"哒"，以示关系亲热。比如：红~｜晶~｜花~｜霞~｜英~｜莲~｜芳~｜华~｜萍~等。

由此可见，后缀"哒"在崇阳方言中用法很广，多数名词，甚至部分名词短语后面都可以加上这个后缀。另外，这个后缀与名词的紧密度不高，尤其是对多音节名词来说，这个后缀几乎都是可有可无的，没有"哒"也都可以成词；单音节名词也可以去掉这个后缀，不影响成词表达，不过加上后缀更为通顺自然。基于此，我们可以说"哒"是崇阳方言中非常有特色的语缀。

2.2.6 子

崇阳方言常用的名词后缀还有一个"子 [tsɿ^{53}]"，与北京话的"子"后缀意义用法差不多。当然，"鱼子"这类偏正结构的词，"子"不是后缀，不在讨论范围内。与上述"哒"尾名词词缀相比，崇阳方言"子"尾名词有三种情况：

一种是"子"尾与"哒"尾可以自由换用，如上文提到的"哒"尾的部分例字，"桌哒＝桌子｜桃哒＝桃子｜袜哒＝袜子｜袱哒＝袱子｜叶哒＝叶子"等，但是有些是只能用"哒"尾，不能用"子"尾的，如"＊鞋子、＊盆子、＊盅子、＊梳子"就都不成立。类似这样只能用"哒"尾的词主要是崇阳方言中可以单音节使用的名词，比如："猴"在崇阳话里一般就两种说法，"猴"或"猴哒"，不说"＊猴子"，"鞋、盆、盅、梳、狗、猪、茄"都是这种情况。

另一种是只能用"子"尾,不能用"哒"尾的情况,比如:"胡子"就不能说"*胡哒",类似的词语还比较多:剪~|鼻~|侄~|婊~|骗~|败家~|瞎~|聋~|蝎~|日~|筷~|钳~|镊~|滚~|狮~|豹~|包~|橘~|架~|位~|篮~|金~等。

还有一种比较特殊的情况,同一个词根,加"哒"尾和"子"为后,表示名词所指对象不同。如"包哒"指"背包",而"包子"指一种带馅儿的面食。

从构词手段来看,崇阳方言后缀"子"的作用主要表现在:

①改变词性,有时还使所缀语素单独成词时的意义发生改变。"子"缀所附着的成分多是名词性质的语素,但也有一些其他类型的语素可以缀"子"而成为名词,主要是形容词或动词:

a. 形容词+子→名词。比如:矮~,"矮"为形容词,指个子不高;加后缀"子"后"矮了"表示名词"个子矮的人"。类似的还有:疯~|胖~|瘦~等。

b. 动词+子→名词。比如:骗~,"骗"为动词,意为"欺骗",加后缀"子"后"骗子"为名词,表示"欺骗的人"。类似的还有:滚~轮子|瞎~|聋~|败家~等。

c. 量词+子→名词。比如:个~,个:量词单位→个子:指人的身高。这种情况不普遍。

②成词作用。一些不能单独成词的语素,缀上"子"以后便成了词,例如:狮~|豹~|侄~|婊~|麻~等。

2.2.7 巴

崇阳方言中后缀"巴 [pa^{22}]"多见于附着在单音节名词和形容词之后,构成指物或指人名词。比如:盐~|泥~|锅~|下~|鸡~阴茎|尾~|肉~肉乎乎的人;哈~傻子|瘫~|缩~傻子|哑~|聋~,一般用某种身体缺陷来指代某个人,但"乖巴"是个例外,指乖巧听话的孩子;还有少数附着在动词之后,比如:结~。

(16) 伊是个聋巴,不是个哈巴。他是个聋子,但不是个傻子。

(17) 我箇崽是个乖巴,就是有点子结巴。我的儿子是个乖孩子,就是有点结巴。

2.2.8 把

崇阳方言中,"把 [pɑ⁵³]"有多种语义,常见的有:表给予义的动词;表处置的介词"把";表被动的介词"把得"和后缀"把"。前面几种用法会在后面相应的句法部分详细论述,这里只讨论附着在量词或位数词后的后缀"把",表示概数。主要有以下几种情况:

2.2.8.1 名量词+把

例如:个~|根~|件~|块~|条~;盒~|碗~|筒~|桶~|箱~。

前面一部分是个体量词,后面一部分为集合量词,都表示数量比较少,在"一"左右。它们后边都可以接名词,但如果名词成分在上文已出现,后面再次出现时可以承前省。例如:

(18)我个际吃烟吃得少得多,以前一日吃盒把,个际一日吃根把就可以了。我现在抽烟抽得少多了,以前一天要抽一盒烟左右,现在一天抽一两根就可以了。

(19)伊蛮节约,每年只买块把衣。他很节约,每年只买一两件衣服。

(20)伊请客箇时际冇算好,多了桌把人。他请客的时候没有算好人数,多出了一桌客人。

例(18)里面的"量词+把"后面就省了名词,因为前文语境提到过;后面两个例句则直接在"量词+把"后加名词。

2.2.8.2 动量词+把

常用的动量词主要有:回~|次~|趟~|遍~等。这类结构同样表示数量少,不过,"把"后面一般不能出现中心成分,例如:

(21)我每年都要去海南戏回把。我每年都要去海南玩一两次。

(22)槟榔个东西不健康,尔每日要少吃次把。槟榔不健康,你每天要少吃一两次。

2.2.8.3 度量衡单位量词+把

例如:斤~|寸~|里~|吨~等,同样表示数量少。此时,"把"后边可以不出现中心成分,也可以出现名词,或者形容词,名词和形容词甚至还可以同现,形成偏正结构。例如:

(23)伊个回压是打箇寸把(长)箇鱼崽。这次他打的都是一寸长左右的小鱼。

（24）我今哒多运了吨把货。我今天多运了一吨左右的货。

（25）屋哒有肉，莫买多了，买个斤把就行得了。家里还有肉，别买多了，再买一两斤就可以了。

（26）个个水塘只有米把深。这个水池只有大概一米深。

例（23）的"寸把"后面形容词"长"可以出现，也可以不出现，听者都明白是修饰长度的；例（24）的"吨把"后面接名词；例（25）"斤把"后的名词承前省略；例（26）的"米把"后面接的形容词"深"，但中心词"水塘"承前省略。

2.2.8.4 时间单位词+把

这类用法的时间词不多，主要是"年~｜日~"。一般不说"月~""小时~"，只说"个~月"或"个~小时"，但一两分钟可以说"分~钟"。这里的"把"也是表示数量在"一"左右，如果用来表示时间本身量的多少，后边可以出现名词；如用来说明动作持续时间的长短，后边不出现中心语成分。比如：

（27）伊哒有个么戏首？日把（时间）就行得了。那里有什么好玩的？一天就玩够了。

（28）我还有分把钟就到了。我还有一两分钟就到了。

2.2.8.5 "X把两X"格式

其中，"X"为量词，上述的名量词、动量词、度量衡量词和时间词基本都可以嵌入。该格式同样表达数量少，但更加强调数量"一"且不超过"二"，其后往往不再接中心词。比如：

个把两个｜根把两根｜年把两年｜日把两日｜回把两回｜次把两次｜斤把两斤｜吨把两吨

（29）伊箇崽要去美国年把两年。他儿子要去美国一两年。

（30）隔壁箇崽经常夜里嚎，不是回把两回了哦。隔壁家的儿子总在夜里大叫，不是一两次了。

2.2.8.6 位数词+把

这里的位数词是指"个、百、千、万"等表数的量词，表示接近某个位数，或在某个位数左右，例如：百~｜千~｜万~｜亿~。"X把"后边常出现量词或量名结构，有时量词或量名结构也可以不出现，例如：百~斤（鱼）｜千~块（钱）｜万~吨（钢）。但这种格式不适用于位数词"十",表示概数要用"几十"或"一二十、三四十"等来表达。

另外,"位数词+把"的格式同样适用于上面提到的"X 把两 X",例如:个~两个｜百~两百｜千~两千｜万~两万｜亿~两亿等,用法和意义基本与上文所论述一致。

2.2.9 神

崇阳方言里"神[sən²¹]"可作为词尾,用在一些叠音动词、形容词或拟声词后,变为形容词"AA 神",表示一种状态,一般在句中做谓语、状语或补语。其中,模拟声音的单音节词重叠后,几乎都可以加上"神"这一后缀。但是,除拟声词外,"神"对动词和形容词的能产性有一定限制。常见的"神"后缀词如下:

跑跑~｜搞搞~｜急急~｜呼呼~风吹或打呼噜的声音｜喳喳~鸟叫的声音｜嘎嘎~鸭子叫的声音｜咯咯~人的笑声或母鸡下蛋的声音｜蹬蹬~上楼梯或走路有力有节奏的声音等。

(31) 个伢崽跑跑神,不好好走路。这小孩一路跑跑跳跳的,不好好走路。(做谓语)

(32) 昨日伊归来后冇一下就急急神箇走了。昨天他回来一下后就急急忙忙地走了。(做状语)

(33) 外面箇鸟叫得喳喳神,吵煞哦!外面的鸟叫得喳喳的,吵死人。(做补语)

2.2.10 气

崇阳方言中,后缀"气[zi²¹⁴]"一般附着在单音节形容词语素或名词语素后,起成词作用,构成描述人物性格特征的双音节形容词,多数表贬义,也有部分表褒义。例如,哈~傻气｜痞~｜脾~｜土~｜小~｜老~｜怪~｜俗~｜邪~｜神~;硬~｜客~｜秀~｜洋~｜和~等。其中,表示贬义的该类词,有些可以变为重叠式"X 里 X 气",更突出说话者的鄙夷语气,如"哈里哈气,怪里怪气,小里小气,邪里邪气"等。

2.3　中缀

崇阳方言中缀只有两个，即"里"和"不"。

2.3.1　里

崇阳方言的中缀只有一个，即上文重叠式里提到的"里［di⁵³］"。中缀"里"附着在两个语素之间，构成多音节形容词"A 里 AB"式，大部分都是"A 里 A 气"，能产程度不高，例如：糊里糊涂｜哈里哈气｜小里小气｜怪里怪气｜娇里娇气｜乡里乡气｜神里神气｜流里流气。这类形容词几乎无一例外都是表达消极性的贬义。详见重叠式部分的论述，本部分不再赘述。

2.3.2　不

"不［pæ⁵⁵］"是崇阳方言中较常见的形容词中缀，一般附着在四字格形容词中，组成"A 不 BC"式形容词，能产性不高，且多含贬义色彩。并且，这类词一般以"A"的表意为中心，"不 BC"三个音节多为衬音，用以加强贬义的语气，描摹性状，凸显程度。例如：黄不拉几｜黑不溜秋｜黑不隆冬｜瘦不拉几｜土不拉几｜哈不拉几傻里傻气等。

（1）伊箇面黄不拉几箇，哪样搞箇啊？他的脸发黄，怎么回事啊？
（2）个子哒黑不隆冬箇，点把危险啊。这里黑魆魆的，很危险啊。

2.4　小结

综上，崇阳方言的语缀情况由下表可见一斑（见表2—1）。

表2—1　　　　　　　　崇阳方言语缀一览

语缀位置	词性	语缀
前缀	名词前缀	初、第、老、细、小
	形容词前缀	经

续表

语缀位置	词性	语缀
后缀	名词后缀	仔、首、头、煞、哒、子、巴、把
	形容词后缀	气、神
中缀	形容词中缀	里、不

第 3 章 方 所

崇阳方言表示方向和处所的词语较为丰富。主要有单纯方位词和合成方位词两类：

单纯方位词：东、南、西、北、上、下、左、右、前、后、里、外、底、屦［təu⁵⁵］最底下、哒［·ɖæ］。

合成方位词，主要包括后缀附加式合成词和其他合成方位词。

附加式：

① X 头：上头｜高头｜下头｜前头｜里头｜外头……

② X 面：上面｜下面｜前面｜后面｜外面｜里面｜对面｜东面｜西面｜南面｜北面｜侧面……

③ X 边：上边｜下边｜前边｜后边｜外边｜里边｜左边｜右边｜东边｜西边｜南边｜北边｜旁边｜侧边……

④ X 底：高底｜上底｜下底｜前底｜后底｜外底｜里底｜外底……

其他合成方位词：屦哒最底部｜边舷边缘｜顶上｜底下｜中间｜面前｜跟前｜背后｜隔壁旁边｜煞屦最后面等。

下面分别介绍。

3.1 单纯方位词

3.1.1 单独使用

崇阳方言中单纯方位词较少单独使用，通常只是在成语和固定俗语中以对举的形式使用。例如：

(1) 尔徛好吵，前不前，后不后箇，别个哪样徛呢？你站好，站在这里前不前后不后的，别人怎么站呢？

(2) 伊左一下右一下，搞一上昼也有搞个名堂。他左一下右一下，一上午没搞出什么名堂来。

这类方位名词往往虚指，"前不前、后不后"一般只是大致方向，并没有明确的参照点，"左一下右一下"甚至都不指方向，类似共同语里的"东一榔头西一棒槌"的语义及用法。

3.1.2 搭配使用

单纯方位词更多的是与其他语素搭配使用，以其他语素作为参照物，来表示时间或者处所的方向。这些语素可以是单音节词，也可以是双音节或多音节词组。例如：前年、胸前、胸面前、大门前；后年、背后、院子后；屋顶上、车上、上昼上午；地下、下昼下午、楼底下；日里白天、眼睛里、里底；手头、里头、头间前面、额角头额头等。其中，有些词表意虚化后，可以直接用来指称其他事物的方所，如"胸面前、手头、头间、眼皮底下"都用身体部位做参照物，词义虚化后，这些参照物的表意不再表达字面意思。如"胸面前"可以用来指靠近任何事物的正前方；"头间"可以指某个物品或处所的前端；"手头"和"眼皮底下"的表意和用法则与北京话的这两个词一致。

（3）伊坐到我屋大门箇胸面前不走，几怪哦！他坐在我家大门正门口不走，多奇怪啊！

（4）我最近手头点把紧，拿不出钱来。我最近手头很紧，拿不出钱来。

（5）伊箇店在个条街箇头间。他的店在这条街的最前端。

（6）我把伊喊归来，在崇阳上班。个样在我眼皮底下过日子，看伊哪样瞎搞。我把他叫回来在崇阳工作。这样在我眼皮底下生活，看他怎么胡来。

3.1.2.1 里、哒

崇阳方言里，这两个方位词意义基本相同，都表示与外相对的方位。很有可能是同一个词的不同语音形式，前者读为"[di^{53}]"，后者读为轻声"[·dæ]"。但鉴于两者的用法不同，本书仍作为两个词处理。

"里"一般与"外"对举使用，或作为合成词的前一个语素。比如：

（7）我把厨房里里外外压打扫了下。我把厨房里里外外都打扫了一遍。

（8）个盆里底点把齷齪。这个盆里面非常脏。

（9）我箇班里头有几个蛮喜欢画画箇同学。我班里有几个很喜欢画画的同学。

"哒"则往往作为后缀语素附着在单音节名词后，构成表示方所意义的词语，能产程度较高。例如：手~、地~、嘴壳~嘴里、心~、屋~、港~河里、碗~、乡~等。这里的"哒"相当于北京话的"里"，受北京话影响，现在崇阳方言也可以将这些"哒"换成"里"使用，但不如"哒"地道。

（10）伊嘴壳哒话不出个好事。他嘴巴里说不出句好话。

（11）日日落雨，地哒箇菜哈浸煞了。天天下雨，地里的菜都淹死了。

（12）尔碗哒箇汤喝光了冇？你碗里的汤喝完了没？

需要注意的是，崇阳方言中，"哒"大量用作名词的尾缀（详见语缀部分）。因此，"名词 + 哒"的格式可以理解为这个名词，也可以理解为这个名词的里面位置。如"嘴壳哒"可以表示"嘴巴"也可以表示"嘴巴里"，视具体语境理解。

3.1.2.2 屡

"屡 [təu^{55}]"本义指动物（尤指蜂、蝎）的尾部，方言里用来指最底下、最尾端的位置，基本附着在其他名词后面构成方所词，比如：年~年尾、碗~、盆~、床~、煞~最后等。

（13）伊箇爸一年到头压在外底打工，年屡才归来过年。他爸爸一年到头都在外面打工，年尾才回来过年。

（14）尔箇袜哒搁在床屡。你的袜子放在床尾。

"煞屡"还可以用在"年"后面组成"年煞屡"，表示年尾，往往用在需要强调年末这个时间段的时候，详见后文对合成方位词"煞屡"的分析。

3.2 合成方位词

崇阳方言的合成方位词非常丰富，可以单独成词构成句子成分，也可以与其他名词组合成短语再构成句子成分。"X 面"和"X 边"的意义和用法与北京话相差无几，此处就不赘述，仅讨论崇阳方言里比较有特色的方位词。

3.2.1 X头、X底

将这两类放一起，是因为相对于"X面、X边"而言，它们在成词方面都有一定的局限性，即不能与"东、南、西、北、左、右"等单纯方位词组合使用。

具体来说，崇阳方言"X头"类方所词数量不多，且使用上呈现很明显的不对称现象，如"上头、高头"均指"上面"，但是表示"下面"时极少说"？下头"，而常用"下面、下底"；"前头"常用而"后头"却不常用，"后面"更顺口些；"里头""外头"都可以（"外面、外底"还是用得更多些）。因此，相较而言，崇阳方言里"X底"比"X头"更常用些。

另外，"高头"还可以进一步和名词组合，例如：车（哒）高头、桌（哒）高头、椅（哒）高头、壁（哒）高头墙上面等。语缀"头"还可以附着在部分带有明显方所意义的双音节名词后，例如：额角头额角上、角落头角落里。

总的来看，崇阳方言确实存在"X头"方所词的说法，但构词能力和使用频率上都不及"X面""X底"。即便合法的"高头、上头、前头、里头"也可以说成"高底、上底、上面、前面、前底、里面、里底"。

3.2.2 边弦、边上、侧边、旁边

崇阳方言里这几个词都表示"（在……）旁边"的意思。其中，由"弦"的语义表达可知"边弦"指在实物最旁边的位置，而不指空间上相对的位置。其他三个词的语义跟北京话中的相差无几，都可指空间上相对的另一侧的位置。这几个词可以单独做名词使用，也可以与方位词"上"搭配使用（"边上"一词除外），说明该词的名词性比较强，方位性比较弱，类似表示物体的某个部位。以"边弦"一词为例：

（1）有坨饭在碗箇边弦上。有坨饭在碗沿边上。
（2）个东西要沿倒桌箇边弦摆倒。这个东西要沿着桌子边摆放着。

与"边弦"不同的是，"边上""侧边""旁边"均可以指空间上参照物以外的方位，没有明确具体的地点。比如，如果以"桌子"为

参照物说话，那么"桌哒边弦"指"桌子"上最靠边的方所，而其他三个词都既可以指"桌子"上的旁边部位，也可以指"桌子"外旁边的方位，并且是模糊的概念。

3.2.3 底下、屎哒、煞屎

崇阳方言里这三个词都指"底部""下端"，但表意略有差异，"底下"意义和用法与北京话差不多，主要说说"屎哒 [təu^{55}·ɖæ]"和"煞屎 [sɑ^{55}təu^{55}]"。

"屎哒"指物体的底部，如"碗屎哒"指碗的底部，隶属于碗的一部分。此时，"哒"可省略，说成"碗屎"，还可以与"上、下"等单纯方位词连用。比如：

（3）哟，尔看啰，一只蚂蚁爬到碗屎（下）去了。哟，你看吧，一只蚂蚁爬到碗底下去了。

（4）盆屎（哒）还有几个字。盆底下还有几个字。

崇阳方言中"煞屎"的用法除了在表方所时与"屎哒"一致外，更多的时候是用在表示时间上的最末端，最常见的是"年尾""月末"这类表述在崇阳方言中分别说成"年煞屎""月煞屎"。

（5）几快哟，冇招到就到年煞屎了。多快啊，没注意就到年尾了。

（6）年煞屎箇时际，东西点把贵哦。年底的时候，东西特别贵。

（7）月煞屎了，还冇发钱。月底了，还没发钱。

这些例句中的"煞"都可以略去不说，即为"年屎""月屎"，但是加上"煞"更能突出强调某个时间段中"最末端"的意味。

3.3 小结

本章主要介绍崇阳方言表方所的方位词，主要包括两类：单纯方位词和合成方位词。前者可以单独使用，也可以与其他语素搭配使用；后者有很多崇阳方言的特色方位词。具体来说，单纯方位词中的"里、哒、屎"，合成方位词中的"X 头、X 底""边弦、边上、侧边、旁边""底下、屎哒、煞屎"几类，都是比较有特色的。

第4章 时间

本章介绍崇阳方言的时间词。时间词一般包括时间名词和时间副词。

4.1 时间名词

与北京话相比,崇阳方言时间名词比较有特色的有以下几个方面:

其一,表示年、月、日,其中表示"年"和"月"的与北京话别无二致,主要是"日"的表达方式大有不同。比如:今日_{今天},今哒_{今天},明日_{明天},昨日_{昨天},前日_{前天},大前日_{大前天},猷前日_{大前天},后日_{后天},外后日_{大后天}。可以看出,只有"日"尾的使用比较具有普适性,"今哒"和"明日","猷前日"和"外后日"的使用上出现了不对称现象,如"哒"不能用于"＊明哒｜＊昨哒｜＊后哒"上,"大后天"只能用"外后日"等。

其二,表示节日。例如:月半_{元宵节}｜菖节/端阳_{端午节}。

其三,表示一天内各种时间。例如:日哒_{白天}、上昼［saŋ⁴⁴ təu⁴⁴］_{上午}、昼边［təu²¹⁴ piɛ²²］_{中午}、下昼［hɑ⁴⁴ təu⁴⁴］_{下午}、夜哒_{晚上},"昼"是古语词的保留,"昼边_{中午}"中"昼"的读音与"上昼""下昼"也不同,声调由44变为214。崇阳方言有时还会用短语来表示时间,如表示"黄昏",崇阳方言没有专门的词语,仅用"天晏［ŋə²¹⁴］_{暗了}"来表达。

其四,表示短暂时间如"一下、一下子"等,这里的"子"读为轻声,并且韵母开口度变大,读为［·tsæ］,有称小作用。

4.2 时间副词

崇阳方言的时间副词比较丰富，根据所表示时间概念的不同，可分为：

A. 表示持续时间，例如：正｜在｜正在｜总｜总在｜猛倒不间断地，一直｜斗倒不间断地，一直等。

B. 表示经常时间（频率高），例如：常｜经常｜时刻｜一向｜从来｜一直｜一搞经常。

C. 表示频率低，例如：有时际有时候｜时不时偶尔。

D. 表示过去时间，例如：刚｜刚刚｜将｜才将刚才｜已经｜早｜早就｜原先以前｜先前以前。

E. 表示将来时间，例如：快｜马上｜立马｜就｜就要｜赶早趁早。

F. 表示短暂时间，例如：暂时｜有时｜一时一下子｜一转身｜一转过面一转过脸，时间极短｜一眨眼。

上述这些词中，大部分的具体用法与北京话差别不明显，不再逐一举例说明，仅列举与北京话不同的几个时间副词的用法。

（1）伊饿煞，一归来就猛倒吃。他饿死了，一回来就猛吃。

（2）个几日斗倒在落雨，冇歇火。这几天一直在下雨，没停过。

（3）我箇妈一搞就去打麻将。我妈经常去打麻将。

（4）个柴有时际闷好点着，有时际哪样都点不着。这柴火有时候很容易点燃，有时候怎么都点不燃。

（5）你要时不时打个电话问下子伊哪样。你要偶尔打电话问问他怎么样了。

（6）伊才将还在个子哒，一转身就不晓得跑哪去了。他刚刚还在这里，一转身就不知道跑哪里去了。

（7）我先前/原先在北京工作了半年。我以前在北京工作了半年。

（8）赶早搞饭吃，慢搞不赢，赶不到飞机。趁早做饭吃，免得来不及，误了飞机。

（9）我一时想不起来哪子见过伊。我一下想不起来哪里见过他。

（10）好快啊，一转过面，一背过身，伊就不见了！好快啊，一转过脸，背过身，他就不见了！

其中"一转身""一转过面"跟"一眨眼"一样，是由动词短语虚化而来表示短时的时间副词，口语中用得比较多。

第 5 章　趋向

趋向动词是表示动作行为趋向的动词，一般分为单纯和合成两类，前者由一个趋向动词表示，后者由两个趋向动词合成。

5.1　趋向动词

崇阳方言趋向动词大体上与北京话一致，但也呈现一些自身特色。总的来说，单纯趋向动词有：上｜下｜进｜出｜归回｜过｜起｜来｜去；合成趋向动词为这些单纯趋向动词的组合，主要构成方式呈现比较整齐的对应，如表5—1所示。

表5—1　　　　　　　　崇阳方言趋向动词

	上	下	进	出	归回	过	起
来	上来	下来	进来	出来	归来回来	过来	起来
去	上去	下去	进去	出去	归去回去 去归回去	过去	起去

由表5—1可看出，最能体现崇阳方言特色的合成趋向动词为"归来｜归去｜去归｜起去"四个。其中，"归来"很显然是古语词的保留，其意义和用法与北京话的"回来"并无二致，因此不再具体讨论。下文着重分析崇阳方言的"起去""归去"和"去归"三个趋向动词。

5.1.1　起去

一般认为，北京话趋向动词"起"与其他单音节趋向动词在同

"来""去"组合时，呈非对称现象，即有"起来"而无"起去"。但崇阳方言有"起去"一词，而且使用很频繁，与"起来"形成严整的方向对应。例如：

(1) 紧坐倒搞么嘀啊？快起来，我家哒要走了。一直坐着干嘛？快起来，我们要出发了。(说话者站着而非坐着，而听话者正坐着)

(2) 起来/去下子，尔箇凳轧倒我箇脚了。起来一下，你的凳子轧着我的脚了。(说话者可能站着可能坐着，说"起来"是站在听话者起身的角度来说的，说"起去"是站在说话者被轧着的脚这个角度来说的)

(3) 尔先起去，我还想眍下子。你先起来，我还想睡一下。(说话者和听话者都躺着，所以说话者的方向是"起去")

邢福义（2002）从普通话、方言和古代汉语三个层面，分别列举出大量用例，论证"起去"的说法在普、方、古都是成立的。①

5.1.2 归去、去归

两者表意完全相同，但用法有别。这两个词形成了同素异构单位词语，这类表示"回去"意义的词在很多方言里都有"去回"的说法，所以崇阳方言的"去归"也就不意外了。例如：

(4) 不想戏了，我想归去/去归。不想玩了，我想回去。

(5) 尔家哒在外底晃了个久，哪还不归去/去归啊？你们在外面晃了这么久，怎么还不回去啊？

但两者用法还是不同，"归去"与其他合成趋向动词一样，可以变为"归X去"，"X"为回去的地方，但"去归"不能这样拆分使用。例如：

(6a) 明日暑假就结束了，我要归学堂去/我要归去学堂。明天暑假就结束了，我要回学校去。

(6b) *明日暑假就结束了，我要去学堂归/我要去归学堂。

"去归"不仅不能拆分使用，后面也不能接地名，只能单独使用表示"回去"的语义。如例（6a）可以说，例（6b）就完全不成立。所以，我们可以说，虽然"去归"和"归去"的表意相同，但语法功能

---

① 邢福义：《"起去"的普方古检视》，《方言》2002年第2期，第97—107页。

完全不同。前者是典型的不及物动词，后者更多的是具有离合词的特性，带宾语的情况虽然有，但还是不太常用。

5.2 句法功能

趋向动词可以直接做谓语，更常见的是用在动词、形容词后面做趋向补语。崇阳方言的合成趋向动词做补语时，可以在两个单纯趋向动词中间插入表一般人或物的宾语，也可以将这个宾语置于合成趋向动词后。例如：

（1）画出来一朵花/画出一朵花来。画出一朵花。
（2）拿进去三本书/拿进三本书去。拿进去三本书。

若宾语是处所词语，北京话的宾语只能位于补语中间。而崇阳方言需要把复杂趋向补语的第一个趋向动词改为"到"，宾语位于"到"之后，趋向动词之前。例如：

（3）跳进河里去/*跳进去河里（北京话）
（4）跳到港哒去/跳进去港哒 跳进河里去（崇阳方言）

第6章 数量

这部分主要讨论崇阳方言的数词、量词和数量名短语的构成和使用情况。

6.1 数词

数词包括基数词、序数词和概数词。

崇阳方言基数词和序数词与北京话无明显差别。基数超过一百的词语，如果后面带量词，则需要带上末尾处的"十、百、千"，如果没有量词，则可以省去。例如：

（1）——个块衣好多钱啊？这件衣服多少钱？

——五百二（十）/五百二十块。五百二十元。

"一百三十吨｜两千七百张｜九万四千八十个"，如果没有这些量词，且末尾的数字大于二则分别可以说成"一百三（十）｜两千七（百）｜九万四千八（十）"。如果数词或数量短语开头出现"二"，一般读"两"，例如：两千三百一｜两斤｜两角两分｜两两（后一个两是重量单位的量词，很多方言里这种情况下前面的"两"读为"二"，但崇阳方言依然读为"两"）。

与北京话相比，崇阳方言的概数词有一定的特色，主要有以下几种表达方式：几、大几、好几、把、多、出头、好些、（一）点子。

6.1.1 几

崇阳方言表示不确定个数的时候用"几"来表示，语义上类似北京话"十来个人"里面的"来"。"几"的用法特点：

其一，用在数词"十"和量词之间，例如：十几里山路｜五十几条鱼｜二十几岁，这种情况下，"几"还可以换成"多"，表意不变：十多里山路｜五十多条鱼｜二十多岁。

其二，数词、量词前用"几"表示概数（需与表示问句区别开来）。例如：几十｜几百｜几千｜几斤｜几块｜几个｜几双。

其三，"大"和"好"也可以分别与"几"组合为"大几""好几"，强调数字比较大、数量比较多，北京话也有类似表达法。例如：

（2）伊用了大几/好几十万去置屋。他花了大几十万去做房子。

（3）老李屋箇崽三十大几/好几了还有接媳妇。老李家的儿子三十多岁还没娶媳妇。

上述的"几"和"多"概括表示 1—9 中的任意数字，而"大几""好几"强调的概数范围则在 5—9 之间。

6.1.2 把

崇阳方言可以在数词、量词后附加"把"，构成概数词，表示的意义往往是这些数词或单位量词左右的量，更多的是不足这个量。例如：

① "数词 + 把"：百把—百左右｜千把—千左右｜万把—万左右。

② "量词（包括能做量词的名词和动量词） + 把"：日把｜月把｜岁把｜年把｜个把｜斤把｜块把｜吨把｜米把｜回把｜餐把。

"百把"是将近一百或刚到一百或比一百多一点；"日把"是将近一天，可能比一天时间短点也可能多点。其他词表意同理。有时为了强调数量少，还可以在"把"后加个小称词尾"子"，此时"子"读为轻声，例如：

（4）个伢崽还有个岁把子就可以读书了。这小孩只需一年左右就可以上学了。

（5）今哒冇买几多菜，就称了斤把子肉。今天没买什么菜，就切了一斤左右肉。

（6）煮鱼汤只要块把豆腐就行得了。煮鱼汤只需要一块左右的豆腐就够了。

上述两句里面的"子"都可以省略，但加上后更加突出表达说话者对数量少的主观认知。所以，"量词 + 把"有表达主观量少的语用功能。

③ "量+把+两+量"

个把两个｜斤把两斤｜餐把两餐｜块把两块

碗把两碗｜年把两年｜回把两回｜条把两条

这类结构也是表示数量少，但表意上与第2类结构有细微差别："块把钱"表示"一块钱左右"，可能不到一块钱，也可能比一块钱多一点儿，语义上更强调对数量的估计；"块把两块钱"则表示数量则在"二"左右，即可能是"一块""一块多""两块""两块多"，但无论是"一"左右还是"二"左右，基本是强调数量较少。

（7）屋哒箇米只够吃餐把两餐箇了，要去买点子归。家里的米只够吃一两餐的了，要去买一点回来。

（8）伊一个月只打得回把两回麻将。他一个月只打了一两次麻将。

但"年把两年"的时间长短受主观感觉影响比较大，表达主观量大或主观量小皆可。

（9）伊箇爸在外底打工，年把两年才归一次。他爸爸在外面打工，一两年才回家一次。（主观量大，说话者认为"一两年"时间长）

（10）个电池年把两年就要换一次。这个电池一两年就要换一次。（主观量小，说话者认为"一两年"时间短）

6.1.3 多

"多"表示比其前的数词数目多一点儿，与"几"的区别是，"几"只能表示个位数的概数，而"多"不受此限制。如"二十多人"可以说"二十几人"，但"三百多块""五千多斤"就不能换成"几"了。

另外，"多"还可以用在"数词+量词+多"结构中，例如：五斤多米｜一桌多亲戚。

6.1.4 出头

"出头"用在数词或数量短语后，表示略略超出。例如：二十出头｜五十斤出头｜两米出头｜十年出头。用法与北京话的基本一致，此处不再赘述。

6.2 量词

崇阳方言量词与北京话相比,有同有异。类别上几乎相同,从词性上都是分为名量词和动量词,从构词上看,也是单音节量词占大多数,双音节量词口语上几乎不用。但是从表意和词义搭配来看,崇阳方言的量词还是具有一些独有的特征。

6.2.1 个体量词

崇阳方言常用的个体量词主要有"个""只""根""张""粒"等。与北京话相比,这些量词的差异体现在与名词的搭配上。

首先,表动物方面,"只"的使用范围更大。小至昆虫,大到牲畜,都可以用"只"。比如:一~牛丨一~猪丨一~羊丨一~蝇玛哒_{一只苍蝇}丨一~虫丨一~鱼丨一~猫唧_{一只猫}丨一~狗丨一~老鼠丨一~鸡丨一~鸭。

其次,"粒"的使用范围较大。北京话用"粒"搭配的名词,崇阳方言也用"粒";而北京话用"颗"搭配的名词,崇阳方言一般也用"粒"。比如:一~珠哒_{一颗珠子}丨一~饭丨一~扣子。

再次,崇阳方言的量词"个"还可以用在"动词/形容词+个+时间/数量"结构中,比如:住个三两日丨借个两三百块丨重个一两斤(常见于比较句中)。此时的"个"也可看作量词,比如:

(1) 伊哒空气点把好,有时间去住个三两日子。_{那里空气很好,有时间的话去住两三天。}

(2) 伊经常找个个借个两三百块钱,找阿个借个一两百块钱。_{他经常找这个人借两三百块,找那个人借一两百块钱。}

(3) 个几日不蛮想吃饭,体重比前些时轻个一两斤。_{这几天不是很想吃饭,体重轻了一两斤。}

6.2.2 不定量词

崇阳方言不定量词常用"一丁点子""(一)点子"表示"一点儿";用"好些""些子"表示"很多"或"一些"。例如:

(4) 好些水果要烂了,尔快点去吃。_{很多水果都快烂了,你赶紧去吃掉。}

（5）个点子钱能买么东西啊？这一点钱能买什么啊？

（6）今日冷不冷啊？着个些子衣够不够？今天冷不冷？穿这些衣服够不够？

（7）我不舒服不想吃，就吃了一丁点子菜。我不舒服不想吃饭，只吃了一丁点菜。

这些词的用法与北京话类似。

6.2.3 动量词

动量词表示动作的次数，结构、用法与北京话基本无异。从来源上看，崇阳方言的动量词主要包括以下两类：

第一类是专用动量词。比如：喊一声｜睏一觉睡一觉｜写几遍｜跑一趟｜去一回去一次｜打两下｜拿一次。

第二类是借用名词或个体量词。比如：话两句说两句｜吵一架｜吃一口｜砍两刀｜打一枪｜踢一脚｜画几笔。

这类动量结构的动词和数量短语之间都可以嵌入其他助词，或接宾语、补语等成分。比如：

（8）我在门口喊了伊几声，伊都冇应。我在门口喊了他几声，他都没回应我。

（9）昨日夜哒冇睏好，今哒下昼睏了一大觉，再舒服了。昨晚没睡好，今天下午睡了一大觉，就舒服了。

（10）伊家哒还冇好好话两句事，就吵了一大架。他们还没好好说两句话，就吵了一大架。

（11）王师傅礼拜日跑了一趟武汉再归箇。王师傅星期天跑了一趟武汉再回来的。

（12）我找伊拿过一次钱。我找他拿过一次钱。

（13）我话两句事就去归。我说两句话就回家。

以上例句中除了例（13）的动量结构没有插入其他成分外，其他例句都至少插入了"了"或者"过"等助词。例（8）中的动词"喊"后直接接了宾语"伊"，也可以将宾语放在动量结构之后，说成"喊了几声伊"，如例（11）的"跑了一趟武汉"；例（9）和例（10）中的动量结构中都插入了修饰性成分"大"。

6.3 数量名短语

崇阳方言的数量名短语结构上和句法功能上都与北京话一致,主要特点表现为以下两点:

其一,崇阳方言数量名短语中,当数词为"一"时,一般要省略"一",显得较为紧凑,例如:

(1) 过节买只鸡吃。过节买只鸡吃。
(2) 话句事就走。说句话就走。
(3) 把本书倒尔。给本书你。
(4) 拿盅水去喝。拿杯水去喝。

这样省略数词"一"能使得说话的焦点聚焦在量词及名词上,从而达到交际过程中既经济简便又重点突出的效果。

其二,与北京话一样,崇阳方言也会在数量名短语中用"两"虚指,表示数量少。例如:

打两下｜踢两脚｜话两句｜嚷两声｜写两张｜吃两口｜唱两句

(5) 哪真箇打伊啥?还不是吼两句、打两下,吓一下伊算了?哪里会真的打他呢?还不就吼两声、打两下,吓一下他算了?
(6) 我今哒不想吃饭,随便吃两口就不吃了。我今天不想吃饭,随便吃两口就不吃了。
(7) 来来来,唱两句《双合莲》我家哒听下子。来来来,唱两句《双合莲》我们听一下。

这些例句中的"两"都不是指确数,而是表示量少的概数。

6.4 小结

总的来说,崇阳方言的基数词和序数词这些基础词汇,与北京话相差无几,有特色的是其概数表达和量词与名词动词的搭配。

第 7 章 代词

代词是一个封闭性小词类，却又是语言中最常用的基本词汇之一。因此方言代词系统虽然看起来很容易进行描写，但想要说清楚其本源，揭示其内在的联系性及与周边方言的关联性，并非易事。尤其是代词的读音，因其数量少又常用，常常几经变异而发生种种非常规的变化，从而出现本源难辨的现象。本章内容将纵向联系古今汉语代词系统，横向联系周边方言代词系统，按人称代词、指示代词和疑问代词三个类别，来描写崇阳方言的代词系统，并尝试分析它们的特点及源流。

7.1 人称代词

7.1.1 基本形式

崇阳方言中，人称代词分别使用"我""尔"和"伊"为第一、第二和第三人称。基本形式可参见表7—1（表内注明"无"的表明对应的说法缺省，下同）。

表7—1　　　　　　崇阳方言人称代词

		第一人称	第二人称	第三人称
基式	单数形式	我 [ŋo⁵³]	尔 [øŋ⁵³]	伊 [øi⁵³]
	单数敬称	无	尔老家 [øŋ⁵³ na²² ka²²]	伊老家 [øi⁵³ na²² ka²²]
	复数形式	我家哒 [ŋo⁵³ ka²²·dæ]	尔家哒 [øŋ⁵³ ka²²·dæ]	伊家哒 [øi⁵³ ka²²·dæ]
	复数敬称	无	尔家哒老家 [øŋ⁵³ ka²²·dæna²² ka²²]	伊家哒老家 [øi⁵³ ka²²·dæna²² ka²²]

续表

	第一人称	第二人称	第三人称
他称		人家哒 [ȵin²¹ kɑ²² ·dæ]	
旁称		别人 [ɓiɛ⁵⁵ ȵin²¹]；别个 [ɓiɛ⁵⁵ ko⁴⁴]	
反身代词		自家 [zŋ⁴⁴ kɑ²²]	

7.1.2 主要特点

由表7—1可看出，崇阳方言的人称代词有以下特点值得探讨。

7.1.2.1 第二人称代词的本字

《湖北方言调查报告·崇阳卷》中把第二人称代词记为"你"，《崇阳县志》则记为"恩"，本书记作"尔"，原因有二：其一，中古时期，"尔"被普遍用为第二人称，为日母字，上声，符合崇阳方言中"[Øn̩⁵³]"的语言演变规律；其二，李荣（1997a；1997b）和罗昕如（2011：297—298）认为，在湘赣方言中，中古"尔"的读音演变有两类：一类声母为[Øn̩]或[n̩]，韵母为[i]，一般记为"你"；另一类自成音节[Øn̩]或[ŋ]，记作"尔"。因此，根据崇阳方言第二人称代词读为[Øn̩]的语音现象，本书认为"尔"即为崇阳方言第二人称代词的本字。

7.1.2.2 第三人称代词"伊"的本字及变调

崇阳方言的第三人称代词读为[Øi⁵³]，加之"伊"无论在古代汉语还是在现代方言里，用作名物代词的用法比较普遍，所以"伊"被认为是崇阳方言第三人称代词的本字。据吕叔湘（1985：26—28）考查，在先秦时期，"伊"用作指示代词，意为"这"，如"所谓伊人，在水一方"。魏晋时期，"伊"发展为第三人称代词并保留在很多方言里，几乎通行整个闽语区，吴语区的上海、嘉兴、绍兴，以及徽语部分地区。但鄂东南赣语区不多见，仅见于咸宁、通城和崇阳方言。不过，李如龙、张双庆（1999）一书中认为吴语的"伊"本字应该是"渠"，音变为"夷"后误认为"伊"的。对于这个说法，针对崇阳方言的情况，本书在没有充足论据的情况下，持保留意见。

至于其声调，有一个非常有趣的现象。如表 7—1 所示，"我、尔、伊"在崇阳方言里都是上声，调值为"53"。然而在中古汉语里，"伊"是一个平声字，很明显不符合语音演变规律。那么，是什么引起了"伊"在崇阳方言的变调？李荣（1965：116—126）的"人称代词读音的感染"可以解释这一现象，在李先生之后，很多学者也贡献了类似的方言例子论证这一观点。李如龙、张双庆（1999）在考察大量东南部方言代词特点后总结道：大多数客赣粤方言的"我、你、渠"都读为同调，"渠"的声调变化是受"你、我"的感染，同类相从的结果。①其他学者也纷纷给出例证，例如：客家方言的梅县话，关中方言的新泉话②（孙立新，2002：246—259），广东的增城话（何伟棠，1993：148—155），宁津话（曹延杰，2003：181；188），赣语安义话（万波，1996：119—124）等。从这个意义上讲，人称代词的声调一致性具有方言类型学意义。

回到崇阳方言来，"伊"的声调很显然是为了与"我"和"尔"声调保持一致而发生的变音现象。更有趣的是另一个旁证，"伊"在崇阳方言里还可以用做指示代词，但读为阴去调，调值为"214"，也是为与近指代词"个"和第三指代词"阿"保持同调。

7.1.2.3 复数标记"家哒"的来源

如表 7—1 所示，崇阳方言的人称代词复数形式采取"基式＋复数标记"的方式构词。据李蓝（2008：228—231）研究，这种"增标法"广泛运用在大多数汉语方言里，并且相较于"同字法""换字法""换标法"等方式，这种方法被认为是最经济有效的代词复数表示法。然而，与常见的单音节复数标记，如北京话的"们"、连城话的"齐"。（项梦冰，1992）不同的是，多音节复数标记并不多见。据李蓝（2008：237—239）统计，按现有记载，汉语方言人称代词有 63 种复数形式，其中只有 15 种方言采用多音节复数标记，崇阳方言的"家哒"

---

① 李如龙、张双庆：《中国东南部方言比较研究（第四辑）代词》，暨南大学出版社 1999 年版。

② 项梦冰（1992：179—180）记录的新泉方言中"我咱嗯渠"均读为阳平调。

并未包括在其中。①

另外，我们这里选用"家哒"这两个字是出于语音发展及意义演变的考虑。吕叔湘（1985：87—89）考察近代汉语发现，人称代词后面的"家"常被用为所属格标记；并且进一步论证（1985：89），在一些吴语区，"家"被用在人称代词后面做复数标记。这给崇阳方言人称代词复数形式以很大的启示。一方面，从语音演变规律来看，"家"在崇阳方言白读中正好读为［kɑ²²］，意义上也可以做人称代词复数标记。另一方面，前文后缀部分也分析过"哒"在崇阳方言中被广泛用在名词后面，形成常见的名词后缀，比如："桌哒桌子｜椅哒椅子｜笔哒笔｜屋哒房子｜纸哒纸｜鞋哒鞋子｜袜哒袜子｜棍哒棍子"等，那么这里的"家哒"也容易理解为"家"后加上名词后缀"哒"的形式，变为"家哒"，甚至可以理解为北京话中的"（一）家子"之意，如"我家哒"意即"我家子"等，由此再虚化为人称代词复数形式的标记。

最后，当我们把研究目光扩大到鄂南地区的赣方言时，我们发现，采用这种多音节形式来标记人称代词复数的情况为崇阳方言所独有，崇阳周边其他地区的方言均采用单音节形式来标记。如表7—2所示。这种现象让我们更加感受到崇阳方言的独特性。

表7—2　　　　　鄂南地区各县市方言人称代词对比一览②

地区		第一人称	第二人称	第三人称	第二人称尊称
咸宁	单数	我［ŋə⁴²］	你［ɵn⁴²］	伊［ɵe³¹］	你哒［ɵn⁴² nã⁴⁴］
	复数	我都［ŋə²¹³ tau⁴⁴］	你都［ɵn²¹³ tau⁴⁴］	伊都［ɵe²¹³ tau⁴⁴］	无
嘉鱼	单数	我［ŋo³¹］	你［ni³¹］	他［xɒ⁴⁴］	呢［nə⁴⁴］
	复数	我呆=［ŋo³¹ ta⁴⁴］	你呆=［ni³¹ ta⁴⁴］	他呆=［xɒ⁴⁴ ta⁴⁴］	无

---

① 事实上，李蓝（2008：237）的统计数据中包括了崇阳方言，但其依据是《湖北方言调查报告·崇阳卷》提供的语料，他将崇阳方言的人称代词复数形式归并为"们"一类。这是因为受客观调查条件限制，《湖北方言调查报告·崇阳卷》的发音人为常年生活在武汉的崇阳人，其方言受武汉方言影响极大。

② 该表中各县市的人称代词使用情况源自"中国语言资源保护工程"项目中"湖北汉语方言"课题组鄂南方言团队的调查研究成果。其中，咸宁、嘉鱼两地方言的相关资料由王宏佳教授提供；赤壁方言的由李爱国博士提供；通山方言的由孙和平教授提供；通城方言的由黎立夏博士提供。

续表

地区		第一人称	第二人称	第三人称	第二人称尊称
赤壁	单数	我 [ŋo³¹]	你 [øn³¹]	他 [na⁴⁴]	你儿家 [øn³¹ ŋar²² ka⁰]
	复数	我之 [ŋo³¹tʂɹ⁰]	你之 [øn³¹tʂɹ⁰]	他之 [na⁴⁴tʂɹ⁰]	无
通山	单数	我 [ŋou⁴²]	你 [øn⁴²]	渠 [ki²¹]	你 [næ⁴²]
	复数	我伲 [ŋou⁴²lᴇ³³]	你伲 [øn⁴²lᴇ³³]	渠伲 [ki²¹lᴇ³³]	无
崇阳	单数	我 [ŋo⁵³]	尔 [øn⁵³]	伊 [øi⁵³]	尔老家 [øn⁵³na²²ka²²]
	复数	我家哒 [ŋo⁵³ka²²·ɖæ]	尔家哒 [øn⁵³ka²²·ɖæ]	伊家哒 [øi⁵³ka²²·ɖæ]	尔家哒老家 [øn⁵³ka²²·ɖæ na²²ka²²]
通城	单数	我 [ŋo⁴²]	尔 [øn⁴²]	伊 [øie⁴²]	尔老家 [øn⁴²na⁴²ka⁰]
	复数	我伲 [ŋo³³ɖe⁰]	尔伲 [øn³³ne⁰]	伊伲 [øie³³ɖe⁰]	无

通过表 7—2 我们发现：①鄂南各县市方言中，只有崇阳方言的人称代词复数形式标记是双音节"家哒"，其他方言都是单音节标记；②第一、二、三人称代词的声调因"读音感染"现象而完全保持一致的，仅有崇阳和通城方言，其他各方言基本都是第一、二人称代词的声调相同，第三人称代词声调有别；③只有崇阳方言有第二人称代词复数的敬称形式，其周边方言均无这种现象（或因不常用而未被调查出来）；④鄂南各县市方言中各人称代词的复数形式均不相同。

7.1.2.4 第三人称代词的特点

与北京话相比，崇阳方言第三人称代词有如下两个特点：

其一，分为定指和不定指两类。我们注意到，崇阳方言表"他们"意思的第三人称代词有"伊家哒"和"人家哒"两种形式，分别用作定指和不定指。这一点与北京话有些许差异。但是，第三人称复数所属格形式中，定指的用"伊家哒个"，而不定指的常用"别人个"，而非"人家哒个"。

（1）甲：小张跟伊箇爸到哪去了？小张和他爸到哪里去了？

乙：伊家哒去学堂了。他们去学校了。

（2）尔还不晓得个事？人家哒（别个/别人）压晓得了。你怎么还不知道这个事啊？别人都知道了。

（3）尔还不晓得个事？伊家哒（他们/别人）压晓得了。你怎么还不知道这个事啊？他们都知道了。

（4）莫造，个是别人/别个箇东西！别动，这是别人的东西！

例（1）中"他们"很明显是定指"小张及其父亲"，所以用定指的"伊家哒"，不能换成"人家哒"；例（2）用"人家哒"和"伊家哒"都可以，后者的具体含义上其实也并非定指具体的哪几个人，但可以指某一群人，所以虽然指意具有一定的模糊性，但指向性比"人家哒"明确。例（4）为不定指，所以"人家/别个/别人"都可以，也可以用"伊家哒"来明确指向群体。

其二，崇阳方言第三人称代词也有敬称形式。第二人称代词有敬称形式很常见，但第三人称的敬称形式就不那么普遍了。吕叔湘（1985：89）提出，作为敬称形式的"你家"在很多官话区使用，尤其是湖北省和云南省的官话区，可以看作"您老人家"的缩略形式，不过基本上没有看到与之对应的第三人称敬称形式。然而，在崇阳方言里，第三人称单数同样有敬称形式，即"伊老家"，与第二人称敬称形式"尔老家"对应；甚至第三人称复数也有敬称形式。

（5）我箇爹点把多学问，我最喜欢跟伊老家戏。我的爷爷有很多学问，我最喜欢跟他玩儿。

（6）尔老家莫信个事，伊老家不会骂人箇。您老人家别信这个事，他老人家不会骂人的。

（7）我高中碰到了几个闷好箇老师，伊家哒老家教会了我点把多东西。我高中碰到了几个非常好的老师，他们教会了我很多东西。

（8）个是个老人家箇旅游团，伊家哒老家压是年纪闷大箇人。这是个老人旅游团，他们都是年纪很大的人。

第三人称代词一般用作他称，这种敬称形式在整个鄂南地区方言都很少见（详见表7—2）。

7.1.2.5　反身代词"自家"

崇阳方言的反身代词"自家"的用法与北京话的"自己"很接近，既可以单用，也可以用在"代词/名词+自家"结构中。

（9）老王总是把自家搞倒急急忙忙箇。老王总是把自己搞得慌慌忙忙的。

（10）尔自家要好生照几自家。你自己要好好照顾自己。

（11）尔箇老师自家会不会写个个题啊？你老师自己会不会做这个题啊？

（12）伊自家不制事，只晓得指挥别个制。他自己不做事，只知道指挥别人做。

7.2　指示代词

7.2.1　基本形式

按语义指向来分，汉语方言指示代词往往有二分和多分的类别差异，多分式一般包括三分、四分甚至更多。一般而言，二分式往往为近指代词和远指代词两两相对；三分式则近指代词、中指代词和远指代词三者对举。汉语很多方言的指示代词为三分，名称还各不相同，主要有以下几类：①近指、中指、远指（清流话、祁州话等）；②近指、中远指、远指（黄梅话、红安话、麻城话等）；③近指、更近指、远指（分宜话、高安话等）；④近指、远指、更远指（奉新话、彭泽话等）；⑤近指、看得见的远指、看不见的远指（都昌话、余干话等）。为方便后文表述，本书将除近指、远指以外的都称为第三指。崇阳方言的指示代词的基式为"个""伊"和"阿"，非基式包括表示名物、时间、处所和方式性状的四个类别（具体参见表7—3）。

表7—3　　　　　　　　崇阳方言指示代词一览

		近指	远指	第三指
基式		个 [ko²¹⁴]	伊 [øi²¹⁴]	阿 [øæ²¹⁴]
名物	单数	个个 [ko²¹⁴ko⁴⁴]	伊个 [øi²¹⁴ko⁴⁴]	阿个 [øæ²¹⁴ko⁴⁴]
	复数	个些 [ko²¹⁴ɕia²²]	伊些 [øi²¹⁴ɕia²²]	阿些 [øæ²¹⁴ɕia²²]
时间		个际 [ko²¹⁴tɕi⁵⁵]	伊际 [øi²¹⁴tɕi⁵⁵]	
		个时际 [ko²¹⁴sŋ²¹tɕi⁵⁵]	伊时际 [øi²¹⁴sŋ²¹tɕi⁵⁵]	
处所		个子哒 [ko²¹⁴·tsæ·ɖæ]	伊子哒 [øi²¹⁴·tsæ·ɖæ]	阿子哒 [øæ²¹⁴·tsæ·ɖæ]
		个哒 [ko⁵³·ɖæ]	伊哒 [øi⁵³·ɖæ]	阿哒 [øæ⁵³·ɖæ]
		个边 [ko²¹⁴piɛ²²]	伊边 [øi²¹⁴piɛ²²]	阿边 [øæ²¹⁴piɛ²²]

续表

	近指	远指	第三指
方式性状	个样 [ko^{214}ȵiaŋ^{44}]	伊样 [øi^{214}ȵiaŋ^{44}]	？阿样 [øæ^{214}ȵiaŋ^{44}]
程度	个么 [ko^{214}·mo] 个样 [ko^{214}ȵiaŋ^{44}]	伊么 [øi^{214}·mo] 伊样 [øi^{214}ȵiaŋ^{44}]	

7.2.2 主要特点

7.2.2.1 关于崇阳方言指示代词三分的说明

由表7—3可知，崇阳方言的指示代词看起来虽然也是三分的形式，但其中的表意还是需要探讨的。

崇阳方言的近指为"个"，但"伊"和"阿"两个都可以用作远指，并且两者并没有空间距离上的远或更远之别。两者的差别在于区分远处的不同方位。鉴于日常习惯上，人们用"伊"表示与"个"的对立比较多，并且从表示时间和程度方式指示代词来看，"伊"比"阿"更常用，因此本书将"伊"认定为远指，而"阿"为第三指。第三指与近指、远指形成三足鼎立局面，即任意两指可以形成对立。例如：

（1）个是我箇书，伊是我爸箇书。这是我的书，那是我爸的书。

（2）我箇书不在个（子）哒，在伊（子）哒。我的书不在这里，在那里。

（3）我箇书不在个（子）哒，在阿（子）哒。我的书不在这里，在那里。

（4）我箇书不在个（子）哒，也不在伊（子）哒，在阿（子）哒。我的书不在这里，也不在那里，在那边（另一边）。

（5）甲：尔箇屋在不在个边？你的家在不在这边？

乙：不在个边。不在这边。

甲：在伊边？在那边？

乙：不啊，在阿边。也不是，在那边（指另一边）。

例（2）和例（3）表意基本相同，可看出与"个（子）哒"对立的可以是"伊（子）哒"，也可以是"阿（子）哒"。例（4）可以看出，说话者在指向三个地方，"个（子）哒"指近处，"伊（子）哒"和"阿（子）哒"分别指远处的两个不同方向。例（5）则明显看出，

"阿边"是为了区分远处与"伊边"对立的另一边。所以，崇阳方言的指示代词"个""伊""阿"可以两两形成对立，"个"为近指，"伊"和"阿"为远指。

那么，这种情况下，崇阳方言的指示代词到底是二分还是三分呢？如果认定是两分，就是把"伊"和"阿"当作远指的两种不同的表达方式。但本书还是认为三分比较合适，主要原因是"伊"和"阿"并非完全同义，两者可以形成对立来使用，有时可分别用作看得见的远指和看不见的远指；有时又可分别用作空间上的远指或更远指，或者说中远指和远指。所以，崇阳方言的指示代词不是严格意义上的三分。

汪化云（2002）通过考察湖北、山东、山西三省20个县市区方言，认为其第三指可能是在近代汉语中就广泛使用的共同语远指代词"那"在方言中的叠置。① 张振兴（2004）对学界提出指示代词的一分、二分、三分甚至四分的观点分别进行严密论证后，得出结论：现有材料下，无论几分说，汉语方言的指示代词实质上还是二分，所谓三分的远指或中远指，其中之一是（周边）其他方言的叠置。② 受这一观点启发，我们收集了崇阳周边各县方言的指示代词基式的语料；另外，鉴于崇阳县和通城县同地处湘鄂赣三地交界处，因此，除鄂南地区方言外，我们还增加与邻省县市的江西修水进行对比。绘制了崇阳周边地区方言指示代词基式对比表，如表7—4所示：

表7—4　　　　　崇阳周别地区方言指示代词基式对比③

地区	方言	二分/三分	近指	远指	第三指
鄂南地区	咸宁方言	二分	个 [kə³¹]	那 [ne⁴⁴]	无
	赤壁方言	二分	这 [tɑ²¹³]	那 [nɑ²¹³]	无
	嘉鱼方言	二分	这 [tɒ²⁴]	那 [no²⁴]	无

---

① 汪化云：《汉语方言指示代词三分现象初探》，《语言研究》2002年第2期。

② 张振兴：《汉语方言指示代词二分与三分》，载《汉语方言语法研究——第二届国际汉语方言语法学术研讨会论文集》，2004年。

③ 鄂南地区除崇阳方言外，其他各方言材料均来自"中国语言资源保护工程·湖北汉语方言调查"的书面调查报告，提供者分别为：咸宁方言、嘉鱼方言，王宏佳；赤壁方言，李爱国；通山方言，孙和平；通城方言，黎立夏。

续表

地区	方言	二分/三分	近指	远指	第三指
鄂南地区	通山方言	二分	噶 [ka²¹]	别 [pi²³]	无
	通城方言	三分	格 [ke²⁴]	个 [ko²⁴]	唉⁼ [∅ai²⁴]
	崇阳方言	三分	个 [ko²¹⁴]	伊 [i²¹⁴]	阿 [∅æ²¹⁴]
邻省地区	江西修水方言①	二分	[ko·li]	[ko·ko]	无

经过与崇阳县周边县市方言的对比研究，发现整个咸宁地区只有崇阳方言和通城方言的指示代词存在这种三分形式，因此崇阳方言指示代词的三分形式也谈不上是周别方言的叠置，但确实也不是严格意义上的三分。本书处理为三分，一来方便表述，二来也是突出两个远指代词可以对立使用的特点。另外，崇阳方言的指示代词形式上对应齐整，而且正如储泽祥、邓云华（2003：301）研究，在指示代词二分或三分的方言中，处所类指示代词的形式最有可能是最丰富的，并且表时间、方式和程度的指示代词最有可能只有两分形式。② 崇阳方言基本符合这一研究结论。名物、处所都有三种表示方法，但表时间和程度的指示代词只有"个（时）际""伊（时）际"两种表示方式，表方式/形状的"阿样"用得比较少。

7.2.2.2 指示代词"伊"的声调

崇阳方言中，"伊"既做人称代词又做指示代词。这一现象普遍存在于汉语方言（林素娥，2006）③ 甚至汉藏语系的其他语言（张惠英，2001：123）④ 中，因此具有方言类型学意义。

人称代词"伊"为保持与第一、第二人称代词同调，读为上声调；指示代词中，"伊"有两个调，也都与其他两指代词的声调保持一致，

---

① 陈敏燕、孙宜志、陈昌仪：《江西境内赣方言指示代词的近指和远指》，《中国语文》2003年第6期。文章中未对音标进行标调，也没有写出对应的文字，因此本书引用的时候也没有文字和声调。

② 储泽祥、邓云华：《指示代词的类型和共性》，《当代语言学》2003年第4期，第301页。

③ 林素娥：《汉语人称代词与指示代词同形类型及其动因初探》，《语言科学》2006年第9期，第97页。

④ 张惠英：《汉语方言代词研究》，语文出版社2001年版，第123页。

分别为阴去调和上声调。其中，大部分都读为阴去调，只是在表处所的指示代词"个哒［ko⁵³·dæ］、伊哒［øi⁵³·dæ］、阿哒［øæ⁵³·dæ］"中，一致读为上声调。

7.2.2.3 "个"的用法及读音

崇阳方言中"个"有两个常见的意义和用法。

其一，指示代词"个"，读为［ko²¹⁴］，表近指，相当于北京话的"这"。该用法同样可以用在程度副词中，如后文将介绍的"个么这么""个样这样"等。

其二，量词"个"，在数量名结构中读为［ko²¹⁴］。比如：一～人｜几～桌哒几张桌子｜三～手机；但是在"指示代词+量词+名词"结构中，量词"个"变调读为［ko⁴⁴］，比如：个～老师这个老师｜伊～路那条路｜阿～屋哒那栋房子。

另外，用作定语或状语标志的结构助词"箇"也可能来源于"个"，但一般读为轻声，［·kɑ］。比如：我～书｜冇得下数～人没有轻重的人｜开开心心～戏开开心心地玩。为便于区别，本书将结构助词记作"箇"。

按语音演变规律，指示代词"个"的读音为其本音；量词用法时因其常居于语流中间，曲折调难以完整呈现，并为了与指示代词用法区分，而导致声调音变；结构助词"箇"的轻声读法更易理解，轻化后开口度稍大也是崇阳方言中较常见的现象，如表7—4中的"个子哒这里"以及表时间短暂的"一下子"中的"子"轻化后读为［·tsæ］。

7.2.2.4 个样、伊样

"个样"和"伊样"都可以用于表方式和程度的指示代词中，分别表示"这样/这么""那样/那么"的意思，但"阿样"只是少见于表方式的指示代词。另外，"个"和"伊"还可以单独使用，表示程度，此时其意义和用法与"个样""伊样""个么"和"伊么"完全一样。

(6) 尔到哪去了个/伊长时间啊？你去哪儿了？这/那么久。（单字表程度）

(7) 尔个样话是不对箇。你这样说是不对的。（表方式）

(8) 阿边箇水个么（个样/伊么/伊样）清啊！那边的水这么/那么清啊！（表程度）

例（6）可用"个""伊""个么""伊么"四种表达方式，当"个么/个样/伊么/伊样"用来表程度时，"个"和"伊"一般会重读并拖长语调以示强调。

7.2.2.5　表处所的指示代词

由表7—4可以看出，崇阳方言表处所的指示代词不仅形式多样，而且"个""伊""阿"的声调还有变化。我们可以将"个哒""伊哒""阿哒"分别看成是完整形式"个子哒""伊子哒""阿子哒"的缩略形式，但缩略形式的声调由完整形式的"214"变为"53"。而且纵观整个指示代词系统，只有表处所的缩略形式中的"个""伊""阿"统一变调为"53"。缩略后，语音由曲折调变为降调，语音上增强了突出强调的意味。

7.2.2.6　指示代词的虚指用法

与北京话的"这、那"指示代词一样，崇阳方言的"个、伊、阿"三个指示代词也可以用来虚指人或事。例如：

（9）个不行，伊不行，阿也不行，要哪样呢？这不行，那也不行，到底要怎么样呢？

（10）就个些事，个个不想制，伊个不想制，阿个不想制，哪个管咧？就这么点事情，这个人不想做，那个人不想做，谁能管呢？

这种情况下，"个、伊、阿"是不定指的，在例（9）中能分别替换为"个样、伊样、阿样"。

从语篇功能上来看，"个、伊、伊样"还可以用在话语开篇处，具有连接话语的功能。此时，"个、伊"要重读，并且适当拖长语调。

（11）个饭也不吃，水也不喝，我是有得法了！这，饭也不吃，水也不喝，我是没有办法了。

（12）甲：听倒话明日要落雨，不晓得伊笛活动搞不搞得成。听说明天要下雨，不知道那个活动能不能开展。

乙：伊就话不清楚了咧。那就说不清楚了。

（13）伊话个事搞不成。伊样，我就不想再紧到搞了。他说这件事做不成。这样，我就不想再继续做了。

例（11）中的"个"主要是对当下情况的一种复指，复指后面的"不吃饭不喝水"的状况，去掉也不影响话语交际，但用上会显得语篇衔接更为自然。例（12）中的"伊"主要是承接上文，复指"要下雨"

这个情况。例（13）中的"伊样"可以理解为"这样的话"，同样是起到顺承上文连接下文的作用。

7.3 疑问代词

7.3.1 基本形式

崇阳方言的疑问代词主要是围绕"哪、么、几"三个基式来成词的。"哪"可以用来问人、处所和事件；"么"类似北京话的"什么"，用来问事件问原因；"几"则类似北京话的"多少"，问数量。具体如表7—5所示。

表7—5　　　　　　　　崇阳方言疑问代词一览

疑问范畴	疑问代词
问人	哪个 [nɑ²¹⁴ko⁴⁴]
问处所	哪哒 [nɑ⁵³·dæ]；哪子（哒）[nɑ²¹⁴·tsʅ（·dæ）]
问方式	哪样 [nɑ²¹⁴ȵiaŋ⁴⁴]
问时间	么际 [mo⁵³tɕi⁵⁵]；么时际 [mo⁵³sʅ²¹tɕi⁵⁵]；几久 [tɕi⁵³tɕiəu⁵³]；哪日 [nɑ²¹⁴ȵin⁵⁵]
问数量	几 [tɕi⁵³]；几多 [tɕi⁵³to²²]
问事件	么 [mo⁵³]；哪个 [nɑ²¹⁴ko⁴⁴]；么哒 [mo⁵³·dæ]；么事 [mo⁵³sʅ⁴⁴]
问原因	么哒 [mo⁵³·dæ]；为么哒 [vi²¹mo⁵³·dæ]

7.3.2 主要特点

7.3.2.1 "哪"的用法

崇阳方言中问人的疑问代词一般不用"谁"，而是用"哪个"。"哪个"还可以问物品、问事件。同时，"哪个"也有泛指的用法，即并不用于疑问句中具体问哪个人，而是用于肯定句中不定指某个人。

（1）哪个是尔箇同学？谁是你的同学？

（2）个些老师中，尔最喜欢哪个？这些老师中，你最喜欢谁？

(3) 不管是哪个，伊压懒理得。不管是谁，他都不搭理。

(4) 门口倚倒个些人，我哪晓得尔话箇是哪个啊。门口站着这么多人，我哪里知道你说的是谁啊。

(5) 尔家哒在话哪个事啊？你们在说哪件事啊？

(6) 尔想买哪个桌哒？你想买哪个桌子？

例（1）和例（2）都是问人；例（3）和例（4）不是用于疑问句中，而是"哪个谁"的泛指用法；例（5）是问事件；例（6）问物品。

"哪"在崇阳方言中可以在后面加量词，广泛用于询问"哪一个物品"中，比如可以说"哪只鸡""哪本书"等，与北京话的意义与用法一致。

另外，"哪"一般读为阴去调，调值为"214"，但是在问处所时的"哪哒"要变调为上声，调值为"53"，与表示处所的指示代词"家哒、伊哒、阿哒"中的"个、伊、阿"调值保持一致。

7.3.2.2 几、几多

"几"和"几多"在崇阳方言中都是问数量的疑问代词，但用法有差异。用"几"时说话者心里对数量有预期，一般是少于十的量，而且"几"后面要加量词，再接名词；用"几多"时说话者对数量没有预期，可能很少，少于十，也可能很多，后面直接接名词，无须量词。有些无法用具体量词衡量的名词，则用"几多"提问，而不能用"几"。比如：

(7a) 尔每日喝几盅水啊？你每天喝几杯水啊？

(7b) 尔每日喝几多水啊？你每天喝多少水？

(8a) 伊昨日上街买了几斤肉啊？用了几多钱啊？他昨天上街买了几斤肉啊？用了多少钱？

(8b) 伊昨日上街买了几多肉啊？用了几多钱啊？他昨天上街买了多少肉啊？用了多少钱？

两句对比可见，两者提问最大的区别是："几多"提问并不关注量体是什么，回答可以由说话者任意选择单位量词。"几多钱"相当于北京话的"多少钱"，说明问话者对具体的金额没有预估，或者预估大于十元钱，否则就会用"几块钱"的形式。

7.3.2.3 "么哒"的两种意思

崇阳方言的"么哒"可以问物件或事件，也可以问原因。但问原因时有条件限制，往往用在句首，缺省主语的情况下，可以看作口语中因说话者着急询问原因而使用的"为么哒"的简省，一般可以补充出"为么哒""制么哒"。换句话说，"么哒"主要还是用来问物件或事件，问原因还是需要根据上下文进行解读。

（9）个是么哒？这是什么？（问物品）

（10）尔老家在制么哒？您在做什么？（问事件）

（11）伊才将话箇么哒？他刚刚说的什么？（问事件）

（12a）么哒不去？为什么不去？（问原因）

（12b）为么哒不去？为什么不去？（问原因）

（12c）制么哒不去？为什么不去？（问原因）

例（9）问物品，可以说成"个是么东西？这是什么东西？"例（10）问事件，可以说成"尔老家在制么事？您在做什么事？"例（11）也可以说成"不晓得伊话个么东西。不知道他说的什么东西。"例（12a）—（12c）的三例都是问原因，但如果句子出现主语，则例（12a）不成立，只能用后两个例句。例如：

（13a）＊尔么哒不去？

（13b）尔为么哒不去？你为什么不去？

（13c）尔制么哒不去？你做什么/为什么不去？

与例（12）组例句相比，例（13）组例句加上了主语"尔你"，就不能直接用"么哒"提问了。

7.4 小结

综上，相较于北京话，崇阳方言的代词表达系统极具特色，主要体现在以下三个方面。

首先，词汇的使用上，崇阳方言保留了较多的古汉语代词，如人称代词系统里的第二人称代词"尔"和第三人称代词"伊"，人称代词的复数标记"家哒"，指示代词里的近指代词"个"和远指代词"伊"，疑问代词里的"么"等。

其次，系统内部的一致性方面，崇阳方言的人称代词和指示代词内部表现出了明显的语音沾染性的特色，体现在第三人称代词和远指代词

"伊",以及疑问代词"哪"的变调上。

最后,整体上看,崇阳方言的代词系统表达比北京话的更为精细。比如,除第二人称代词外,第三人称代词也有尊称表达方式;指示代词有三分;疑问代词可通过"哪"的变调表达疑问语气的强弱等。

第 8 章 性状

性状是指事物的形式、状态，或动作进行的方式、状态等，表达性状意义的方式一般是通过形容词或含有形容词的固定搭配等来表达。因此一般意义上，形容词分为性质形容词和状态形容词，前者表示事物的属性，后者表示事物的状态。崇阳方言中用来表示性状意义的语法形式丰富生动，且十分有特色，本章将选取有特色的性状表达形式进行分析讨论。

8.1 "XA"式形容词

8.1.1 结构特点

崇阳方言中"XA"结构形容词比较常见，其中"X"表示中心形容词的修饰部分，有单音节和多音节之分，"A"为中心形容词。从外在形式上看，"XA"常常为双音节词，"A"常常为表示颜色或感官的单音节形容词，"X"为修饰"A"的单音节成分；从意义表达上来看，修饰成分"X"通常是根据中心形容词"A"的意义选择固定搭配的词语，具有独特性，很多本字至今没有考察出来，并且传递的意义比单用形容词"A"更形象；从语用功效上来看，这类结构的形容词让崇阳方言对性状的传达更灵活生动了。例如：

雪白 [ɕiɛ⁵⁵ɓa⁵⁵]：像雪一样白。

通红 [dən²²fən²¹]：红彤彤的样子。

□绿 [kua⁵⁵diəu⁵⁵]：深绿色。

杏黄 [ɕin²¹⁴faŋ²¹]：像杏叶一样比较鲜亮的黄。

墨黑 [miɛ⁵⁵hɛ⁵⁵]：像墨一样的深黑。

沁甜 [ʑin²¹⁴ɖiɛ²¹]：形容甜到心头。

□苦 [ɸuɑ⁵⁵ɸu⁵⁵]：形容特别苦。

纠酸 [tɕio²²sə²²]：形容酸得牙龇嘴咧的样子。

纠咸 [tɕio²²hæ²¹]：形容咸得牙龇嘴咧的样子。

沁咸 [ʑin²¹⁴hæ²¹]：形容咸到心底的味道。

□软 [ȵiaŋ⁴⁴ȵiɛ⁵³]：软塌塌的样子。

梆硬 [paŋ²²ŋaŋ⁴⁴]：硬邦邦的样子，与"□软"互为反义。

刮烂 [kuɑ⁵⁵næ⁴⁴]：形容食物烹饪或成长得烂熟，或者物品四分五裂的样子。

铁紧 [ɖiɛ⁵⁵tɕin⁵³]：形容像铁一样紧致，或者像被铁箍住一样紧。

朗稀 [naŋ²²ɕi²²]：稀稀朗朗的样子。

激冷 [tɕi⁵⁵naŋ⁵³]：形容非常冷的样子。

刮热 [kuɑ⁵⁵ȵiɛ⁵⁵]：形容热乎乎又稍微有点烫的温度。

□饱 [ɸuɑ⁵⁵pau⁵³]：形容吃得很饱的样子。

□轻 [fiaŋ⁴⁴ʑiaŋ²²]：轻飘飘的样子。

夹瘦 [kæ⁵⁵ɕio²¹⁴]：很瘦（中性或贬义）。

□壮 [nə⁵⁵tsaŋ²¹⁴]：形容胖胖的或者壮硕的样子（不仅形容人，也可以形容动物）。

激溜 [tɕi⁵⁵ɖiəu⁵⁵]：形容行动非常灵活，或做事十分熟练的样子。

□光 [fiaŋ⁴⁴kuaŋ²²]：形容被耗尽的样子。

滂臭 [ɓaŋ²²ɖəu²¹⁴]：形容臭气熏天。

8.1.2 表意特点

分析上述例子我们可以看到，这些"XA"结构中，中心形容词"A"可以分为视觉（黑、白、红、黄、绿、壮、瘦、稀）、味觉（甜、咸、苦、酸）、触觉（软、硬、冷）、嗅觉（香、臭）及其他感官（轻、重、饱、溜、紧、光、烂）类别，而这些形容词大多是属于非定量形容词（non-quantitative property），只能通过量幅（quantity）而非量点（quantity point）来展现其性状（石毓智，2001：120；141），因此它们的前修饰成分"X"大部分是非固定的，只能是针对不同的形容词选用不同的修饰词。有时候，这些修饰成分与中心形容词有一定的意义联系，比如"雪白"是指"像雪一样白"，"铁紧"指"像被铁箍住一样紧"，但更多时候无法像这样得到解释，如"刮热""夹瘦"等，甚至还有很多修饰成分不仅查不到本字，连找个同音字都做不到。这个问题虽然给我们记录和研究带来了难度，但是确实凸显了该结构表意的独特性。另外，我们也看到，少数修饰性成分还具有语法化为前缀的潜质，如"沁甜、沁咸"中的"沁"，用来形容某种沁人心脾的味觉，但当下其构词能力还十分有限。此外，由于这些性状形容词加强了描写性，有效凸显了性状程度之高，因此也是程度量的一种表达手段。上述"XA"结构中去掉"X"，仅用单音节形容词"A"，其表述程度肯定不及"XA"。"白"只是正常描述，用于区分其他颜色，但是"雪白"除了有描写功能外，还能突出"白"的程度比较高。

8.1.3 句法功用

崇阳方言的"XA结构"性状形容词具备一般形容词的语法功能，即可以做定语、谓语和补语。与北京话相同，它们做定语时，后面加个助词"箇"，类似北京话的"的"；比较特殊的是，它们用作谓语时，一些表示褒义的词都需要在后面要加个读轻声的"子 [·tsæ]"，而表示中性或贬义的则不能这么用。究其原因，可能与"子"的小称化性质有关，需要表示小称、可爱的时候才能用，有时做定语也可以加上这个"子"。比较下面三组句子：

（1a）个女伢息箇面雪白子。这女孩的脸雪白雪白的。

（1b）＊个男伢息□壮子。那个男孩子很壮实。

（2a）我昨日买箇苹果沁甜子。我昨天买的苹果非常甜。

（2b）＊伊舞箇菜沁咸子。他做的菜太咸了。

（3a）梆硬箇猕猴桃还有熟，不好吃，□软子箇才好吃。硬邦邦的猕猴桃还没熟，不好吃，软软的才好吃。

（3b）？我买箇猕猴桃梆硬子。

（3c）我买箇猕猴桃□软子。

例（1b）中的"□壮"不符合小称可爱的原则，因此不能加"子"；例（2b）中的菜做咸了，不符合褒义原则，用"子"导致句子错误；例（3b）中的"梆硬子"一般不说，但有时口语中想表达"这个猕猴桃买得对（好）"，也不是完全不能说。

8.2 "X哒A"式形容词

崇阳方言性状形容词的生动性，还体现在"X哒A"式形容词上。此时修饰性成分"X"往往为多音节，并用结构助词"哒"区分修饰性成分和中心成分。例如：

通滴哒红 [ɖən²² · ti · ɖæfən²¹]：通红通红的。
夹死哒绿 [kæ⁵⁵sʅ⁵³ · ɖæɖiəu⁵⁵]：深绿。
雪净哒白 [ɕiɛ⁵⁵tɕin²¹⁴ · ɖæɓa⁵⁵]：非常白。
雄几夹哒黄 [ɕin²¹tɕi²²kæ⁵⁵ · ɖæfaŋ²¹]：亮黄亮黄的。
墨究姑哒黑 [miɛ⁵⁵tɕi⁵⁵ku²² · ɖæhɛ⁵⁵]：非常黑。
纠巴滴哒酸 [tɕio²² · pa · ti · ɖæsə²²]：非常酸。
沁牙哒甜 [zin²¹⁴ŋa²¹ · ɖæɖiɛ²¹]：甜到牙缝的甜。
铁箍哒紧 [ɖiɛ⁵⁵ku²² · ɖætɕin⁵³]：像被铁箍住一样紧。
梆古石哒硬 [paŋ²²ku²²sa⁵⁵ · ɖæŋaŋ⁴⁴]：像石头一样硬。
激凌各哒冷 [tɕi⁵⁵ɖin²¹ka⁵⁵ · ɖænaŋ⁵³]：刺激性的冷。
笋巴筒哒壮 [ɕin⁵³ · paɖən²¹ · ɖætsaŋ²¹⁴]：像竹筒一样粗壮。
猛硕哒大 [mən⁵³so⁵⁵ · ɖæɖæ⁴⁴]：十分硕大。
射矢哒快 [sɑ⁵⁵sʅ⁵⁵ · ɖæuæ²¹⁴]：像射出的箭一样快。
甸巴哒重 [ɖiɛ⁴⁴ · pa · ɖæɖən⁴⁴]：形容非常重，沉甸甸的。

从这些例子可以看出，之所以称它们为形容词而非词组，是因为其结构比较固定，中心成分是"A"，前置的"X哒"均为修饰性成分，而且修饰性成分往往是根据中心词的语义来搭配的，固定且独一无二，基本不能随意换用。如描述"紧"的程度，就用"铁箍哒像铁箍子一样"；描述"大"的程度，就用"猛硕非常硕大"；描述"快"，则用"射矢像射出的箭一样"等。

从语义上来说，相较于"XA"形容词，"X哒A"形容词往往更加强调中心形容词"A"的程度深。如"通滴哒红""夹死哒绿"的表意均比"通红""夹绿"程度深；"铁箍哒紧""笋巴筒哒壮"则比"铁紧""口[nə⁵⁵]壮"更形象直观，表意程度也更深。

句法功能上，"X 哒 A"形容词与"XA"形容词也有不同，前者常常用作谓语和补语，一般不做定语，可能与音节长度有关，因为口语中形容词做定语的情况本来就不多，音节过长的定语就更少见了。比如：

（1a） 个树笋巴筒哒壮。这棵树像竹子一样壮。（谓语）

（1b） 个树长得笋巴筒哒壮。这棵树长得像竹子一样壮。（补语）

（1c） *笋巴筒哒壮箇树。像竹子一样壮的树。（定语）

其他例句如下：

（2） 看伊箇面，通滴哒红。看他的脸，通红通红的。

（3） 看哟，个熏肉熏得墨究姑哒黑。看啊，这熏肉被熏得骏黑骏黑的。

（4） 把个盖哒揪得铁箍哒紧搞么嘀吵？打半日打不开。把个盖子拧得像铁箍子一样紧干嘛啊？拧半天拧不开。

（5） 个地哒箇土梆古石哒硬，哪样种菜咧？这地里的土梆硬梆硬的，怎么种菜啊？

（6） 我今哒买箇桃哒，沁牙哒甜，点把好吃。我今天买的桃子，沁甜沁甜的，非常好吃。

8.3 重叠式形容词

北京话有很丰富的重叠形式，但是崇阳方言中重叠形式不多，量词仅"个个"有重叠式，动词几乎不用重叠，表性状的形容词有少数的重叠式，如"AABB"式、"AXAY"式和"A 里 A 气"式。"AABB"式、"AXAY"式多表示程度加深；而"A 里 A 气"式则强调对状态或性质的描述。上文在探讨重叠问题详细举例分析过，此处不再赘述。

8.4 四字格形容词

崇阳方言中除了上述结构特点比较鲜明的形容词外，还有些无明显规则结构的四字形容词（少数不止四个字）。

老皮扎扎 [nau^{53} ɓi^{21} tsæ^{55} tsæ^{55}]：布满皱纹的脸。

剜心急绿 [ɵuə^{53} ɕin^{22} tɕi^{55} diəu^{55}]：像被剜心一样着急。

丑翻了菀 [dɤu^{53} fæ^{22} · dætiəu^{22}]：形容丑翻了（类似北京话中的

"丑翻了天")。

多嘴巴沙 [to²² tɕi⁵³·pasɑ²²]：形容多嘴多话的样子。

水滴隆冬 [fi⁵³ ti²² nən²² tən²²]：形容非常潮湿。

冷火熄烟 [naŋ⁵³ ho⁵³ ɕi⁵⁵ iɛ²²]：形容很冷清的样子。

鼻涕嘴歪 [ɓi⁵⁵ ɖi⁵⁵ tɕi⁵⁵ Øuæ²²]：形容非常尴尬或被气得脸部变形的样子。

红眼炸须 [fən²² ŋæ⁵³ tsɑ²¹⁴ fi²²]：形容嫉妒得眼红、胡须炸飞的样子。

王八撒气 [Øuaŋ²¹ pæ⁵⁵ sɑ⁵⁵ ʑiɛ²¹⁴]：形容无理取闹的样子。

乌焦巴公 [Øu²² tɕio²² pɑ²² kən²²]：形容非常黑，像被烧焦了一样。

强牙辩舌 [ʑiaŋ²¹ ŋɑ²¹ ɓiɛ⁴⁴ sɑ⁵⁵]：形容非常善于辩论或狡辩。

拖尸懒动 [ɖo²² sɿ²² næ⁵³ ɖən⁴⁴]：形容非常懒的样子。

贴耳卑心 [ɖiɛ⁵⁵ Øə⁵³ pi²² ɕin²²]：形容非常贴心的样子。

踢脚绊手 [ɖi⁵⁵ tɕio⁵⁵ pə²¹⁴ səu⁵³]：形容做事被牵绊的样子。

假家马家 [tɕiɑ⁵³ kɑ²² mɑ⁵³ kɑ²²]：形容非常虚假的样子。

铁面巴嘴 [ɖiɛ⁵⁵ miɛ⁴⁴ pɑ²² tɕi⁵³]：形容正直严肃，铁面无私的样子。

作恭把敬 [tso⁵⁵ kən²² pɑ⁵³ tɕin²¹⁴]：形容毕恭毕敬的样子。

软皮搭泻 [ŋiɛ⁵³ ɓi²¹ tɑ⁵⁵ ɕiɑ²¹⁴]：形容非常软弱、没骨气的样子。

纠酸嗦唰 [tɕio²² sə²² so⁵⁵ kə⁵⁵]：形容味道非常酸涩。

翻牙左嘴 [fæ²² ŋɑ²¹ tso²¹⁴ tɕi⁵³]：形容面部扭曲的样子。

攉皮弄拐 [ɖo⁵⁵ ɓi²¹ nən⁴⁴ kuæ⁵³]：形容喜欢搬弄是非的样子。

翻犁倒耙 [fæ²² ɖi²¹ tau⁵³ pɑ⁵³]：形容辛勤劳作、毫无休息的样子。

大声管咽 [ɖæ⁴⁴ sən²² kuə⁵³ Øiɛ²²]：形容说话声音非常大。

乌隆陡暗 [Øu²² nən²² tio⁵³ ŋæ²¹⁴]：形容黑暗危险的环境。

毛面兽脸 [mau²¹ miɛ⁴⁴ səu²¹⁴ ɖiɛ⁵³]：形容面色凶狠，不够友善的样子。

横股倒背 [Øuaŋ²¹ ku⁵³ tau⁵³ pi²¹⁴]：形容非常有技巧的样子。

雄眼鼓筋 [ɕin²¹ ŋæ⁵³ ku⁵³ tɕin²²]：形容脸色因震惊、害怕而失色的样子。

牙巧嘴快 [ŋɑ²¹ ʑio⁵³ tɕi⁵³ Øuæ²¹⁴]：形容牙尖嘴利、能说会道的样子。

疲头残气 [ɓi²¹ ɖiəu²¹ zæ²¹ ʑi²¹⁴]：形容精力耗尽、垂头丧气的样子。

冇根冇绊［mau⁴⁴kɛ²²mau⁴⁴ɓə²¹⁴］：形容毫无根据的样子。

这些极具方言特点的形容词结构和表意比较固定，类似北京话中的四字成语。它们不仅使得表达更生动有趣，而且也比双音节词语表达的性状程度更强。表意上，这些词也需要整体上理解意思，有些修饰成分只起称音作用，或者从音节手段（如重音、叠音等）方面起到强调作用，比如，"扎扎"就是修饰因年龄导致的脸皮皱皱的样子；"多嘴巴沙"中的"巴沙"也没有具体的意思，只是形容"多嘴"的样子。另外，从构词的内部结构上看，联合式数量较多，如"毛面兽脸""牙巧嘴快""横股倒背"等；有述补式，如"丑翻了苑"；还有主谓式，如"王八撒气""水滴隆冬"等。

句法功能上，这类形容词可以做谓语、定语、状语和补语。下面以"多嘴巴沙"一词为例，看看它在句子中的句法功能：

（1）个娭家多嘴巴沙箇。这个妇女很多嘴。（谓语）

（2）个是个多嘴巴沙箇娭家。这是个多嘴的妇女。（定语）

（3）伊在多嘴巴沙地话么嘀啊？他在多嘴说什么啊？（状语）

（4）个人真讨嫌！话事话到多嘴巴沙箇。这人真讨厌，说话说得乱嚼别人舌根。（补语）

但整体来看，这类形容词做句子谓语、定语和补语比较多，状语相对较少。其他词语例句如下：

（5）每年一到个时际，地板上压是水滴隆冬箇。每年一到这时候，地板上就湿哒哒的（注：回南天，地面潮湿）。

（6）伊是个王八撒气箇家伙哒。他是个非常霸道、蛮横无理的家伙。

（7）王娭家总是攉皮弄拐箇话别个屋箇事。王大妈总是搬弄是非地说别人家的事。

（8）个种冇根冇绊箇事就莫到处话了。这种毫无根据的事情就别到处说了。

（9）伊把得伊箇老脚气得红眼炸须、翻牙左嘴箇。她被她家男人气得眼红炸毛、面部扭曲。

8.5 小结

崇阳方言表性状的形容词特色鲜明，简要归纳为以下特点。

结构上，一方面，结构固定。无论是"XA"式还是"X哒A"式，都是修饰性成分在前，中心成分在后，不同的是，前者的"X"基本为单音节修饰性成分，后者的"X"为多音节。但是，无论是哪种"X"，都与"A"形成一对一固定的搭配，"X"一般不能单独使用。另一方面，重叠式受限。整体上看，崇阳方言的重叠式都不发达，表性状的形容词重叠式更是如此，取而代之的是各种格式的形容词生动形式。

表意上，一方面，表意形象。重叠式在崇阳方言中使用受限，也反映出该方言的词汇特色是：倾向于利用生动俏皮的隐喻或借代等方式来表达性状，将抽象的形容词具象为人们所熟知的生活体验。如"硬"很抽象，但是"梆古石"般的硬，大家都能有相应的体会；形容面露凶相、特别不友善的样子，也是很抽象的概念，但是具象为"毛面兽脸"，栩栩如生的形象就被刻画出来了。另一方面，表达性状程度高。与单音节性状形容词相比，这些生动形式除了表达上更形象有趣外，更重要的是表意上也突出了相对应的性状程度更高更强。如"白"是不带程度色彩的，"雪白"就具有描述性，突出比普通"白"更白的特点，"雪净哒白"则表达"白"的程度更高，不是一般的"雪白"，而是非常非常"干净的雪"那种白。

第 9 章 程度

宏观上说，崇阳方言对程度意义的表达可分为语音手段、词汇手段和句法手段。语音手段方面，与多数语言一样，重音和拖长音有加强程度的作用，如"几多人啰！好多人啊！"句中，虽然程度副词"几"也强调程度深，但如果此时还伴随着重读"几"并拖长其发音，则更突出"人多"的程度。下面重点探讨崇阳方言中表程度意义的词汇手段和句法手段。

9.1 词汇手段

表程度意义的词汇主要有上文提到的性状表达法（包括"XA"式形容词、"X哒A"式形容词、重叠式形容词等）和程度副词。性状形容词或多或少都有表达程度的意味，比如："墨黑"虽然描述"黑"的性状，但意义上肯定比单音节形容词"黑"的程度深，"墨究姑哒黑"的性状描述更为生动，同时表意上"黑"的程度又得到进一步的强调。陈光（2008：35）称为"隐性量"，尤其是重叠式"本质上高于一般程度的性形状量"。这部分在上文性状表达法章节有详细分析，此处不再赘述。下面详细介绍崇阳方言的程度副词以及其他能表程度意义的词汇手段。

9.1.1 点把、点子、有点把

崇阳方言中，这三个词看似比较接近，也都可以表示程度量，但无论意义还是用法都相差比较大，所以放一起对比分析。

9.1.1.1 点把

"点把［tiɛ^{53}pɑ^{53}］"在官话区方言里很常见，但基本表达的是程度比较少的意义，如武汉话①（西南官话），主要用作定语修饰名词，或具有名词性特点直接做主语，如李荣先生举例：

(1) 点把哪里够？一点点怎么够呢？
(2) 点把东西么样拿得出手？一点东西怎么拿得出手？

但是在崇阳方言中，"点把"不是形容词，不能修饰名词，更不能直接做主语。而是一个比较常用的表示程度高的程度副词，相当于北京话里的"很""非常"，句中可以用作状语修饰形容词或动词，一般而言，修饰的动词为心理动作的动词。例如：

(3) 伊点把忾屋哒。他很想家。
(4) 我点把高兴/后悔/不好过。我很高兴/后悔/难过。
(5) 昨日伊哒点把多人。昨天那里非常多人。
(6) 今哒点把冷。今天非常冷。

有时候，口语交际中，"点把"还可以作为"点把多"的简省形式放到动词后面做补语，或者作为"点把多某物"的简省形式做动词的宾语，强调量多或程度高。如"伊吃得点把"可以理解为"伊吃得点把多他吃得很多"或者"伊吃得点把多东西他能吃很多东西"。因此，这种句式可以有两种理解，但无论哪种，都是起强调作用。能这样使用的句式需要满足两个条件：其一，动词为表示能力范围的；其二，此时的"点把"有"点把多"之意。类似的还有：

(7) 个女伢子才四岁，字认得点把。这女孩子才四岁，字认得非常多。
(8) 伊会制衣，每个月帮别个制得点把。她会做衣服，每个月能帮别人做很多。
(9) 伊喜欢吃个个瓜，昨日又买了点把。他喜欢吃这种瓜，昨天又买了很多。

但这种用法的前提是，交际双方都很明确谈论的对象，"点把"后面才可以省略。如上述三个例句就分别是"认得点把多字""每个月帮别人制点把多衣""昨日又买了点把多瓜"的省略。

9.1.1.2 点子

崇阳方言的"点把"是程度副词，"点子 [tiɛ^{53}·tsæ]"是形容词。

---

① 李荣（1995：260）记载武汉话中的"点把"表示"极少的分量"之意。

因此，如果要表示"一点点"这样的量少之意，崇阳方言使用"点子"，而不是"点把"。比如：

(10a) 个多客，（个）点子菜怕不够哦。这么多客人，这点菜恐怕不够哦。

(10b) *个多客，（个）点把菜怕不够哦。

(11a) 个菜咸了盐，酱油搁多了点子。这个菜咸了，酱油放多了点。

(11b) *个菜咸了盐，酱油搁多了点把。

例（10b）和例（11b）两句不成立，因为副词"点把"不能修饰名词"菜"，也不能直接做补语修饰谓语。

崇阳方言"点子"的用法与武汉话的"点把"极为相似，都是形容词，主要用来修饰名词，表示数量很少。除了可以做定语外，还可以做补语。

(12) 伊话倒点子崇阳事。他会说一点崇阳话。

(13) 我昨日买了点子苹果。我昨天买了一点苹果。

(14) 伊块衣小了点子。那件衣服小了一点。

(15) 个饭煮得硬了点子，不蛮好吃。这个饭煮得硬了一旦，不太好吃。

而要修饰动词和形容词一般要跟"有"连用，也就是"有点子"。与"点子"不同的是，"有点子"是个副词，可以修饰形容词、动词，但不能做补语。可以看下面几个例子：

(16) 小李是个好人，就是有点子不蛮话事。小李是个好人，就是有点不怎么说话。

(17) 个块衣有点子小。这件衣服有点小。

(18) 小王是个好学生，就是有点子好戏。小王是个好学生，就是有点贪玩。

由此可见，崇阳方言"点把"和"点子"分属不同的词性，用法迥异。"点把"是程度副词，修饰动词形容词，而"点子"是形容词，主要修饰名词。

另外，与"点子"相关，表示数量更少、程度更低的词语还有"（一）丁点子""一点子""点把子""点把点"等，都表示"一丁点"之意。用法上，"有点子"主要是做副词修饰形容词和动词；"点把子"可以修饰名词，在交际双方都明确谈论对象的情况下，还可以直接用作名词做主语；"一点子"和"点子"的用法基本相同，后者可以看成前者的省略形式，而"（一）丁点子"更可以看作"点子"前加入了表示极为量少的修饰性成分"一丁"。比如：

（19）碗哒不能剩（一）丁点子饭。碗里不能剩一丁点饭。

（20）有个么多人，点把子糖不够吃啊。有这么多人，一点糖不够吃啊。

（21）菜买少了，点把子怕是不效。菜买少了，这一点怕是没用。

（22）诊个病怕是要闷多钱啊，不是点把点简钱有效简。治这个病只怕要很多钱啊，不是一点点钱有用的。

9.1.1.3 有点把

"有点把 [ɕiəu⁵³ tiɛ⁵³·pɑ]"也是个程度副词，表示程度低，即"有一点"之意。与表程度高的副词"点把"正好相反。比较下面三组句子：

（23a）小王有点把后悔。小王有一点后悔。

（23b）小王点把后悔。小王非常后悔。

（24a）伊个面有点把红。他的脸有点红。

（24b）伊个面点把红。他的脸很红。

（25a）个伢崽有点把哈。这孩子有点傻。

（25b）个伢崽点把哈。这孩子很傻。

另外，与北京话"很"不同的是，"很"可以做补语，比如"高兴得很"，但崇阳方言的"点把"和"有点把"都不能这么用。

总的来说，崇阳方言这三个词的词性及表意特征如表9—1所示。

表9—1　　　　崇阳方言几个程度词的表意区分

	词性	表意	程度
点把	副词	很、非常	高
点子	形容词	一点点	低
有点把	副词	一点	低
点把子	形容词	一点	低
点把点	形容词	一点	低

由表9—1可看出，崇阳方言中"点把"一词的特殊性：其一，与官话区的形容词"点把"不同，它是一个表示程度高的副词；其二，

与之形式相关的几个词，如"点把子"和"点把点"却又都是表程度低的形容词，"有点把"虽然也是副词，但也只表程度低，他们与"点把"要么意义不同，要么意义用法皆不同。

9.1.2 闷、蛮

"闷[mən⁵⁵]"和"蛮[mæ²¹]"在崇阳方言中都是很常用的表程度较高的副词，相当于北京话里的"非常""十分""挺"等。两者在肯定句中基本可以换用，表意差别不太大。只是由于"闷"的读音高且短促，听觉上会感觉用"闷"的时候表意程度比"蛮"更重更深。

（26）我闷/蛮久冇出去戏了。我很久没出去玩了。

（27）隔壁箇崽闷/蛮讨嫌。邻居家的儿子很讨人嫌。

（28）伊小时机闷/蛮想长大了当科学家。他小时候特别想长大后当科学家。

两者最大的差别体现在否定句中。"蛮"在否定句中的用法最灵活，"蛮不……"和"不蛮……"都可以使用，前者"蛮"是修饰的否定程度，后者"蛮"表示被否定的程度不够深。但是"闷"的否定就有些限制了，可以用"闷不……"，不能用"不闷"，但可以用"不是闷……"来否定，"不是蛮……"也可以用。比如：

（29）我闷/蛮不喜欢看电影。我非常不喜欢看电影。

（30a）我不蛮喜欢看电影。我不是非常喜欢看电影。

（30b）＊我不闷喜欢看电影。

（31）我不是闷/蛮喜欢看电影。我不是非常喜欢看电影。

（32）伊箇字写倒不是闷/蛮差箇略。他写的字不是很差啦。

（33a）伊箇字写倒不蛮差箇略。他写的字不是很差啦。

（33b）＊伊箇字写倒不闷差箇略。

综观这几个表意为"很""非常"的程度副词"点把""闷""蛮"，我们发现：崇阳方言中肯定句表达时三者都常用，但表达否定时，"蛮"的使用更为常见，"闷"的使用比较受限，而"点把"几乎没有否定形式，没有"不点把"的说法，只能说"点把 + 不 VP"。

9.1.3 斗倒、紧倒

"斗倒[təu⁵³·tau]"和"紧倒[tɕin⁵³·tau]"表意类似，都表示

"一直"之意，即某种动作、情状持续发生，它们是情态副词，但也能突出动作或性状的程度之深。语用上"斗倒"还传递出主观上对这种持续性不耐烦的态度。比如：

(34) 搞快点子吵，斗倒摸么哒？动作快点，一直在磨蹭什么？

(35) 斗倒话话话，话么哒吵？一直在说说说，说什么呢？

(36) 个几日斗倒落雨。这几天一直在下雨。

以上三个例句中的"斗倒"都可以换作"紧倒"，但以"斗倒"为常。

9.1.4 几

崇阳方言中，"几 [tɕi⁵³]"通常用在动词或形容词前强调这些动作、性状的程度之深，无论褒贬义均可使用，而且语音上会用重音或拖长音来进一步强调。该词在感叹句中使用较多，因此句尾基本都会搭配使用一些表感叹的语气词。比如：

(37) 个次考试伊考倒几好哦！这次考试他考得多好啊！

(38) 我箇妈几着急哟！我妈妈多么着急啊！

(39) 明日落雨，我几不想去哟！明天下雨，我多么不想去啊！

这些句子中如果去掉句尾的语气词，句子就不能成立了。但有一种情况例外，有时为了强调程度之深，还会在"几"前面加上"不晓得"，共同强调程度深的意味。这种时候，句尾的语气词不是必需的。

(40) 个次考试伊不晓得考倒几好（哦）！这次考试他考得不知道多好啊！

(41) 我箇妈不晓得几着急（哟）！我妈妈不知道多么着急啊！

(42) 明日落雨，我不晓得（几）不想去哟！明天下雨，我不知道多不想去啊！

这里的"不晓得"类似北京话里的"不知道"，很明显是已经虚化为仅起强调作用的副词了，并不表实际意义。

9.1.5 才、才是

崇阳方言里"才 [zæ²¹]"可以用作时间副词，表示"刚刚"，也可以用作情态副词，修饰心理类动词，强调心理状态的程度；"才是 [zæ²¹ sɿ⁴⁴]"除了修饰心理类动词外，还可以修饰形容词，强调性状程度高。比如：

(43) 我才（是）不想去北京咧！我才不想去北京呢。

(44a) 伊屋里箇花园才是大。他家的花园真大！

(44b) *伊屋里箇花园才大。

(45a) 个事才冇得个样简单啊！这件事才没有这么简单呢！

(45b) *个事才是冇得个样简单啊！

由此可见，"才"一般用在感叹句中，传达的是说话者不太希望发生的事，所以例（44b）是不成立的，即便加上"啊"之类的感叹语气词，"才"换成"几"才更合法。除非句子含有"出乎意料"的潜台词，在上下文对比中，也可以用"才"表感叹。比如例（44b）的句子可以改为：

(44c) 尔还话伊屋哒箇花园小，我去看了下，伊屋哒箇花园才大咧！你还说他家的花园小，我去看了看，他家的花园才大呢！

这时候，"才"含有与之前预料不同的事，句子才能成立；而且即便这样，这个句子里面用"才是"还是更顺口些。

9.1.6 还

"还[hæ²¹]"用在含有比较义的句中，表示"更加"之义。句末往往有"些"与之呼应，强调"更多一些"，凸显对比意味。

(46) 伊不想去，我还不想去咧。他不想去，我更不想去。

(47) 昨日日头大，今日还大些。昨天太阳大，今天更大。

(48) 骑车比开车还快些。骑车比开车还要快一些。

9.1.7 硬、硬是

"硬[ŋaŋ⁴⁴]"和"硬是[ŋaŋ⁴⁴sɿ⁴⁴]"意思相同，表达主体"非要（做某事）"的强硬态度或固执行为。两者用法基本相同，后者用得更多些。都用在动词性成分前，强调动作的主观意愿程度高。例如：

(49) 不尽伊去，伊硬（是）要去。不让他去，他非要去。

(50) 老师硬（是）不答应学生箇要求。老师硬是没有答应学生们的要求。

(51) 我家哒想尽了办法，硬（是）冇搞成。我们想尽了办法，硬是没有搞成。

9.1.8 个、个样、个么、伊样

这几个词在指示代词里提到过，可以用来加深程度，类似北京话的"这么"或"那么"，比如：

(52) 港哒箇水个么/个样/伊样深。河里的水这么/那么深。

(53) 尔哪个么/个样/伊样调皮啊？你怎么这样/那样调皮啊？

如果单用"个 [ko²¹⁴]"的话，需要句末语气词搭配才能完句，而且"个"要适当拖长语调，表感叹成分比较重，一般都是表示程度比较高的语义。

(54) 港哒箇水个深啊！河里的水多深啊！

(55) 尔哪个调皮啊？你怎么这调皮啊？

9.2 句法手段

9.2.1 述补式

与北京话一样，崇阳话中也有大量的述补结构，根据结构助词的隐现可以分为"有标记述补结构"和"无标记述补结构"。

前者的有标记即"得"字结构，句法为"形/动+得+补"（下文记作"A/V+得+C"），比如："A/V 得很""A/V 得不行""A/V 得要死""A/V 得不得了""A/V 得+CP"等。大量的形容词和动词都适用于这些结构中，表达程度高或最高。例如：

(1) 伊箇娱家节约得很。他的妻子节约得很。(V 得很)

(2) 今哒热煞，燥得不行。今天热死了，燥得不行。(A 得不行)

(3) 个电脑慢得要死。这电脑慢得要死。(A 得要死)

(4) 马上要考试了，伊紧张得不得了。马上要考试了，他紧张得不得了。(A 得不得了)

(5) 我今哒累得眼都睁不开了。我今天累得睁不开眼了。(A 得+主谓短语)

(6) 坐倒飞机上看屋哒小得像一只一只箇蚂蚁。坐在飞机上看房子像一只一只的蚂蚁。(A 得+短语)

(7) 小刘是个好吃懒制箇人，屋里穷得吭啷响。小刘是个好吃懒做的人，

家里穷得叮当响。（A 得 + 动词短语）

(8) 尔怄得吐血也冇得用。你气得吐血也没用。（V 得 + 动宾短语）

(9) 我烦不过，懒得话事。我烦死了，懒得说话。（A 得 + 主谓短语）

(10) 甲：尔箇老弟哪样咧？你的弟弟怎么样了？

乙：唉，话不得箇苦哦！唉，懒得说了！（"话不得箇苦"为固定搭配）

其中，例（10）中的"话不得箇苦"为固定搭配，表层结构上看是"V 不得 + 中心词结构"，意为"说不出的苦"，但经过语法化后意为"懒得说了"之意，也是表示失望的程度之深，类似"失望之极"。

另外，还有一点值得一提，崇阳方言里有些"得"字述补结构对谓语动词的选用有一定的限制，如"V 得神"，这里的"V"只能是"制"或"搞"（即"做"的意思），"V 得神"表示说话者认为动作发出者故意做出比较矫情的动作，尤其是做得比较过分，有种蔑视或恼怒的意味，有时"神"前面还可以插入其他加强程度的副词，进一步加强语气。如"V 得 + 几 + 神""V 得 + 个样 + 神"等。

(11) 伊越制得神，我家哒越懒得理伊！他越做得神，我们越懒得搭理他！

(12) 我以为几大箇事啊，伊家哒搞得个样神！我以为多大个事哦，他们搞得那样神乎其神！

(13) 看小王箇丑样，制得几神咯！看小王的丑样，做得几神气哦！

这里的"神"到重叠式"VV 神"里的"神"有个词义虚化的过程。崇阳方言里保留了该词虚化的几个意义阶段，即神灵——精气神——V 得神（某种矫情做作的神情）——VV 神（某种样子，表性状，语音也随之轻化，详见上文"性状"部分的论述）。

崇阳方言中还有一类无标记的述补结构即没有助词"得"，这类述补结构表示程度可高可低，由补语的表意决定。常见的表达有"A/V 不过"，"A 点子"及一些其他程度补语。比如：

(14) 莫吵我，我正烦不过。别吵我，我正烦得不行。

(15) 肉汤咸了点子盐。肉汤咸了一点。

(16) 个块衣着得闷好，就是袖子短了丁点子。这件衣服穿得挺好，就是袖子短了一丁点。

(17) 个际吃冰棒？牙要冰落了。这时候吃冰棒？牙齿都要冰掉了。

例（17）中的"冰落了"就是用补语"落了"来强调"冰"的程度之高。

9.2.2 比较式

比较句本身就含有数量或程度的比较，因此这种句式就有表示程度高低的意味。后文的句法部分会详细分析崇阳方言的差比句、极比句等各种类型的比较句，这里各列举两例简要反映其程度表达的特点。

9.2.2.1 "X+VP，Y（+比+X+）还+VP些"式

（18）尔话咸宁干净，崇阳（比咸宁）还干净些。你说咸宁干净，崇阳还干净些。

（19）伊箇本事大，伊娘老子（比伊）本事还大些。他的本事大，他爸妈本事还大些。

该句式通过比较，突出比较项 Y 的程度本来就不低，但 X 的程度更高。

9.2.2.2 "X 冇得 Y（+个/伊/个样/伊样）+VP"式

（20）个个老师冇得阿老师伊样讲得过细。这个老师没有那个老师那样讲得仔细。

（21）我冇得我老弟箇成绩好。我没有我弟弟的成绩好。

9.2.2.3 "X 不像 Y+个/伊/个样/伊样+VP"式

（22）个本书不像伊本书伊样罗七八唆。这本书不像那本书那样啰里啰唆。

（23）我屋哒不像伊屋哒伊宽大。我家不像他家那么宽敞。

以上第二类和第三类比较句式，都是通过否定形式来表达比项 X 的程度不如 Y。

9.2.2.4 "X 最 VP"式

（24）我买箇苹果最甜。我买的苹果最甜。

（25）今哒箇天气最舒服。今天的天气最舒服。

9.2.2.5 "X 比哪个都要 VP（些）"式

（26）个朵花比哪朵都要红些。那朵花比哪朵花都红。

（27）伊比哪个都要喜欢打麻将些。他比任何人都喜欢打麻将。

9.2.2.6 "冇得哪个比 X+VP"式

（28）冇得哪个人比伊吃得亏。没有哪个人比他更能吃苦。

（29）冇得哪个娭家比我屋哒箇妈会制事。没有哪个妇女比我家的妈妈会做事。

第四、五、六三类都是极比表达，表示在某一范围内，比项 X 程度最高。

9.2.2.7 "越来越 + VP"式

（30）伊跑得越来越快！他跑得越来越快。

（31）我箇老师越来越喜欢拖堂了。我的老师越来越喜欢拖堂了。

9.2.2.8 "越接 + VP"式

（32）尔本来就不好过，还去喝酒，越接不好过吵。你本来就难受，还跑去喝酒，越发难受嘛。

（33）我本身就容易上火，还吃个样辣箇东西，越接上火不好过。我本来就容易上火，还吃这么辣的东西，越发上火不舒服。

第七、八两类是递比表达，表示程度逐步加深。

9.2.3 要几……就有几……

该格式含有最高程度的表意特点，"几"后面一般是形容词或动词。比如：

（34）尔真是要几哈就有几哈啊！你真是要多傻就有多傻啊！（意即：他最傻。）

（35）伊要几喜欢上网就有几喜欢上网。他要多喜欢上网就有多喜欢上网。（意即：他最喜欢上网。）

该种句式表意上如同极比句，表达最高程度。

9.3 小结

表达程度这一语义范畴，崇阳方言跟北京话所采取的手段都差不多，除了常见的程度副词外，语音手段和句法手段也能表达程度范畴。本章内容主要介绍崇阳方言的词汇手段和句法手段，前者通过程度副词、语气副词来实现程度高低的表达效果，后者则使用某些述补式、比较式和特定格式。

第 10 章　介引

介词方面，崇阳方言与北京话有很多相同的地方，常用介词主要有：从、自从、到、在、当、朝、顺倒、沿倒、按、照、照倒、对倒、着、着倒、依、依倒、经过、凭、为、为了、因为、对、对于、把₁、跟₁、关于、除、除了、把₂、叫、比、跟₂。下面按介词所介引出的宾语性质进行分类介绍，可以分为以下几类：①引出时空，包括时间、处所、方向等方面；②引出施事、受事；③引出对象；④引出方式、依据；⑤引出工具；⑥引出排除对象；⑦引出原因、目的。

10.1　介引时空

崇阳方言引进时间处所的介词主要有"在、得、从、往、顺倒、过、经过、朝、着、着倒、照、照倒、对倒、到、隔"等。因为该类有些词兼具介引时间和空间，因此不再另行分类。

10.1.1　在

崇阳方言的"在 [zæ⁴⁴]"用法比较受限，一般只出现在"在＋地点名词/代词"，构成介宾短语，做句子的地点状语。例如：

(1) 我在个哒等尔。我在这里等你。
(2) 在伊哒，伊不晓得吃倒几好。在那里，他不知道吃得多好。
(3) 我在北京上箇大学。我在北京上的大学。
(4) ——尔在哪哒？你在哪里？
　　——我在屋哒。我在家里。

北京话里的该格式还可以直接跟在动词后面做补语，但崇阳方言一般不这么用。例如：

(5a) 他把书放在桌子上了。（北京话）

(5b) *伊把书搁在桌子高底了。他把书放在桌子上面了。

(6a) 画挂在墙上就可以了。（北京话）

(6b) *画挂在壁上就行得了。画挂在墙上就可以了。

两组例句中的"在+处所"都是做句子动词的补语，这种情况下崇阳方言一般不用"在"，而用"得/到"。

10.1.2 得、到

"得［tə⁵⁵］、到［·tau］"这两个介词在崇阳方言里用法差不多，有时可以互换，基本句法形式都是"V+得/到+引进的空间/时间"等。

10.1.2.1 得/到+处所词

此格式表意为"在某地"或"到某处去"，基本做句子的补语。

(7) 尔徛得/到个子哒搞么嘀啊？你站在这里干什么？

(8) 昨日我感冒了，睏得/到床上不想起来。昨天我感冒了，睡在床上不想起来。

(9) 我前日跑得/到街上去戏去了。我前天跑到街上去玩去了。

(10) 尔箇信搁得/到尔箇办公室里了。你的信放到你办公室了。

(11) 我把老师送得/到火车上去了。我把老师送到火车上去了。

可见，崇阳方言中，"在"和"得/到"的用法呈互补分布。句法功能上，前者用作状语，后者用作补语；表意上，前者仅单纯表示在何处，后者还含有谓语动词的行为动作延伸到何处之意。比如"徛在个子哒站在这里"也可以成立，纯粹表示"站"的方位，可以补充出其对应的问句"徛在哪哒站在哪里"，寻问方位；而"徛得/到个子哒搞么嘀站在这里干什么"表示动作的持续性，隐含有"一直站这里并可能还要持续站一段时间"的意味。

10.1.2.2 得/到+时间词

该格式组成的介词短语说明动作持续到某个时间点，用在动词后作补语。例如：

(12) 伊昨夜戏电脑戏得/到转钟才睏。他昨天晚上玩电脑玩到转钟才睡。

（13）我不想等得/到天黑再动身。我不想等到天黑再出发。
（14）伊想捱得/到 12 点再去归。他想磨蹭到 12 点再回去。
这些例句的动词都是可持续性的。

10.1.3　从、往、顺倒、过、经过

10.1.3.1　从

"从 [zən^{21}]"在崇阳方言里可以介引时间和处所，用法与北京话基本一致，各举两例：

（15）伊从 16 岁开始就冇读书了。他从 16 岁开始就没有读书了。
（16）我从昨日到今哒都冇吃东西。我从昨天到今天都没有吃东西。
（17）从个哒开始，压是阿个厂哒地盘。从这里开始，都是那个厂的地盘。
（18）个几个字要从右到左念。这几个字要从右到左读。

10.1.3.2　往

"往 [Øuaŋ^{53}]"在崇阳方言中有两种意思，一种是介引方向或目的地，类似北京话的"往"；另一种是介引起点处所或经由处所，相当于北京话的"从"，但不介引起点时间，限于处所词，此时的"往"其实含义仍然为"先到某个地方，再从这个地方出发去往别处"之意，所以这个用法还是从前一个"往"的用法延伸而来的。例如：

（19）莫一日到黑往外底跑！别一天到晚往外面跑！
（20）尔往高速走，快些。你从高速走，快些。
（21）尔往我个子哒去搭车唦。你从我这边去搭车嘛。

以上两句中"往高速走"其意思为"先到高速去再从高速出发"；"往我个子哒搭车"意思为"先来我这里，再从我这里搭车走"。所以其实这种用法还是"往"先引出了目的地，然后再从这个目的地离开或发生其他动作行为。

10.1.3.3　顺倒、沿倒

崇阳方言"顺倒 [sən^{44}·tau]""沿倒 [Øiɛ^{21}·tau]"的意义与用法与北京话的"顺着""沿着"相似，不再举例。"过 [ko^{214}]"和"经过 [tɕin^{22}ko^{214}]"介引经由，但以"过"为常。而且介引"经由处所"之意时，崇阳方言绝不使用"经"。例如：

（22）还要过五日才到暑假。还要过五天才放暑假。

(23) 过两个县到武汉。经过两个县到武汉。

不过在表达"经由某个对象，即经过某人做某事"时，崇阳方言一般不用"经"或"经过"，而是使用"尽"或"等"，这两个词分别表示"让"或"等"，不是真正意义上的介词（还在从动词虚化为介词的过程中），暂时不讨论。例如：

(24) 个事尽/等伊答应才能搞得成。这件事要让/等他答应才能做成。

(25) 我家哒还是等政府批准再动工吧。我们还是等政府批准再动工吧。

10.1.4　朝、照、照倒、对倒

崇阳方言表"朝向义或方向性的移动"时基本用"往"来表示，介引出方向，有时也会用"朝 [zau^{21}]""照 [tau^{214}]""照倒 [tau^{214}·tau]""对倒 [ti^{214}·tau]"。具体表意上略有差异，"朝"只强调方向性，"照（倒）""对倒"除了表明方向外，更强调对准目标方向。

(26) 朝/往前底走两个路口就到了。朝/往前面走两个路口就到了。

(27) 我朝/往东门伊哒去。我朝/往东门那边去了。

(28) 莫坐倒个子哒，风对倒尔箇头吹！别坐在这里，风对着你的头吹！

(29) 伊要还写错，就照（倒）伊箇额角头敲两下子。他如果还写错，就对着他的脑门敲两下。

10.1.5　着、着倒

崇阳方言中比较有特色的是，如果主语是人，介引的方向也是人时，往往不用"朝""照""照到"和"对倒"，"着 [tso^{55}]""着倒 [tso^{55}·tau]"用得比较多。

(30) 尔要着/着倒尔箇崽相，莫斗倒跟尔箇老脚吵。你要看在你儿子份上，别总跟你丈夫吵架。

(31) 搞烦了，（我）着倒伊箇屁股踢两脚。搞烦了，（我）朝他屁股踢两脚。

(32) 我就是冇写作业吵，我箇妈着倒我紧倒念。我就是没做作业嘛，我妈对着我一直唠叨。

10.1.6　到

"到 [tau^{214}]"介引处所词语或时间词语放在动词前。

(33) 尔到学堂去看下子。你到学校去看一下。
(34) 个个工程要明年才能制完。这个工程要到明年才能做完。

在崇阳方言中，"到 + 时间词"介引时间的用法也很普遍。

(35) 个腊肉要熏到下个月。这个腊肉要熏到下个月。
(36) 个伢崽制作业制到半夜。这孩子写作业写到半夜。

10.1.7 隔

"隔 [kɑ⁵⁵]"在崇阳方言里引进空间距离或时间距离，与北京话的"离"用法相似，崇阳方言"隔"可以兼作介词和动词，这里介绍的是其介词用法。例如：

(37) 个子哒隔港哒还有闷远。这里离河还很远。
(38) 崇阳隔咸宁差不多 60 公里子。崇阳离咸宁差不多 60 公里。
(39) 今日隔立春还隔得几日子。今天离立春还隔着几天。
(40) 隔伊归来还有两个月。离他回来还有两个月。

10.2　介引对象

除了上述引出时空的部分介词兼带引出对象意义外，崇阳方言引出对象的介词还有"跟、对、替、比、连、连倒、带、连……带……、除哒"等。

10.2.1　跟

"跟 [kε²²]"在崇阳方言里有多种用法，使用频繁，包括介引关涉对象、介引协同对象、介引比较对象等。

10.2.1.1　介引关涉对象

"跟"介引关涉对象，可以引进动作行为的受益者、受害者或一般的承受者。例如：

(1) 尔跟尔箇妈买个蛋糕吵。你跟你妈妈买个蛋糕吧。
(2) 尔莫跟伊怄气！你别跟他怄气！
(3) 老师有跟我家哒讲个道题。老师没跟我们讲这道题。

但是，当动词后要介引关涉对象时，只能用"倒"，不能用"跟"。

比如：

（4）尔要把个事话倒伊听。你要把这件事说给他听。（*尔要把个事话跟伊听）

（5）把个块衣着倒身上。把这件衣服穿在身上。（*把个块衣着跟身上）

（6）明日要把信寄倒伊。明天要把信寄给他。（*明日要把信寄跟伊）

10.2.1.2 介引协同对象

（7）尔跟我吃了一世箇苦哦！你跟我吃了一辈子的苦啊！

（8）我不想跟伊一路去看电影。我不想跟他一起去看电影。

（9）个事跟尔冇得关系。这事跟你没有关系。

10.2.1.3 介引比较对象

（10）伊跟伊箇爸长倒点把相像。他跟他爸爸长得很像。

（11）尔话箇跟我听倒箇有点子不同。你说的跟我听到的有点不同。

（12）我跟尔不是一样箇性格。我跟你不是一样的性格。

10.2.2 对

崇阳方言一般用"对[ti²¹⁴]"引进关涉的对象，相当于北京话的"对""对于"，但基本不用"对于"。例如：

（13）伊屋哒箇老脚对伊不错。她家的丈夫对她不错。

（14）我对伊冇得么意见。我对他没什么意见。

（15）老师对学生点把负责任。老师对学生很负责任。

（16）伊对个样箇事制得点把溜。他对这样的事做得非常顺手。

而北京话常用的引进话题对象的介词"至于""关于"，在崇阳方言中基本不说。如"个个事，我还冇想好。关于这个事，我还没想好。"几乎不说"至于个个事，我还冇想好"。

10.2.3 得、到

前文介绍介引时空时提到这两个词也可以介引关涉对象。它们一般用于动词后，介引动作传递的对象。此处不再赘述。

10.2.4 替、比

这两个词与北京话里的"替[di²¹⁴]"和"比[pi⁵³]"意义用法类

似，略举例介绍。

①"替"是介引替代对象的介词。例如：

(17) 我不想替伊还钱。我不想替他还钱。

(18) 明日我替伊值班。明天我替他值班。

②"比"是介引比较对象的介词。例如：

(19) 伊比我矮点子。他比我矮一点。

(20) 一年比一年强多了。一年比一年好多了。

10.2.5 连、连倒、带、连……带……

"连 [ɖiɛ²¹]"一般用于"连……都……"结构中，表示达不到介引对象那种程度，传递轻视的主观感情，或者表达最低阈值都无法达到。

(21) 伊连车都开不当。他连车都不会开。

(22) 尔连个题都不会制？你连这个题都不会做？

(23) 我连独脚车都不会骑，莫话骑摩托了。我连自行车都不会骑，别说骑摩托了。

而"连倒 [ɖiɛ²¹·tau]""带 [tæ²¹⁴]""连……带……"一般是介引包括对象的介词。例如：

(24) 连倒我买箇东西一路，一起100块。连同我买的东西，一共100元。

(25) 花生要带皮一路吃。花生要带皮一起吃。

(26) 连鱼带肉一起买去归。连鱼带肉一起买回去。

10.2.6 除哒

"除哒 [ɖəu²¹·ɖæ]"是介引排除对象的介词，类似普通话的"除……以外""除了"的意义和用法，其对象不包括在内。例如：

(27) 除哒伊，别个压晓得了。除了他，别人都知道了。

(28) 除哒个几个苹果，冰箱里冇得么吃箇东西了。除了这几个苹果，冰箱里没有什么吃的东西了。

(29) 除哒落雨箇时际，伊日日都去跳舞。除了下雨的时候，他每天都去跳舞。

10.3 介引工具

崇阳方言里，介引工具的介词比较单一，主要是"用 [Øin⁴⁴]"，介引工具、材料或方式等，

(1) 洗好箇水果要用盘子装。洗好的水果要用盘子装。
(2) 健康不是用钱买来箇。健康不是用钱买来的。
(3) 藕夹要用油炸。藕夹要用油炸。
(4) 莫用棍哒戳。不要用棍子戳。

有时会了强调"手拿着工具"，也会用"拿"或"拿倒"。例如：

(5) 紧倒拿个事来话，有莫话首吵？总在拿这个事来说，有什么好说的？
(6) 拿我来打比，我也不会个样制。用我来打比方，我也不会这么做。
(7) 每日拿倒个锄头锄地，也有种出个名堂。天天拿着锄头锄地，也没有种出什么东西来。

由此可见，一般的介引工具，"用"更常见，而"拿"则更倾向于"手拿"之意，尤其是最后一个例句，基本还保留了动词的意义，虚化不彻底。

10.4 介引实施、受事

引出施事受事的介词，主要是"把 [pɑ⁵³]""把倒 [pɑ⁵³·tau]"。本书将在被动句及处置句章节详细讨论。

10.5 介引方式、依据

10.5.1 趁、趁倒

与北京话一样，崇阳方言也用"趁 [ɗən²¹⁴]"来表示利用有利的条件和机会做某事，"趁倒 [ɗən²¹⁴·tau]"可以与之换用，不影响意义。例如：

(1) 趁（倒）伊还冇走，赶快一路制好。趁他还没走，赶紧一起做好。
(2) 我要趁（倒）个际有亮，把个块衣补好。我要趁现在有光线把这件

衣服缝好。

（3）尔家哒要趁（倒）年轻好生读书啊。你们要趁年轻好好读书啊。

10.5.2 按、按倒、照、照倒、靠、凭

该组词都可以介引遵依、依凭的对象。例如：

（4）按（倒）伊箇话法，个事搞不成。按他的说法，这个事做不成。

（5）按（倒）年纪排，尔是老大。按年纪排，你是老大。

（6）就按（倒）尔话箇制。就按你说的做。

（7）照倒书抄，么样还抄错了啊？照着书抄，怎么还抄错了？

（8）莫急，照（倒）我个样制，保证尔一下就学到了。别急，照我这样做，保证你一下子就学会了。

（9）我老了就靠我箇崽吃饭。我老了就靠我的儿子吃饭。

（10）靠哪个都冇得用，要靠自家。靠谁都没有用，要靠自己。

"凭"字用得比较少见，但也不是完全没有，用在反问句中表示不屑、不服气的说法时会用到这个词。比如：

（11）凭伊？能制成个事？凭他？能做成这件事？

（12）伊凭哪一行当上个厂长啊？他凭哪一条当上的厂长啊？

10.5.3 尽、等、随便

崇阳方言的"尽［tɕin⁵³］""等［tie⁵³］"引进指人的代词、名词等，类似北京话的"让"。"尽"表示让某人做某事，或者听任、任凭某人做某事，比较常用。例如：

（13）尽伊去闹，莫管伊！让他去闹，别管他！

（14）尔尽伊去买书呦。你让他去买书吧。

（15）桌上要尽别个先动筷子。饭桌上要让别人先动筷子。

（16）尽崽吃够我再吃。让儿子吃够了我再吃。

（17）反正我一个月把倒伊2000块钱，尽伊去用。反正我一个月给他2000元钱，让他去花。

在表示"任凭某人做某事"时，崇阳方言也可以用"随便［ɕi²¹ piɛ⁴⁴］"。

（18）个大箇场子，随便伊跑。这么大的场地，随便他怎么跑。

(19) 随便尔,个事我不管。随便你,这件事我不管。

(20) 个些衣,随便尔去挑。这些衣服,随便你去选。

"等"也能引进指人的代词、名词,但表示的意思比较谦让。例如:

(21) 等我把个事制完再话。等我把这件事做完再说。

(22) 等老人家先走。让老人先走。

崇阳方言还有个先行体的助词"当",往往跟"等"搭配使用,形成"等……当"格式,表示"先做某事"。一般而言,加上"当"以后,后面不再接下文,否则句子特别别扭,甚至不合法。例如:

(23a) 莫急,等伊话完当!别急,等他先说完!

(23b) 莫急,等伊话完再看!别急,等他先说完再看!

(23c) *莫急,等伊话完当再看!

(24a) 等我写完个几个字当。等我先写完这几个字。

(24b) 等我写完个几个字,再去戏。等我先写完这几个字,再去玩。

(24c) *等我写完个几个字当,再去戏。

以上两组例句中,a 句直接用"当"结句,如果表示"先做完某事再做某事",则只能用不加"当"的 b 句,否则如 c 句一样不成立。关于后置先行词"当"的用法,详见后文"体貌"一节。

10.6 介引目的

"为 [vi^{44}]""为了 [vi^{44}·dæ]"在崇阳方言中介引原因或者目的,如果介引的是名词或者代词,两者可以换用;如果介引的是短语,则只能用"为了"而非"为"。这一点与北京话的"为"和"为了"相似。例如:

(1) 为(了)个事,伊箇头发都急白了。为这事,他的头发都急白了。

(2) 伊为(了)伊箇崽每日在外底打工。他为了他儿子,每天在外面打工。

(3) 为了多拿几个钱,我箇妈经常加班。为了多挣点钱,我妈经常加班。

(4) 我箇老师为了学生们能有好成绩,费了几多心哦!我的老师为了学生们能有好成绩,费了多少心啊!

10.7 小结

下面用一张表格对上述介词进行总结归纳，以便从整体上对崇阳方言的介词进行把控（见表10—1）。

表10—1　　　　崇阳方言介词与普通话介词对照

介词类		崇阳方言介词	普通话介词
时空	所在	在	在
	起点	从	打、从、自、自从
	经由	从、往、顺倒、过、经过	从、沿、沿着、顺、顺着、经、经过、通过
	方向	往、着、着倒、朝、朝倒、照、照倒、对倒	往、朝、朝着、向、向着、照、照着、对着
	终点	得、到	到
	距离	隔	离、距、距离
施事受事	施事	着、给、讨、等、把、把得	被、叫、让、给
	受事	把、给、给把、把得、着倒	把、将
关涉对象	关涉	跟、对、把	对、对于、关于、至于、给
	替代	替	替
	协同	跟	和、跟、同、与
	比较	比	比
	包括	连、连倒、带、连……带……	连、连……带……
	排除	除哒	除、除了、除开、除去
工具依据	工具	用、拿、拿倒	用、拿
	依据	按、按倒、照、照倒、凭、靠、靠倒、紧、等、随便等……当	趁、趁着、按、按着、照、照着、按照、依、依照、据、依据、根据、凭、凭着、靠、任、由、任由、等
方式		经过、用	通过、以
目的		为、为哒	为、为了

第 11 章　关联

按照连词连接的成分，可以把连词分为两大类：①连接词或短语的连词；②连接分句或句子的连词。崇阳方言按这个原则，也可以分为词间关联连词和句间关联连词。按照分句的语义关系，可以分为并列关系、递进关系、因果关系、转折关系、让步关系、条件关系、假设关系、目的关系等。

11.1　词间连词

词间连词一般连接单个的词或短语，使用比较受限，所以在交际中，基本用来表并列、选择和递进三种语义关系。

11.1.1　表并列

11.1.1.1　跟、和

该组词在崇阳方言里都是可以连接词或短语的连词，表示并列关系。"跟"连接词和短语，"和"一般不用来连接词，连接短语比较多。例如：

(1) 我跟伊是小学同学。我跟/和他是小学同学。

(2) 个点子钱，买吃箇跟喝箇都不够。这么一点钱，买吃的和喝的都不够。

(3) 我老弟喜欢看书和/跟看电影。我弟弟喜欢看书和看电影。

11.1.1.2　一边……一边……、一路……一路……、又……又……

崇阳方言中的"一边……一边……""一路……一路……""又……又……"都是表示并列关系的连词，表意与用法跟北京话没有什么区别。所连接的成分既可以是词，也可以是短语，这里主要讨论连接词的情况，

一般是连接谓词。"一边……一边……""一路……一路……"主要连接动词,而"又……又……"可以连接动词或形容词。例如:

(4) 伊家哒一边话事一边走路。他们一边说话一边走路。
(5) 伊家哒一路话事一路走路。他们一边说话一边走路。
(6) 我家哒一路笑一路跳。我们一边笑一边跳。
(7) 伊来我屋哒又吃又拿。他来我家里又吃又拿。
(8) 个只牛长得又高又壮。这头牛长得又高又壮。
(9) 伊看到我,又欢喜又不好过。他看见我,又开心又难受。

11.1.2 表选择

北京话中表示选择关系的连词,连接词时基本用"或者",连接短语或句子时用"还是"。但崇阳方言都用"还是""和"来连接词和短语,表示选择关系,极少用"或""或者"。例如:

(10) 武汉还是/和广州,压可以。武汉或者广州都可以。
(11) 买油条还是/和买包子,压行得。买油条或者买包子都可以。
(12) 尔到底去还是不去?你到底去还是不去?
(13) 伊是喜欢冬天还是喜欢热天?他是喜欢冬天还是喜欢夏天?

11.1.3 表递进

"越……越……"的表意与用法,与北京话类似,是表示递进关系的连词。形式上看,一般用于紧缩复句。

(14) 伊还越讲越兴。他还越讲越兴奋。
(15) 车哒越开越溜。车子越开越溜。

11.2 句间连词

11.2.1 表并列

能用来表达并列关系的句间连词除了上文提到的"一边……一边……""一路……一路……""又……又……"以外,还有"一来……二来……""不是……是……""加上……"连接并列关系的分句。例如:

（1）一来我不喜欢伊哒，二来我也没钱去伊子哒。一来我不喜欢那里，二来我也没钱去那里。

（2）一来伊冇考上，二来伊箇爸也不尽伊去读个专业。一来他也没考上，二来他爸爸也不让他读那个专业。

（3）不是我不答应伊去，是我确实冇得时间去。不是我不答应他去，是我确实没有时间去。

（4）个事不是要我去跑，是要伊去跑。这件事不是要我去跑，是要他去跑。

（5）我成绩不好，加上也不喜欢读书，就早点出来打工了。我成绩不好，加上自己也不喜欢读书，就早点出来打工了。

（6）伊屋哒穷，加上伊又懒，越接穷得桄榔响了。他家里穷，加上他又懒，更是穷得叮当响。

11.2.2 表选择

"要就……要就……""不是……就是……""还不如……""就是……也……""宁可……也……"等关联词都是连接选择关系的分句。"要就……要就……""不是……就是……"连接的分句表示一种任意选择关系。例如：

（7）要就尔去，要就伊去，反正要去一个人。要么你去，要么他去，反正要去一个人。

（8）尔个不是办法，要就打工，要就制生意。你这样不是办法，要么打工要么做生意。

（9）不是尔搞错了，就是我搞错了。不是你弄错了，就是我弄错了。

（10）伊一来，不是帮倒舞饭，就是帮倒种地。他一来，不是帮着做饭就是帮着种地。

"（还）不如……"也是表示选择关系的关联词，表示选择后一种情况更好。例如：

（11）买个个，（还）不如买阿个。买这个，还不如买那个。

（12）成绩不效，出去读书，（还）不如出去打工。成绩不好，出去上学还不如出去打工。

"就是……也……""宁可……也……"也是表示选择关系的关联词，表示宁可选择前一种情况，也不愿意选择后一种情况。例如：

（13）我就是去讨米，也不求伊。我就是去乞讨，也不去求他。

（14）我箇妈就是不吃不喝，也要供我家哒读书。我妈就是不吃不喝，也要供我们读书。

（15）伊宁可自家买菜舞饭，也不去伊箇婆婆屋哒吃。她宁愿自己买菜做饭，也不去她婆婆家里吃饭。

（16）街上堵煞，我宁可骑摩托，也不想开车。街上非常拥堵，我宁愿骑摩托车，也不想开车。

11.2.3　表递进

崇阳方言用"不光……还……""莫话……就是……""再话……"等连接递进关系的分句。例如：

（17）伊不光话事讨嫌，制事也不利落。他不仅说话讨人厌，做事也做不好。

（18）明日不光落雨，搞不好还要打雷。明天不仅下雨，搞不好还要打雷。

（19）个东西不光好看，还闷好用。这东西不仅好看，而且还蛮好用。

（20）莫话两千块，就是两块也不把得尔。别说两千块，就是两块也不给你。

（21）莫话个细箇伢崽，就是大人，也喜欢戏手机哟。别说这么小的孩子，就是大人，也喜欢玩手机啊。

（22）莫话考重点大学，就是考一般箇大学，伊也点把难。别说考重点大学了，就是考个一般的大学，他也蛮难。

（23）个事不是伊管箇，再话伊也不晓得，尔找伊有么用？这件事不是他管的，再说他也不知道，你找他有什么用呢？

（24）我不想个早结婚，再话我也还有谈朋友，慌么嘀？我不想这么早结婚，再说我也还没有谈朋友，慌什么？

11.2.4　表转折

崇阳方言里表示转折的一般用"不过……""但（是）……""就是……"等关联词。其中，"不过……"或者"但（是）……"连接两个分句，其前很少用"虽然"。当然，文气的说法里，用上"虽然"也并非不可以。

（25）个工作钱赚倒不多，不过还蛮轻松。这个工作钱赚得不多，不过还挺轻松的。

（26）伊箇身体不蛮好，不过个几年已经强多了。他身体不怎么好，不过这几年已经好多了。

（27）伊还冇到广州去，但（是）已经联系好了。他还没有到广州去，但是已经联系好了。

（28）我箇妈不同意我买个东西，但是伊还是把钱把得我了。我妈不同意我买这个东西，但还是给我钱了。

有时需要补充说明转折的一部分内容，尽管崇阳方言里少用"虽然"，但有时可以用"哪怕""就算"等。这种转折还带有假设的意味。例如：

（29）我还是把得尔一些钱，哪怕/就算我自家也冇得几个钱了。我还是给你一些钱，虽然我自己也没几个钱了。

（30）我家哒还是决定明日去爬山，哪怕/就算明日可能会落雨。我们还是决定明天去爬山，虽然明天可能会下雨。

"就是"也是表示转折关系的连词。例如：

（31）我蛮喜欢个块裙，就是手里冇得个多钱。我挺喜欢这条裙子的，但是手里没有这么多钱。

（32）我点把喜欢吃火锅，就是吃多了对身体不蛮好。我非常喜欢吃火锅，但是吃多了对身体不太好。

11.2.5 表假设

"要（不）是……（的话）……就……""把得……""就是……""哪怕……""就算……"是表示假设关系的连词，其中这里的"把得"有"换作"之意，后面接表示人的名词或代词。在被动句部分讨论被动标记的演变中会详细论述。其他几个连词的用法与北京话相似。例如：

（33）要是尔几个压同意（箇话），我就不多话了。如果你们几个都同意（的话），我就不多说了。

（34）要是明日伊不来（箇话），我就去找伊。要是他明天不来（的话），我就去找他。

（35）要是尔想考好大学（箇话），就要更努力。如果你想考好大学（的话），就要更加努力。

（36）要不是伊帮忙，我肯定搞不成个事。要不是他帮忙，我肯定搞不成这件事。

（37）个事把得我，我才不个样制呢。这件事要换作我，我才不这么做呢。

（38）把得哪个都不会上当。换作是谁都不会上当。

"就是……也……""就算……也……"也能连接假设关系的分句,类似北京话的"即使……也……",表示无条件假设关系。两者用法和表意基本相同,都表示最低条件或限度都达不到的情况下,也得做某事,语用上有表达决心的作用。例如:

(39)就是/就算不吃不喝,也要把账还清。就算不吃不喝,我也要把账还完。

(40)就是/就算折本,我也要去试下子。就算亏本,我也要去试一下。

(41)就是/就算一分钱都冇得,我也要去帮伊。就算一分钱都没有,我也要去帮助他。

(42)就是/就算尔家哒压不同意,伊也要去。就算你们都不同意,他也要去。

11.2.6 表条件

"只要……就……""只有……才……""不管……""不管……反正……""除非……"都是表条件的关联词。其中,"只要"和"只有"都是表示条件关系的连词,与北京话表意相当。"只要"表示最低条件,"只有"表示唯一条件。例如:

(43)只要不落雨,我家哒就去打鱼。只要不下雨,我们就去打鱼。

(44)不求别么哒,只要尔健健康康箇。不求别的,只要你健健康康。

(45)只有好好学习,才能考上大学。只有好好学习,才能考上大学。

(46)只有把个事制好了,才能搞下一步。只有把这事做好了,才能进行下一步。

"不管……都……""不管……反正……"是表示无条件关系的连词。"不管……"用于无条件复句的前一分句,表示任何条件下,结果都不会改变,"反正……"用来强调不会改变的结果。例如:

(47)不管制哪个行当,压要认真过细。不管做哪个行业,都要认真仔细。

(48)不管是尔还是别个,我都不会话个个事。不管是你还是别人,我都不会说这个事。

(49)不管别个哪样话,反正我是要个样制箇。不管别人怎么说,反正我是要这么做。

(50)不管尔去不去,反正我是不会去箇。不管你去不去,反正我是不会去的。

11.2.7 表目的

表目的的连词主要有："（就是）为……""为了……""既然……""慢（倒）……"等几组。

"（就是）为……""为了……"是表目的的连词，一般用在表示目的的分句中。其前往往加上副词"就是"，强调目的的唯一性。有时，"就是"必须出现，否则句子不太通顺。例如：

（51）我个样吃得亏，就是为了我箇崽读书啊。我这么辛苦，就是为了我儿子读书啊。

（52）才将去买了块衣，就是为明日箇比赛。刚刚去买了件衣服，就是为了明天的比赛。

（53）为了能跟伊一路去上海，我把工作都丢了。为了能跟他一起去上海，我把工作都辞了。

（54）为了照几伊箇妈，伊搬到医院去住倒了。为了照顾他妈妈，他搬到医院去住着了。

例（51）和例（52）句中如果去掉"就是"，句子表意就不强烈，句法接受度也不高，尤其是例（52）。但如果把两个分句前后位置互换，则"就是"的限制就不大。比如：

（52'）为明日箇比赛，才将去买了块衣。为了明天的比赛，刚刚去买了件衣服。

这说明，目的分句置于主句之前，表达目的的意味不那么强烈，反之则是为了突出主句行为动作的目的，因此加上"就是"表示强调，全句才更为合理。

"慢(倒)免得"是表示目的关系的连词，一般放在后一个分句，表意和用法相当于北京话里的"免得"。例如：

（55）我还是不去戏了，慢(倒)把得老师晓得了。我还是不去玩了，免得被老师知道了。

（56）尔要多着点衣，慢(倒)搞凉了。你要多穿点衣服，免得受凉了。

（57）尔赶快去看书，慢(倒)尔箇妈紧倒念。你赶快去看书，免得你妈来唠叨。

（58）我要赶倒去收谷哒，慢(倒)落雨就搞不成了。我要赶紧去收谷子，免得下雨就收不成了。

这个"倒"的本字有可能是"着"(崇阳方言保留了部分"古无舌上"语音现象),语义上,"慢着"也能表达阻止某事发生的意味,并可能在此意上虚化为连词。

11.2.8 表因果

崇阳方言表因果的关联词主要是"因为……所以……",但在日常交际中,如果不是特别强调因果关系,一般分句之间不使用连词,遵从交际的经济性和便捷性原则。即便在突出或强调因果关系时,多数情况也只是单用"所以"或单用"因为",两者共现的时候稍显文气,或者在交际过程中需要特别强调因果关系。例如:

(59) 今哒不蛮舒服,不想去上班。今天不怎么舒服,不想去上班。

(60) A:尔搞么嘀不去上班啊?你怎么不去上班啊?

　　B:(因为)我不蛮舒服。(因为)我不太舒服。

上述两个例句中,很明显表达的都是因果关系。但是一般情况下不会加上"因为、所以",除非在领导责问的较为正式场合,说话者才会说"因为我今哒不舒服,所以不想去上班"。

11.3　小结

综上,崇阳方言关联语义的表达,主要依靠连词这种语法手段,与北京话并无二致。结构类别上,这些连词主要分为词间连词和句间连词,分别用来连接词(组)和分句的。表意上,主要用来表达并列、转折、递进、选择、假设、条件、因果、目的等类型。与北京话略有不同的是,口头交际过程中,人们往往倾向于使用简省的从句,比如,能用"不过"或"但是"表达转折,就不再配套使用"虽然","因为……所以……"同理。但有些不能简省的,还是配套使用,如表并列、选择和假设的一些连词。总的来说,崇阳方言的关联意义表达总结如表11—1所示。

表 11—1　　　　　　　　崇阳方言连词一览

类型	表意	连词
词间连词	并列	跟、和；一边……一边……、一路……一路……、又……又……
	选择	还是
	递进	越……越……
句间连词	并列	一边……一边……、一路……一路……、又……又……、一来……二来……、不是……是……、加上……
	选择	要就……要就……、不是……就是……、还不如……、就是……也……、宁可……也……、就是……也……、宁可……也……
	递进	不光……还……、莫话……就是……、再话……
	转折	不过……、但（是）……、就是……
	假设	要（不）是……（的话）……就……、把得……、就是……、"哪怕……、就算……、就是……也……、就算……也……
	条件	只要……就……、只有……才……、不管……、不管……反正……、除非……
	目的	（就是）为……、为了……、既然……、慢（倒）……
	因果	（因为……）所以……

第 12 章 体貌

如果我们考察汉语方言的语法研究，会发现其中时体系统的研究相对比较充分。一些论文集收录了不少研究单点方言体貌的文章，如《动词的体》（1996），《汉语方言体貌论文集》（1996），《湖南方言的动态助词》（2009），《现代汉语方言持续体标记的比较研究》（2006）等；还有一些发表的单篇论文也关注了某些方言点的时体系统，有的是描写该方言的体貌特点，如饶长溶（1996）、李小凡（1998）、戴耀晶（1995）、刘祥柏（2000）；有的论文则是从历时角度勾勒出了体标记的发展历程，如伍金辉、邓先军（2008）；有的则是对比研究了具有相同体标记的不同方言的体貌特点，如夏俐萍（2009）、饶宏泉（2011）等。还有一些研究者尝试建立一套汉语体貌的理论体系，如陈前瑞（2008：47—50）受海外研究者的体貌理论影响，尤其是 Comrie（1976；1985）、Dahl（1985）、Smith（1983；1991），尝试建立一套四级汉语体貌系统，分别是"核心视点体"（core viewpoint aspect）、"边缘视点体"（peripheral viewpoint aspect）、"阶段体"（phasal）和"情状体"（situation）。这项研究打开了汉语体貌系统研究的新视角。

然而，在现有的研究中，"汉语的体"的定义和研究范围至今未能达成一致。"了""着""过"被普遍认为是汉语典型的体标记，但另外一些半语法化的词，如"起来""下去"是否属于体标记？汉语体标记有多少种类型？汉语方言的体标记研究能否给困扰我们的这些问题一点启示？按照邢福义先生"普—方—古"的研究视角，我们可以将汉语方言视为联系古汉语与现代汉语的桥梁，三者之间的联系甚为密切。因此，本章将在这一框架下研究崇阳方言的体貌系统。

"体"表示动作、事件在一定时间进程中的状态，"貌"表示动作行为的情貌特征。崇阳方言的体貌系统主要用词汇手段（虚词，主要是助词）来实现，有时也会有重叠等手段。崇阳方言中的"体"可以分为六种类型，即起始体、进行体、持续体、完成体、经历体、先行体；"貌"可以分为三种类型，即短时貌、尝试貌、再次貌。本章着眼于研究崇阳方言的体貌，按上述九类尽可能详细地介绍该方言的体貌特点，尝试分析某些体助词的演变历程，最后对此做个总结。

12.1 起始体

12.1.1 句法形式

起始体表示动作行为变化的开始，与北京话类似，崇阳方言也用"起""起来"标记起始体。常用的表达结构是"V/A+起来"和"V+起+O+来"，也就是说，如果动词后面有宾语，宾语一般放置在"起"和"来"之间。例如：

（1）伊一戏起来就难记归去了。他一玩起来就忘记回家了。

（2）伊（一）戏起电脑来就难记归去了。他一玩起电脑来就忘记回家了。

（3）我箇妈（一）话起来就不晓得歇火。我妈妈一说起来就停不下来。

（4）我箇妈（一）话起事来就不晓得歇火。我妈妈一说起话来就停不下来。

（5）今哒热起来了。今天热起来了。

（6）明日又要冷起来了。明天又要变冷了。

（7）尔箇面哪肿起来了啊？你的脸怎么肿起来了？

（8）个个人哦，打起麻将来，不晓得落屋。这个人啊，打起麻将来，不知道回家。

（9）三岁箇伢崽话起事来像个大人。三岁的孩子说起话来像个大人。

有时候，"V+起"也可以用作起始体，此时往往可以理解为"从+V+起"，但不能换作"起来"。比如：

（10）从第一页看起！从第一页看起。

（11）伊六岁起就冇看到过伊箇妈了。他从六岁开始就没有看见过他妈妈了。

需要注意的是，这里的"V+起来"表示动作"V"的起点，而不是说话者说话的起点。"戏起来"指"开始玩"，且含有"继续玩下去"

的意味；"A+起来"指主语指向的事物开始了一个新的状态，并且该状态还会延续一段时间。如例（5）中的"热起来"指今天的气温相较昨天而言发生了变化，说话者说话的时候并不是状态开始改变的时间点，很可能在说话者说话前气温就升高了，但不会早于句中的时间点"今哒今天"。至于后续热多长时间，或者"热起来"是保持这个热度还是越来越热，就不得而知了，但这个"热"的状态肯定会自说话的时间点上延续或短或长的一段时间。例（6）同理。

如果动词后有个宾语，这个宾语在"起"和"来"之间，如例（7）和例（8）。

有时，"V+起"也能表达起始体。但在这种情况下，一般前面加个"从"字，突出动作开始的节点。例如：

(12) 从第一页看起。从第一页看起。

(13) 个日子要从4号算起。这个时间要从4日开始计算。

12.1.2 "起来"的虚化

以上例句中的"起来"都是从趋向动词"起来"虚化而来的，并非表示实在意义的动作，而是以前面出现的动词或形容词为表达主体，"起来"只是传递动作或性状开始或已经开始了的信号。另外，由于其意义的虚化，崇阳方言中，"起来"不仅仅表示动作或性状往上升的开始状态，有些明显表示下降趋势的动作或性状也可以用这个起始体助词。最典型的就是上述的例（5）和例（6），气温上升的"热起来"和反向的"冷起来"都可以说，反映了"起来"一词语义的虚化。不过，"起来"在崇阳方言中仍然有动词的用法，如"起来啊！莫坐倒！起来啊！别坐着！""么还睏倒啊？还不快起来？怎么还睡着啊？还不快起来？"两句里的"起来"分别表示"站起来"和"起床"的意思，都是实实在在的动词用法。所以，"起来"在崇阳方言里只能算半虚化（semi-grammaticalization）。

12.2 进行体

进行体表示动作行为在某一参照时间内仍在进行。崇阳方言的进行体标记主要是"在",根据其出现的句法位置,本书分为"在$_1$"和"在$_2$"进行讨论,前者出现于动词前面,后者往往出现在句尾。崇阳方言进行体主要有三类句式:仅有"在$_1$"的情况,即"S+(正)在$_1$+V";含有"在$_2$"的句式,有时与"在$_1$"共现,有时不出现"在$_1$",即"S+在$_1$+V+在$_2$""S+V+在$_2$";特殊的重叠式"V+来+V+去",表明动作一直在重复进行。此处的"V"包含动词和动词词组。

12.2.1 (正)在$_1$+V

崇阳方言"正在"的用法与北京话类似,"正"是一个时间副词,其隐现不影响句子的表达,但出现时会更强调动作恰好在某个时段正在进行。

(1) 尔进来箇时际,我(正)在$_1$看书。你进来的时候,我正在看书。

(2) 尔在$_1$吃么东西啊?你在吃什么啊?

(3) 我昨日去学堂箇时际,尔在$_1$制么哒啊?我昨天去学校的时候,你在做什么啊?

12.2.2 V+在$_2$

该结构中"在"一般置于谓语结构之后,也可与"正"共现。如上面的三个例句,均可以改为该结构,表意与"(正)在$_1$+V"并无二致。

(1') 尔进来箇时际,我(正)看书在$_2$。你进来的时候,我正在看书。

(2') 尔吃么东西在$_2$啊?你在吃什么啊?

(3') 我昨日去学堂箇时际,尔制么哒在$_2$啊?我昨天去学校的时候,你在做什么啊?

12.2.3 在$_1$+V+在$_2$

先用几组对比例句,来考察"(在$_1$+)V+在$_2$"的结构特点:

(4a) 伊个际在$_1$制作业在$_2$。他现在在写作业。

(4b) 伊个际制作业在$_2$。他现在在写作业。

(4c) 伊个际在$_1$制作业。他现在在写作业。

(5a) 莫吵伊!伊正在$_1$怄气在$_2$。别吵他!他正在怄气。

(5b) 莫吵伊！伊正怄气在₂。别吵他！他正在怄气。

(5c) 莫吵伊！伊怄气在₂。别吵他！他在怄气。

(6a) 尔在₁制么哒啊？你在做什么啊？

(6b) 尔制么哒在₂啊？你在做什么啊？

(6c) 尔在₁制么哒在₂啊？你在做什么啊？

由以上例句可以看出，"在₁+V""在₁+V+在₂"和"V+在₂"三种结构的表意基本相同，两个"在"用任意一个都可以表达进行时，用两个则起到强调作用。

这类结构如果使用正反问句，可以在"在₁"前加"是不是"，即"是不是+在₁+V"，此时同上面一样，"在₁"和"在₂"可以共现，也可以出现任意一个，句式都成立，也都表达动作正在进行的体态。但以出现一个为常。例如：

(7a) 昨日我归来箇时际，尔是不是在₁洗衣（在₂）啊？昨天我回来的时候，你是不是在洗衣服啊？

(8a) 我箇妈是不是在₁上班在₂啊？我妈是不是正在上班啊？

还可以用"在不在+V"句式。但此时，"在₂"一般就不能出现了。例如：

(7b) 昨日我归来箇时际，尔在₁不在₁洗衣啊？昨天我回来的时候，你是不是在洗衣服啊？

(8b) 我箇妈在₁不在₁上班啊？我妈是不是正在上班啊？

两个正反问句的表意大致相同，区别在于"是不是"提问的更关注整个谓语结构，"在不在"提问的更强调动作当下的进行状态。

综观"在₁"和"在₂"在进行体中的表现，我们可以推测，"在₂"可能就是"在₁"的后置。在进行后置的过程中，两者还有一个共处的阶段，所以才出现了崇阳方言进行体的复杂性。

12.2.4 V倒+在₂、V倒+O+在₂

这两个结构比较特殊，其中既含有持续体体标记"倒"，又含有进行体体标记"在"。但因为其中含有表状态持续的"倒"，所以其中的V需要是状态动词。只不过，"V倒"与"在"连用后，虽然主要表示状态的持续，但也含有动作一直在进行的意味。所以将这两个结构放在此处讨论。

"V+倒在$_2$"中的谓语为形容词或者多音节不及物动词，主要表示动态的持续和进行；"V+倒+O+在$_2$"则需要谓语动词为可持续性的及物动词，并且带上宾语，则主要表示静态的持续。例如：

(9) 我正急倒在$_2$。我正在着急呢。

(10) 我今早起床箇时际，伊还睏倒在$_2$。我今早起床的时候，他还在睡着呢。

(11) 我老弟正靠倒沙发高底在$_2$。我弟弟正靠在沙发上面。

(12) 锅里煮倒饭在$_2$。锅里在煮着饭。

然而，并非所有的动宾结构能使用"（正+）V+倒+O+在$_2$"句式表达进行体，这是因为"倒"在崇阳方言中是用在状态动词后的助词，如果谓语结构中的动词是行为动词而不表达状态，"（正+）V+倒+O+在$_2$"结构就不能使用。如下面的例句：

(13a) 我箇妈在$_1$种树。

(13b) 我箇妈在$_1$种树在$_2$。

(13c) *我箇妈种倒树在$_2$。

例（13）中的"种"是个行为动词，而非持续性动词或状态性动词，因此后面用"倒"句子就不成立。但在下面例句中，"种倒"又是成立的。

(14) 我屋门口种倒一棵桂花树。我家门口种着一棵桂花树。

此时的"种倒"是一种状态，强调一种静态持续。

12.2.5 V+来+V+去

"V+来+V+去"重叠式结构在崇阳方言中不算严格意义上的进行体表达方式，但因为其意义上表示动作的重复且持续进行，故放在此处介绍。比如：

(15) 尔为么哒在街上晃来晃去啊？你为什么在街上晃来晃去啊？

(16) 写来写去搞了半日还有写完。写来写去写了半天还没写完。

12.3 持续体

如果说上面介绍的进行体主要着眼于动作的进行，那么持续体则侧重强调某种动作或状态在一段参照时间内的持续性。本节将从句法形式、句法意义及体助词"倒"的来源等方面探讨崇阳方言持续体。

12.3.1　句法形式

北京话的持续体主要是通过体标记"着"来体现的，而崇阳方言持续体的标记词主要是"倒"。既然是持续体，那么体助词前面需是持续性或状态性谓词，句式上来看，存现句句式表持续体有着天然的优势。例如：

（1）个女伢崽着倒一条花裙哒，点把好看。这女孩子穿着一条花裙子，非常漂亮。

（2）锅里热倒一碗饭，莫难记了。锅里热着一碗饭，别忘记了。

（3）屋哒闷暗，要把亮点倒。房里很暗，要把灯点着。

（4）门口倚倒一个人，不晓得是哪个。门口站着一个人，不知道是谁。

例（2）和例（4）两句都是典型的存现句。

12.3.2　句法意义

崇阳方言持续体的表意体现在以下几点：

其一，表示动作本身的持续，此时一般跟"在"配合使用。

（5）我箇电脑开倒在。我的电脑正开着。

（6）伊屋里箇水管放倒水在。他家里的水龙头放着水。

（7）我箇妈还瞓倒在。我妈还睡着呢。

其二，动作发生后动作状态的持续。因为动作已经完成，所以这类句式中往往带有完成体助词"了"。

（8）门关倒了。门关着了。

（9）蜡烛点倒了。蜡烛点着了。

（10）彩带挂倒了，水果也摆倒了，就等尔来主持晚会了。彩带挂着了，水果也摆着了，就等你来主持晚会了。

其三，表示动作行为导致的行为结果状态的持续。存现句是这类持续体的最佳句式载体。

（11）墙上挂倒一张画。墙上挂着一幅画。

（12）桌哒高底搁倒一碗汤。桌子上面放着一碗汤。

（13）大门边上贴倒一副对联。大门边上贴着一副对联。

其四，表示动作行为的伴随状态。

（14）伊话倒话倒就哭起来了。他说着说着就哭起来了。

（15）伊两个牵倒手在街上晃。他们俩牵着手在逛街。

（16）我掇倒碗在跟尔话事哦。我端着碗在跟你说话呢。

其五，祈使句中用来表示将要发生动作的持续。

（17）到处瞄么嘀啊？看倒个哒！到处看什么啊？看着这里！

（18）莫光听倒，要拿笔写下来。不要只听着，要拿笔写下来。

（19）倚倒！站着！

12.3.3 "倒"的功能

如同很多方言一样，① 崇阳方言里的"倒"主要有两个表意功能，其一是持续体标记，其二是用作表结果的补语。例如：

（20）我进去箇时际，伊拿倒笔在写字。我进去的时候，他拿着笔在写字。（持续体）

（21）——书在桌哒高底，尔拿得倒不？书在桌子上，你拿得到吗？

——拿不倒。/拿得倒。拿不到。/拿得到。（结果补语）

崇阳方言中，如果没有结果补语标记"得"字，"V 倒"容易发生歧义。如"门锁倒了"这句话在没有上下文的时候就会出现两种理解：一种是"门锁着"的状态，可能说的是"我归去一看，门锁倒了，我进不去我回去一看，门锁着了，我进不去"；另一种是"门被锁上"，表示"锁"这个动作的结果，"尔走箇时际，要把门锁倒。——好，锁倒了。你离开的时候，要把门锁好。——好，锁上了。"这种歧义的产生主要是进入"V倒"结构中的动词 V，既能表示持续性动作，又能表示动作行为的发生。

（22）——尔看得倒不？你看得见不？

——看得倒/看不倒。看得见。/看不见。

（23）——看倒伊了冇？看见他了没？

---

① 如刘祥柏（2000：141）研究的六安丁集话；罗自群（2006：17—31）研究的襄樊话；李蓝（1998：35—44）研究的大方话等。

——看倒了。/冇看倒。看见了。/没看见。

（24）上课要看倒黑板。上课要看着黑板。

（25）走路看倒吵，莫跶倒了。走路看着点，别摔跤了。

例（22）中的"看得倒"意为"看得见""看得到"。这里的"倒"非常近似北京话的"到"。但是，本书没有把结果补语写作"到"以便与持续体助词的"倒"区分开，主要原因是崇阳方言表示"到达"的"到"读为阴去调，调值为214；"V倒"中的"倒"读为上声，调值为53，这一区分与《广韵》中"到"和"倒"的调类一致。例（23）中的"看倒"具有歧义，可以分析为"看到他了没？"或"看着他了没？（如在需要注视着某人的场合）"。前者可以修改句式为"看得倒伊了冇？看得到他了吗？"例（24）和例（25）中的"看倒"就是表持续体的"V倒"用法，分别表示"上课要盯着黑板看"和"为防摔跤，走路要保持看着路的状态"。需要注意的是，例（25）中的"跶倒"倒是一个结果补语，表示"摔跤"。

事实上，不仅仅"看倒"会产生这样的歧义，很多动词进入"V倒"格式后都需要上下文才能确定其表意。例如：

（26）踩倒！

如果没有上下文，可以理解为"踩住（结果补语）"，或者"踩着别松（强调保持这个动作，持续体）"。类似上文提到的"锁倒"。但如果与表进行体的助词"在"配合使用，就能消除这种歧义，如"踩倒在"，"锁倒在"。

（27）放心，我踩倒在，个东西动不了。放心，我在踩着，这个东西动不了。

（28）门锁倒在，我哪样进得去吵？门锁着了，我怎么进得去？

"V倒在"格式承载了进行体和持续体，说明能进入该格式的动词具备动作延续性、持续性的特点。

由此，我们可以总结出：进入"V倒"格式的动词"V"一定要满足［＋持续］、［＋状态］和［＋单音节］三个条件，缺一不可。诸如：堵倒；夹倒；糊倒；锁倒；踩倒；挡倒；停倒；盖倒；管倒；绑倒；挂倒；坐倒；睏倒；跍倒蹲着；码倒摞着；垫倒垫着等。

12.3.4 "倒"的来源

在西南官话、赣语等方言区中均有"倒"用作持续体体标记的功能，溯其来源，它应该就是北京话的"着"。声母方面，按"古无舌上音"的特点，"[tʂ-t]"的关联是很容易解释的；韵母方面，根据王力（1980：|s|），药韵的发展是"[iak-ak]"，然后"[ak-au]"也是合理的，因为舌根辅音[k]到舌根元音[u]，在韵尾带有半元音性质，发音部位并未改变；声调方面，"倒"是体助词，读为轻声是正常轻化规律。因此，我们认为，崇阳方言中持续体标记助词"倒"有可能就是北京话的"着"。

12.4 完成体

完成体表示动作行为或变化在某一参照时间之前已经完成，或者动作行为或变化在某一参照时间已经生成了某种结果。前者强调动作已经完毕，后者强调结果已经生成。

与北京话一样，崇阳方言完成体的标记也是"了"，也分为"动词后了（即'V-了'）""句尾了（即'S-了'）"和"双'了'同现"这三种情况。"V-了"一般表示动作已经完结；"S-了"包括动补结构动词后紧接的"形容词+了"和"整个谓语部分+了"，往往表示结果已经生成；"双'了'"则两方面同时强调，或者双补语结果中强调两种结果的生成。为便于理解，下面选用崇阳方言说法与北京话说法基本一致的一组例句进行分析，不再标注北京话意思：

(1) 电影开始了十分钟。
(2) 电影开始十分钟了。
(3) 电影开始了十分钟了。

"V-了"结构强调的是在说话这个时间点上动作已经完成了，例（1）突出的是说话点时"电影开始"这个动作已经完成。而"S-了"强调的是在说话这个时间点上动作状态发生了改变，结果已经生成并且状态还在持续；例（2）突出的是"电影"从"没开始"到"开始"这个动作已经完成，状态也发生了改变，并且"开始十分钟"这个结果已经生成了。而"双'了'"则共同传达上述两个意味，既强调动作的完成，也强调状态改变这一结果已经生成。所以，如果要准确来说，"V-了"是完成体（perfective aspect），"S-了"是完成貌（perfect aspect. Hooi Ling Soh and Meijia Gao，2006：107）。但因为还有个"双了"的用法，所以本部分内容并未做严格区分，而是放在一起讨论，统一称为"完成体"。

有时，动作完毕并非表示结果生成，因此区分两个"了"非常重要。例如：

（4）我吃了两碗饭还有吃饱。我吃了两碗饭还没吃饱。

（5）我吃饱了还在吃。我吃饱了还在吃。

例（4）中的"了"在动词"吃"后面，强调在说话的这个时间点上，"吃"这个动作已经完成，但是生成的结果只是"吃进去了两碗饭"，而"吃饱"这个结果并未生成。因此这个句子还可以说成"双'了'"结构，即"我吃了两碗饭了，还有吃饱"。例（5）的"了"在补语"饱"后面，强调"吃饱"这个结果已经生成，但因为"还在吃"，说明"吃"这个动作并未完成，还在进行中。

有时，动作完成与结果生成是同步的。例如：

（6）尔晓得了就好。你知道了就好。

（7）我信了伊话箇。我相信了他说的。

以上两个例句中表示"相信、知道、明白"这类意义的动词，本身就有一个从未知到已知的过程，后面加"了"表示过程已经完成，结果也随之生成。

崇阳方言形容词后面也可以加"了"表示结果的生成或状态的改变。跟北京话一样，有两种情况：其一，形容词用在动词后面做补语；其二，形容词单独做谓语动词。例如：

（8）我把索子剪短了两公分。我把绳子剪短了两厘米。

（9）伊今年长高了不少。他今年长高了很多。

（10）饭都冷了还不吃？饭都冷了还不吃？

（11）个日头越来越毒了。这太阳越来越火辣了。

例（8）和例（9）这种动补结构中形容词后面的"了"主要关照结果的生成，如前者强调"短"这个结果，而"剪"这个动作在说话这个时间点上是否已经完成并未明确交代，也不重要，如果要强调"短了两公分"和"高了不少"，还可以用"双'了'"强调，但也只是强调两种不同的状态或结果的生成。即为：

（8'）我把索子剪短了两公分了。我把绳子剪短了两厘米。

（9'）伊今年长高了不少了。他今年长高了很多了。

关于"双'了'"句的表意，我们还可以对比下列两组句子：

（12a）才将落了大雨。刚才下了大雨。

（12b）才将落大雨了。刚才下大雨了。

（12c）才将落了大雨了。刚才下了大雨了。

（13a）个际落大雨了。现在下大雨了。

（13b）？个际落了大雨。现在下了大雨。

（13c）＊个际落了大雨了。

同样表示"下大雨"，例（12）两个句子因为有了时间副词"才将刚才"的限定，所以在动词"落"后面加"了"表示动作已经完成，例（12c）中的"双'了'"也是合法的，既表示"落"的动作完成，又表示"落大雨"这个结果的生成。但在例（13）组中，"双'了'"句就不合法，因为强调的是"现在"，"落"的动作不容易确定是否已经完成，所以后面加"了"不合适。同理，例（13b）的句子一般情况下也不能说，但如果改成问句"个际落了大雨？现在下了大雨吗？"又可以理解为说话者询问"现在下大雨"这个结果是不是已经生成，就可以使用了，但仍然感觉不那么常用。

由此可知，"了"的隐现与句子的表意息息相关。

另外，崇阳方言中，还有一种完成体结构是"NP＋了"，此处的NP是个时间名词（短语），强调的是时间发生了改变，暗含有"时间改变导致状态改变"的意思，因为这种结构中时间名词前面其实可以加上动词"到"来进行理解。北京话中也有这种表达。例如：

（14）十点了，尔还不睏？十点了，你还不睡？

（15）哟，几快哟，今哒都30号了！哟，（时间）多快啊，今天都30号了！

（16）么时际了？尔还不晓得努力？（都）什么时候了？你还不知道努力？

12.5 经历体

经历体表示曾经经历过的动作行为或变化。与北京话一样，崇阳方言的经历体也是用"VP+过"来表达。例如：

(1) 我看过个本书。我看过这本书。
(2) 我不记得以前看完过个个电影冇。我不记得以前看完过这部电影没。
(3) 我记得三年前伊买过屋，么个际冇得屋住咧？我记得三年前他买过房子，怎么现在没有房子住呢？
(4) 我箇爸以前冇上过学堂，但晓得箇东西点把多。我爸以前没上过学，但知道的东西特别多。
(5) 尔去过北京冇？你去过北京没？

"VP+过"中的"VP"一般是单音节行为动词，或者结合比较紧密的动补短语，而不能是较长的动词结构，如例（1）和例（2）的"看过"和"看完过"。经历体主要强调该动作已经完成，至于对现在有没有影响，并不是表意重点，往往需要补充说明。例（1）强调的是"看这本书"这个动作行为确实发生过，后面可以说"所以还记得内容"，也可以说"但是不记得内容了"。例（3）、例（4）分别突出"买过房子"和"没上过学"对现在的状态没有影响。另外，因为经历体强调的是已经过去的动作行为，所以其否定式和疑问式都用"冇"。

12.6 先行体

12.6.1 句法形式

先行体提示某个动作需要在另一个动作之前发生，北京话里通常用时间副词"先"来表达，但崇阳方言先行体是将体助词"当[$taŋ^{22}$]"置于动词结构之后，并且这个后置体标记"当"虚化程度比较高，可以算是典型的体标记词了。常用的结构为"VP+当""N+当"和"A+当"。例如：

(1) 尔家哒（先）戏倒当，我马上来！你们先玩着，我马上来。
(2) 把个东西（先）搁在个子当，我等下再来拿。把这个东西先放这里，我等一会再来拿。

（3）尔在个哒（先）等十分钟当，车马上就来。你在这里等十分钟，车马上就来。

（4）我去不去呢？我（先）想下子当。我去不去呢？我先想想。

（5）明日当，莫着急！明天再说，别着急！

（6）个猕猴桃还是梆硬箇，等娘软子当再吃。这个猕猴桃还是硬邦邦的，等它软糯了再吃。

从这些例句中可以看到，后置体标记"当"往往可以与动词前的时间副词"先"搭配使用，但是"先"的出现可有可无，口语中如若不是特别强调某个动作先发生，这个"先"往往被隐去不说，此时"当"的作用就更为明显了。例（5）是"N+当"，其实也是谓语缩减的形式；例（6）是"A+当"，也是"变软"的缩略。

另外，据曹志耘（1998：18）考察，汉语方言中常见的后置先行词主要有"等""可""着""起""先"五个。崇阳方言的"当"可以丰富汉语方言先行词的语料数据。

12.6.2 "当"的虚化

由于崇阳方言这个后置先行词"当"非常有特色，本书尝试探讨它的其他用法，以便进一步了解该词在崇阳方言的面貌。

根据语音特征来看，这个"当"应该不是北京话中表示"担当"之意的"当"，因为崇阳方言中先行体"当"读为去声调。从语义上来讲，崇阳方言还有个可能补语"当"，表示"能够、会"等意思，应该就是北京话表示"得当、恰当"的"当"。例如：

（7）尔话得当崇阳事不？——话不当。／话得当。你会说崇阳话吗？不会说。／会说。

（8）个个老脚开不当车。这个老人不会开车。

从历史语料来考证，我们发现：

（9）《象》曰："贞厉，无咎。"得当也。（《易经》第21卦噬嗑卦）

（10）古法采草药多用二月、八月，此殊未当。（宋·沈括《梦溪笔谈·采草药》）

这两处的"当"分别为"恰当、得当"的肯定式和否定式，与今天崇阳话的可能补语意义相同，不同的是结构上崇阳方言采用了"V+

得/不＋当"的形式。

但是，这个先行词的"当"和可能补语的"当"是不是同一个词，可能还需要更多的语料分析，做进一步的研究。

12.7　短时貌和尝试貌

短时貌表示动作状态持续的时间很短，而尝试貌指对某种动作行为的尝试，因此往往兼有短时貌的表意效果。两者在崇阳方言中也确实是共用同一种体貌表达方式，两者的体貌意味也彼此影响。它们都用"V＋一下"或"V＋下子"来表达，而基本不用北京话中的 VV 重叠式。这里的"一下"和"下子"有时仅仅表示时间很短，有时则表示尝试解决什么问题，而有时则两种表意兼具。为方便论述，下面例句中我们统一使用"下子"，并且把第一种情况（短时貌）记为"下子$_1$"，第二种情况（尝试貌）记为"下子$_2$"，第三种情况记为无数字标记的"下子"。例如：

（1）我要看下子$_1$电视再出去。我要看一会儿电视再出去。

（2）我先修倒看下子$_2$当，不一定能修好。我先（试着）修着看看，不一定能修好。

（3）外底在吵么嘀啊？我去看下子。外面在吵什么啊？我去看看。

以上三个例句都为"看＋下子"，但表意不同，体标记"下子"的作用也不同。例（1）是指"看"的时间短，例（2）强调的是"尝试去看去修"，例（3）的"看下子"既表明"我出去看"的时间不会长，也暗含有尝试找到"外面那么吵"的原因的意味。再举几例加以佐证：

（4）我想开车到街上逛下子$_1$。我想开车到街上去逛逛。

（5）个笔好不好用，尔先写下子$_2$看吵。这个笔好不好用，你先写写试试看。

（6）尔先试下（子）$_2$个块衣，不行再拿伊块。你先试一下这件衣服，不行再试那件。

（7）莫忙当，个事要等我想下子。先别慌，这件事等我想想。

（8）么题个样难啊？来把得我瞄下子。什么题这么难啊？来给我看一下。

"一下"的用法跟"下子"几乎完全一样，因此上述例句中的"下子"都可以替换成"一下"，而且"下子"中的"子"是小称意味的后缀，表明时间非常短，所以上述例句中"V下子"也几乎都可以说出"V下"。不过口语中，"下子"还是比"一下"和"下"要常见，故例句中全部采用"V下子"的说法。

尝试貌中还有一个词值得讨论，就是"看"。北京话里，"看"也有后置尝试貌的用法，如"你来说说看""翻译一下看""扭动扭动看看"等。崇阳方言里，"看"也经历了从"眼睛注视的动作"到"尝试"的词义引申，并有进一步虚化为尝试貌的趋势，尤其是在"看下子""看一下"等用法中，常用结构为"S＋VP＋看下（子）"或"S＋V＋下子看"。例如：

（9）我先买个点子橘子吃倒看下子/看一下，好吃再买。我先买这一点橘子吃一下看看，好吃再买。

（10）尔再闭倒眼睛想下（子）看，有冇得更好箇法子？你再闭上眼睛想想，看有没有更好的办法。

（11a）个事我自家先试倒制下子看，不行再找别个帮忙。这件事我先自己试着做一下，不行再找别人帮忙。

（11b）个事我自家先制倒看下（子）/看一下，不行再找别个帮忙。

例（9）中重在体验橘子是否好吃，对"看"的动作更多的是尝试味觉；而例（10）中的"看"由于强调了"闭上眼睛"，就更没有"使用眼睛"的意味了，完全就是"尝试着思考"的意思。例（11）的两句中的"看"略微含有"关注"的意思，但也可以理解为"尝试"。因此，从以上例句中很明显看出，"看"在崇阳方言中，结合短时貌"下子"或"一下"表达时，可以看作虚化为体标记了，至少也是处于虚化过程中。如果确实需要表示"用眼睛看"的意思，崇阳方言可能更趋向于使用"瞄"，如例（8）。

12.8 再次貌

再次貌表示动作结束后又重新开始。崇阳方言里再次貌用"还""再""又""重新"等表示。

（1）下个月我还要去一趟北京。下个月我还要去一趟北京。
（2）今哒搞晏了，明日再来。今天搞晚了，明天再来。
（3）个点子事伊想了又想，还有想清楚。这一点事他想了又想，还没有想清楚。
（4）个事要重新搞过。这件事要重新做。

12.9 小结

总的来说，崇阳方言的体貌特征可以通过表12—1来展示。

表12—1　　　　　　　　　崇阳方言体貌一览

名称	句法结构	语义	体标记	说明
起始体	S + V/A + 起来（了）； S + V + 起 + O + 来； 从 + N + V + 起	动作或状态的起始	"起来"	半虚化体标记
进行体	（正）在$_1$ + v； S + 在$_1$ + V + 在$_2$； S + V + 在$_2$； S + V + 倒在$_2$； S + V + 倒 + O + 在$_2$； V + 来 + V + 去	动作正在进行	"在"	动词前的"在$_1$"；句末的"在$_2$"并与动词前的"倒"共现；两个"在"兼具
持续体	S$_{施动者或受动者}$ + V 倒 + O； S + V + 倒在$_2$； S + V + 倒 + O + 在$_2$	状态的持续	"倒"	谓语后的"倒"，往往与"在$_2$"共现
完成体	S + V + 了；N + 了	动作的完成；状态的完结；或两者兼具	"了"	谓语动词后的"了"；句末的"了"；两者兼具

续表

名称	句法结构	语义	体标记	说明
经历体	S+V+过	已经经历过的动作	"过"	用"冇"否定
先行体	（先）+V+当；（等）+V+当；NP+当；A+当	提示某个动作必须先于另一个动作发生	"当"	比较有方言特色的后置体标记
短时貌 尝试貌	S+V+一下；S+V+下子	表示动作时间短；尝试解决某个问题	"一下"；"下（子）"	
尝试貌	S+V+看下子；S+V+下子看；S+V+（一）下子	尝试解决某个问题	"看下子""下子看"；"一下"；"下子"	"看"在这里虚化为为尝试而做的努力，并非真用眼睛看
再次貌	S+又/再/还/重新+V	动作结束后又重新开始	"还"；"再"；"又"；"重新"	

第 13 章　语气

表达语气的词主要有语气副词和语气助词。

崇阳方言的语气副词比较丰富，常见的语气副词有：一定、肯定、趁早、迟早、大概、到底、戏得好幸亏、幸好、反倒、格外、根本、好生、反正、会、简直、究竟、可能、怕、只怕、果然、偏偏、偏、千万、确、确实、话不好说不定、应该、硬、值得、最好、早不早不合时宜地。用法与北京话差异不大，这里仅列举几个北京话里没有的语气副词的用法。

（1）戏得好我打车来了，差一点子就冇赶到飞机。幸亏我打车来的，差一点就没赶上飞机。

（2）戏得好伊徛倒个子哒，差点子就把得石头打倒了。幸亏他站在这里，差点就被石头砸到了。

（3）我话不好明日就去。我说不定明天就去。

（4）尔早不早箇跑学堂去搞么嘀啊？你那么早跑学校去干什么啊？

下面重点讨论崇阳方言的语气助词。

语气助词一般是附加在句尾表示说话人语气的虚词。崇阳方言的语气助词不算多，但是比较有特点，有时语气助词的缺失会影响成句与否。因此，很有必要分析一下崇阳方言的语气助词。根据句子语气的不同，崇阳方言的语气助词可以分为陈述语气助词、疑问语气助词、祈使语气助词和感叹语气助词。下文选取崇阳方言中常用的语气助词进行介绍。

13.1　啊

"啊［·ɵa］"是崇阳方言里最常用的语气词，其音变形式也比较多，根据前面一个词的音节，"啊"可以变读为"哇［·Øua］""呀［·Øia］""哪［·na］"甚至"哟［·Øio］"。可以表示遗憾、愤怒、惊奇、责备、疑问等诸多情感，根据情感表达，调值也会有不同。

13.1.1 用于陈述句

此时，表示解释、说明或提醒的语气，一般读为轻声。

（1）对不住，我难记了啊！对不起，我忘记了！
（2）伊每回归来压给我打了电话呀。他每次回来都给我打了电话。
（3）我去买点子肉哇。我去买点肉。

这类句子形式上跟祈使句很难分开，语气词的轻重则是区分的关键。这些陈述语气中，语气词语调非常轻，往往被看作舒缓语气时随意加在句末的，所以与前字音节的连读引起的音变现象也很明显。

13.1.2 用于祈使句

此时一般读为［·Øa^{53}］，有加强语气的作用。

（4）在外底莫斗祸啊！在外面别惹事！
（5）路上钱搁好啊！路上把钱收好。
（6）快点去归啊！莫紧倒在路上戏！快点回家去！别总在路上玩！

13.1.3 用于疑问句

此时，通常用于特指问句、正反问、选择问和反问句里，但基本不用在是非问句中。崇阳方言的是非问句有其独特的语气词，后文会有讨论。因为是在问句中，所以"啊"的调值往往也不是轻声，会伴随问句的上扬语调读为中高平调，即［·Øa^{44}］"。

（7）尔在屋哒制么嘀啊？你在家里做什么啊？（特指问）
（8）伊箇老师是哪个啊？他的老师是谁？（特指问）
（9）今哒落不落雨啊？今天下不下雨啊？（正反问）
（10）尔吃有吃啊？你吃没吃？（正反问）
（11）尔想喝水还是喝茶？你想喝水还是喝茶？（选择问）
（12）我家哒是自家先去还是等尔家哒一路去啊？我们是自己先去还是等你们一起去啊？（选择问）

（13）尔以为我冇看到啊？你以为我没看见啊？（反问句）

（14）尔不晓得个是我箇东西啊？你不知道这是我的东西啊？（反问句）

13.1.4　用于感叹句

用于感叹句时，"啊"往往会随着前面音节的改变而读为其变体形式。

（15）天哪！昨夜哒落几大箇雨呀！天那，昨天晚上下多大的雨啊！

（16）尔个个人哪，就是个样哈哟！你这个人啊，就是这么傻啊！

13.2　吵

"吵 [sɑ²²]"是崇阳方言里很常用的一个语气助词，很多时候都含有"不满意"的语用意味，具体而言，包含"不耐烦、抱怨、提醒、劝阻"等含义，常在陈述句、感叹句、祈使句、疑问句等句型中，为加强语气，往往读为 [sɑ²²]；而如果不为加强语气，也可读为轻声。

（1）我箇车昨日借到老吴了吵。我的车昨天借给老吴了嘛。（陈述句，表提醒）

（2）等我想下子，莫逼我吵！等我想一下，别逼我！（陈述句，表劝阻）

（3）快去吵！斗倒摸么嘀吵？快去啊！一直在磨蹭什么？（祈使句，表催促）

（4）门冇开哪样进得去吵？门没开怎么进得去呢？（反问句，表抱怨）

（5）个样行得不吵？这样行不行？（疑问句，表不耐烦）

（6）尔急个么嘀吵？你急个什么呢？（反问句，表抱怨）

（7）去吵去吵！尔去倒试下子，看我么样整尔！去吧去吧，尔去试试看，看我怎么修理你！（祈使句，表警告提醒）

（8）尔话吵！我家哒听倒在。你说吧，我们在听呢！（祈使句，表提醒）

（9）搞好了冇？搞好了我家哒走吵！准备好了吗？准备好了我们就走吧！（祈使句，表催促）

上述例句中除了几个祈使句外，其他句子都可以去掉语气助词"吵"，不影响成句，但是表达效果却有明显不同，如例（1）含有"别忘了，我的车昨天借给老吴了"的提醒意味；例（4）如果去掉"吵"，就是简单的反问，表达"门没开进不去"的无能为力，加了语助词后更增添了这一抱怨效果。

至于这个语助词的本字，《湖北方言调查报告·崇阳卷》里有两种记法："嗯在几时月间归啥？""嗯们①屋里人还是汉口住啊还是有一部分人在屋里住煞？"但本书认为，"啥"用作疑问代词或疑问语助词比较好，"煞"用作动词或者表示程度的后缀比较常见，一如中古汉语和近代汉语中常见的用法。考虑到"唦"还可以用在陈述句、祈使句等句型中，本书比较赞同孙锡信（1999：141）和李小军（2008：403—404）的考察，他们认为这类语气助词本字应该是"些"，并归纳出一条由"些"到"唦"的演变路径，即：些（量词）—些（语气词，表惊奇或无助）—些（语气词，表催促）—唦（语气词，表催促）。具体到崇阳方言中，我们发现"唦"不仅表催促，还能表示一系列相关的情绪，如"不耐烦、抱怨、提醒、劝阻"等，因此总结为"对当下状况的不满意"情绪，尤其是在非疑问句中。

13.3　吧

崇阳方言中，"吧［pa^{22}］"多用在问句当中，表疑问、提醒、推测等语义。因此，含有"吧"的问句，疑问性不太强，发问者心中往往有一定的测度，只是通过发问希望回答者确定答案，或者通过发问提醒对方。为强调语气，可以读为［pa^{22}］并适当拖长发音，否则读为轻声即可。例如：

（1）尔是小李吧？你是小李吧？（表疑问）

（2）明日我家哒要开始上学了吧？明天我们要开始上学了吧？（表疑问、提醒）

（3）尔箇爸冇去吧？你爸没去吧？（表推测）

有趣的是，这些句子中的"吧"都可以被"唦"替换掉，但是换

---

① 受历史条件限制，《湖北方言调查报告·崇阳卷》的发音人选用在武汉读书的年轻学生，他们的语音受武汉话影响比较大，因此他们会说出"嗯们"，其实崇阳方言至今都没有"们"这个人称代词复数标记。

成"吵"后疑问语气进一步削弱，而说话者的推测语气中把握性增强。如"尔是小李吵"表示"我知道了，你不用介绍"；"明日我家哒要开始上学了吵"表示"明天要上学了，别想着再玩了"；"尔箇爸冇去吵"表示"你爸如果去了就奇怪了"。

13.4 哈

崇阳方言中，"哈［hɑ⁵³］"常用语陈述句或祈使句中，主要传达"提醒"的语义。例如：

(1) 我去归了哈！我回去了啊！
(2) 要记得明日来拿哈！要记得明天来拿啊！

有时，说话者已经说完了，但为了强调提醒，可以完句之后停顿一下，再单独说个"哈"以示强调，或者表示希望对方给个回应。例如：

(3) 尔莫难记了，哈！你别忘记了啊！
(4) 尔就在个子哒等倒，我先把伊家哒送归去，哈！你就在这里等着，我先把他们送回去啊！

13.5 呢

崇阳方言的"呢［ȵiɛ²²］"一般用在问句或感叹句中，有条件地出现在陈述句中。为加强语气，一般读为［ȵiɛ²²］，用在句中起停顿作用时往往读为［nɛ²¹］。

用于特指疑问句中，如果句子没有谓语，一般默认为问方位处所，或征求对方意见，与北京话"呢"相同；如果有谓语，则用来加强疑问语气。

(1) 小王呢？我哪冇看倒伊啊？小王在哪儿？我怎么没看到他？（问方位）
(2) 我是个样想箇，尔呢？我是这样想的，你呢？（问意见）
(3) 我前日买箇被呢？我前天买的被子呢？（问方位）
(4) 尔为么不早点去呢？你为什么不早点去呢？（加强语气）

用在正反问句中，也是加强语气。

(5) 个是不是尔箇书呢？这是不是你的书呢？（正反问句，加强语气）

（6）尔到底去不去北京呢？你到底去不去北京呢？（正反问句，加强语气）

"呢"还可用在选择问句中，尤其是两个选项分为两个分句时，往往用两个"呢"，第一个既起到停顿的作用，也起到加强疑问语气的作用。例如：

（7）我是该听尔箇呢，还是该听伊箇呢？我是该听你的呢，还是该听他的呢？

（8）个是我买箇呢，还是尔买箇呢？这是我买的呢，还是你买的呢？

"呢"也可用于感叹句，表示意外等语气。例如：

（9）小王箇崽还闷拐呢！小王的儿子还挺坏的呢！

（10）我才不想跟伊一路去呢！我才不想跟他一起去呢！

"呢"很少出现在陈述句中，但有时可以出现在句子中间，起停顿作用，或突出其前的话题作用。例如：

（11）尔箇娭家呢，点把利落啊！你的妻子啊，非常聪明！

（12）门开倒了呢，尔冇看倒吧？门开着了呢，你没看见吧？

13.6 咯、个咯

"咯［no⁵³］"一般用在祈使句和感叹句中，因此基本含有较浓重的语气和较强烈的感情。

（1）几大箇风咯！多大的风啊！（感叹句）

（2）开门咯！开门啊！（祈使句）

与之相关的还有一个复合语气词"个咯［·kɑ·no］"，表示提醒对方。

（3）伊哒隔屋哒还有两里路个咯。那里离家还有两里路呢。（提醒距离远）

（4）个袋米点把重个咯。这袋米很重的呢。（提醒重量）

13.7 诶、喂

"诶［øɛ²¹］"和"喂［vi⁴⁴］"放一起介绍，是因为在崇阳方言中都有相同的用法，需要用在特殊称谓词后面，如"崽、爷、娘"等，组成类似北京话"妈啊"等感叹词。有时为突出语气，会拖长语调。例如：

（1）个崽诶，哪个样不懂事啊！这孩子啊，怎么这样不懂事啊！
（2）爷诶/喂，尔哪又喝醉了吵？天哪，你怎么又喝醉了啊！
（3）娘诶/喂，几吓人咯！天啊，多吓人啊！

"爷诶/喂""娘诶/喂"已经虚化为表示"天啊""妈啊"等固定用法了，不是真的表示自己的爹妈。

13.8 小结

总的来说，崇阳方言的语气助词不是太多，用法也不算太复杂。其中用得比较多的是"啊"和"吵"，其他语助词比较简单。另外，有些语义表达可以用很多语助词，而有些语助词兼具多种语义。因此，根据它们的句式选择和表意特点，总结于表13—1中。

表13—1　　　　　　崇阳方言语气助词一览

		啊	吵	吧	哈	呢	咯	个咯	诶/喂
句中语气词	停顿	+	+			+			
	惊奇								+
	列举	+							
句末语气词	疑问	+	+	+		+			
	祈使	+	+				+		
	陈述	+	+			+			
	感叹	感叹	+					+		
		不满		+						
		惊奇	+				+			
		催促		+						
		提醒		+		+		+	+	

第14章 助词

14.1 结构助词

14.1.1 箇

"箇[·ka]"在崇阳方言中是一个用法很丰富的结构助词，北京话的定中结构助词"的"、状中结构助词"地"在崇阳方言中都用"箇"表示。

14.1.1.1 定中结构助词

"箇"常充当定中结构的结构助词。例如：

伊箇车他的车｜一身箇衣一身的衣服｜刚生箇蛋刚下的蛋｜我爸最想去箇地方我爸爸最想去的地方

崇阳方言中，人称代词和亲属称谓构成定中结构时，结构助词"箇"有时可以省略，但其他情况不能省略（如上述例子）。例如：

我（箇）妈我（的）妈妈｜伊（箇）爸他（的）爸爸｜尔家哒（箇）妈你们（的）妈妈

另外，如果人称代词或者亲属称谓为多音节时，还是趋向于使用结果助词"箇"，例如：

伊家哒箇姐他们的姐姐｜我家哒箇老弟我的弟弟｜尔箇公公你的公公

＊伊家哒姐｜＊我家哒老弟｜＊尔公公

形容词定语和中心词之间也是用"箇"来连接，比如：

（1）伊生了个嘚壮箇男伢崽。她生了个胖胖的男孩子。

（2）我箇同桌是个短头发箇女伢崽。我的同桌是个短头发的女生。

14.1.1.2 "箇"字短语

"箇"可以放在名词、代词、形容词、动词、主谓短语后构成

"箇"字短语，类似北京话"的"字短语。这里的"箇"有使这类短语名词化的作用，并使这类短语具有明显的区别特征。下面分别举例：

（3）伊着箇衣是旧箇，不是新箇。他穿的衣服是新的，不是旧的。

（4）我房哒箇椅哒哪个拿走了？我房间里的椅子谁搬走了？

（5）我昨日买箇书是伊喜欢箇。我昨天买的书是他喜欢的。

（6）伊箇壁上贴箇画不是我箇，是伊昨日才买箇。那个墙上贴的画不是我的，是他昨天刚买的。

"箇"字短语还可以并列使用，表示列举，常用于描写。例如：

（7）屋哒吃箇、喝箇、戏箇管么嘀压有。家里吃的喝的玩的什么都有。

（8）尔喜欢么颜色箇衣啊？红箇？绿箇？蓝箇？还是别么颜色箇？你喜欢什么颜色的衣服啊？红的？绿的？蓝的？还是其他颜色的？

（9）伊家哒唱箇唱、跳箇跳、写箇写、画箇画，戏倒几开心啰！他们唱的唱、跳的跳、写的写、画的画，玩得多开心啊！

14.1.1.3　"是……箇"结构

该结构与北京话"是……的"结构意义、用法基本一致，"箇"大多放在句尾，使用"是……箇"结构以突出强调某个成分，这个成分就是语义焦点，可以表示动作发生的时间、处所、方式、条件、目的、对象、工具、施事、受事、缘由等。例如：

（10）伊是昨日来箇。他是昨天来的。

（11）我是在北京打工箇。我是在北京打工的。

（12）伊爸箇手是把得别个打伤箇。他爸的手是被别人打伤的。

（13）伊是用棍哒钻箇。他是用棍子钻的。

14.1.1.4　状中结构助词

北京话的状中结构助词"地"在崇阳方言中也是用"箇"来表示。例如：

（14）我急急忙忙箇去上班。我急急忙忙地去上班。

（15）伊每日不停箇吃。他每天不停地吃。

（16）伊像个老鼠样箇东瞄西瞄。他像个老鼠一样地东看西看。

（17）个几日伊不停箇咳。这几天他不停地咳嗽。

14.1.1.5　"X 箇"结构

崇阳方言形容词、动词常与"箇"组合使用，除了上文提到的在句中做定语和做状语外，还可以做谓语和补语。例如：

（18）个细伢崽每日蹦蹦跳跳箇。这个小孩子每天蹦蹦跳跳的。（谓语）

（19）一到冬天，伊一双脚激冷箇。一到冬天，她的一双脚就冰冰冷的。（谓语）

（20）字像鸡哈箇。字像鸡抓的。（谓语）

（21）伊箇面洗得□［fiaŋ⁵⁵］光子。他的脸洗得白净发亮。（补语）

（22）吓得我一嚷起来。吓得我叫起来。（补语）

（23）个粥煮得刮烂箇。这粥煮得很烂。（补语）

14.1.2 得

"得［·tə］"，有时也读［tə⁵⁵］，在崇阳方言中用法很多，主要有以下几类：

其一，连接谓词和补语，此时"得"读为轻声。

崇阳方言中，"得"是主要的补语标记词，与"得"有关的补语主要有以下几类：

动词+得+状态补语：戏得闷开心玩得特别开心｜饿得发昏｜想得蛮好想得很好……

形容词+得+程度补语：远得很｜亮得刺眼｜干得麻坼干得开裂｜冻得打噤冻得打寒战……

可能补语结构：话得当会说｜制得点把好做得特别好｜买得到能够买到｜听得懂……

其二，"V得"可能补语，此时"得"不能读为轻声，而是入声调，即［tə⁵⁵］。

喝得很能喝/可以喝｜吃得很能吃/可以吃｜行得可以行｜跑得能跑/可以跑｜打得能打/可以打｜用得能使用/可以用｜晒得可以晒/可以晒……

（24）伊点把吃得、喝得，一餐喝（得）斤把酒，吃（得）几大海碗。他特别能吃能喝，一顿可以喝一斤左右的白酒，可以吃几大碗（饭菜）。

（25）——尔箇脚好了冇？跑不跑得？你的脚好了没？可不可以跑？

——还冇哦，跑不得。还没有，不能跑。

（26）个是我箇崽，我打得，尔就打不得。这是我的孩子，我能打，你就不能打。

(27) 个人箇皮肤不同，有嘀人晒得，有嘀人晒不得。每个人皮肤不同，有的人可以晒晒，有的人不能晒。

此时"V 得"一般表示"能够/可以做某事"，或者"特别能做某事、在做某事上特别有能耐"。根据具体语境，其表意一般都很明确，不太会产生歧义。如例（24）中，"伊点把吃得、喝得"就表示"特别能吃能喝"，"喝（得）斤把酒"表示能力范围强，"可以喝下一斤左右的酒"。前者缺少补语，一般被认为是直接肯定某种能力，其前会有程度副词加以强调、修饰；后者则是对某种能力更为具体的描述。例（25）中问"跑不跑得"意思是"能不能跑"，回答"跑得"就是"可以跑"，但不是"特别能跑/跑步的能力很强"之意。但如果说"伊闷/点把跑得"就是说"他特别能跑"，往往还可以在后面用具体描述进行补充说明，如"伊闷/点把跑得，马拉松都冇得问题"。

由此，我们可以说"V 得"其实就是"V 得 C"的简省形式，但由于补充说明的部分被省略了，就通过程度副词来加强程度表述。因此"V 得 C"和"程度副词 + V 得"构成了两种互补型的结构，一个侧重某种能力的具体表达，一个侧重某种能力的总体程度表达。

其三，"V + 得 + 有 + ……"表示存在义，"得"读为轻声。这个格式相当于北京话里"V + 着 + N"结构，其中的 V 表附着义，跟"跳着舞、唱着歌"的持续义或伴随义不同。但是崇阳方言该格式中可以在名词前再加一个"有"，对存在义进行强调。例如：

(28a) 我桌哒高底搁得有笔，尔去拿倒写。我桌上放着笔，你去拿着写。

(29a) 锅哒剩得有菜，尔去热下子。锅里剩着菜，你去热一下。

(30a) 我包哒装得有吃箇，尔要不要？我包里装着吃的，你要不要？

去掉"有"后，句子也成立，但去掉后就是典型的存现句，对"某处有某物"进行一般的陈述。试比较：

(28b) 我桌哒高底搁得（一支）笔，尔去拿倒写。我桌上放着笔，你去拿着写。

(29b) 锅哒剩得（点子）菜，尔去热下子。锅里剩着菜，你去热一下。

(30b) 我包哒装得（闷多）吃箇，尔要不要？我包里装着吃的，你要不要？

a 组和 b 组的结构区别在于，a 类名词前加了"有"，"有"和其后的名词中间可以加上修饰语，也可以不加，但 b 类存现句名词前往往倾向于加上一些修饰语。两组的语义区别在于，a 组比 b 组更强调"有某物"，b 组更强调有哪些具体（或多少）的物品。

其四，否定句句尾"得"，不能读为轻声，而应读为入声调 [tə^{55}]。主要有两种情况：

第一种情况是，"冇+V+得"表示"应该做此事但没做"，有表达悔意的语用功效。例如：

(31) 上回冇去得，个回冇得机会了。上次没去成，这次没机会了。

(32) 都怪伊冇讲得，我家哒压不晓得。都怪他没说，我们都不知道。

(33) 昨日冇买得，今日买不到了。昨天没买成，今天买不到了。

这类格式可以省略后面的"得"，去掉后相当于北京话里的"没有+V"，表示"没有做什么事"。如例（31）—(33) 中分别可以改为"上回冇去上次没去""都怪伊冇讲都怪他没说"和"昨日冇买昨天没有买"，但表意上就只能是客观陈述某个动作没有施行，而不能表达后悔"该做某事而没做"的语用功能。

与此类相似的还有"不想/愿意+V+得"和"不要/不消+VP+得"等格式，分别表示"不愿意做某事"和"不需要VP、不值得做某事"。例如：

(34) 我就是不想薅得。我就是不想都薅着。

(45) 个钱尔不消指望得，伊肯定不会还了。这钱你别指望了，他肯定不会还的。

(36) 水果不要买得，屋哒有。水果不需要买了，家里有。

(37) 不需要跟我家哒商量得，尔做主就行得了。不需要跟我们商量，你做主就行了。

这些句子都可以去掉"得"，但加上"得"后则强调突出对这些意愿进行否定。所以口语交际中，表达主观感受时一般都用带"得"的格式，陈述客观事实时则不用"得"。

第二种情况是，"懒+V+得""怕+V+得"等格式，这类格式的特点是用肯定形式表否定意义，表示"不想/不敢做什么事"。但是"怕话得"形成了固定用法，指"不敢大胆说或猜测"的意思，嘲讽对方猜测得太少。下面分别举例：

第 14 章　助词

（38）伊个事，我是懒话得。他那个事，我不想说了。
（39）跟伊裏不清楚，我懒制得。跟他扯不清楚，我不想做了。
（40）尔真是怕话得！你真是不敢说啊！
（41）伊才不会打伊箇崽唎，伊就是怕打得！他才不会打他儿子呢，他就舍不得打啊！

这一类格式中的"得"不可省略，否则句子无法成立或者虽然句子成立但意思完全改变。如例（38）、例（39）两句，如果略带去"得"，句子无法成立；后面两句，如果去掉"得"，但意思分别变成"（因害怕而）不敢说"和"不敢打"，完全不是加上"得"的那种意味。

14.2　动态助词

这里的动态助词主要指与前面讨论的体貌相关的体标记词，如"了"表动作完成或状态完结；"倒"用在动词或形容词后，表示状态的持续；"过"用在动词后表示事情已经经历过等。上文都已分别举例说明，此处各举两例。

（1）我吃了饭就出去了。我吃了饭就出去了。
（2）今日冻煞人！我都着了两条裤了。今天冻死人！我都穿两条裤子了。
（3）个种鱼要蒸倒吃才好吃。这种鱼要蒸着吃才好吃。
（4）个两个崽管么东西要抢倒戏。这两个孩子不管什么东西都要抢着玩。
（5）伊以前当过兵。他以前当过兵。
（6）我总冇吃过榴梿。我从来没吃过榴梿。

14.3　小结

本章主要介绍了崇阳方言的结构助词和动态助词。前者主要是"箇"和"得"，后者主要是体貌助词"了""倒""过"等。其中，"箇"的用法类似北京话结构助词"的"和"地"，相对简单；而"得"的用法就比较丰富，有四种常见用法，后两种则明显保留有南方方言"得"的特色，如"V+得+冇+……""冇+V+得""不想/愿意+V+得"和"不要/不消+VP+得""懒+V+得""怕+V+得"等格式,"得"置于句末,由"得到"义虚化而来,且往往与否定副词或表否定含义的其他形式搭配,表示对意愿的否定。

第 15 章 处置句

王力（1943）认为"处置式是把人怎样安排、怎样支使、怎样对付；或把物怎样处理，或把事情怎样进行"[①]。对于"处置"一词的命名，学术界一直未达成一致，最大的诘难是传统上认为"把"字句就是处置式，可是有些"把"字句并非表达"处置"义。比如，《现代汉语八百词》（吕叔湘等，1999）中将"把"的功能分为：表示处置（"把技术学到手"），表示致使（"把嗓子喊哑了"），表示动作的处所或范围（"把北京城走了一半多"），表示发生不如意的事情（"真没想到，把个大嫂死了"），表示"拿、对"（"我把他没办法"）。因此，对于该句式的命名，学界普遍存在分歧。本书认为，虽然处置式的命名备受争议，但至今仍无更合适的名称取而代之，说明无论是习惯上，还是理解上，"处置"一词暂时还是优势明显。正如沈家煊（2002：387）所言："虽然一直有人想取消处置这个名称，但始终没有能取消得了。这说明'把'字句有处置意味的判断还是基本符合我们的直觉。"因此，为方便叙述，本书仍采用"处置"一词论述该语法现象。

在历时研究领域，学者更多关注处置标记的演化及处置式的来源两块主题，虽然先贤们所持观点不同，但对处置句式三分的意见趋于统一，即按处置标记不同分为广义处置式（"将/把/以/持/取/捉"）、狭义处置式（"将/把/取/捉"）和致使义处置式（"将/把"）。

汉语方言语法研究中，处置式也是研究热点。单点方言的处置式研究和处置式的汉语方言类型学分析，两种研究模式都取得了丰硕的成果。前者无论是单篇论文还是研究方言语法较深入的专著，数量都非常

[①] 王力：《中国现代语法》，商务印书馆 1985 年版。

可观；后者影响比较大的文章主要有李蓝、曹茜蕾（2013）《汉语方言中的处置式和"把"字句》（上、下），该文几乎穷尽性地搜罗了 2013 年以前各点方言研究处置式的语料，按句式、语义等分门别类进行整理，并提出处置式具有五种处置语义的分类模式，即强处置句、一般处置句、对待义处置句、致使义处置句和命名义处置句。

在现有诸多汉语方言处置式的研究中，鄂南赣语处置式的研究相对较薄弱。作为鄂南赣语的一员，崇阳方言处置式研究也具有一定的代表性，可以为方言类型学研究提供具有一定启发性及更丰富的语料。下文将从句式特点、语义分类和语用表达（主观性）三个方面深入分析崇阳方言的处置式。

15.1 句法结构

15.1.1 基本句式

崇阳方言的处置句主要用"把［pɑ^{53}］"来表示处置，基本句式是：（NP$_1$）+ 把 + NP$_2$ + VP。其中，NP$_1$ 为施事，是 VP 动作行为的发出者，在处置句中可以不出现；NP$_2$ 是被处置的对象；VP 是一个动词性成分，不能是光杆动词，前后要有补语、宾语或状语等其他成分。这些与北京话的处置句式特征基本相同。崇阳方言处置式的句法结构和标记词都与共同语的一样，句式也要求动词不能是光杆动词。例如：

（1）尔要把书搁好了再走。你要把书放好了再走。

（2）莫把桌哒跻倒了。别把桌子绊倒了。

（3）伊把我吓得一跳。他把我吓了一跳。

（4）我箇老师把教室扫得干干净净。我的老师把教室打扫得干干净净。

崇阳方言处置式的否定式根据否定动作的已然或未然，可以用"不""冇没有"或"莫不要"。一般情况下，这些否定副词置于"把"之前。

（5a）伊不把手机号留下来。他不（愿意）把手机号码留下来。

（5b）*伊把手机号不留下来。

（5c）伊冇把手机号留下来。他没有把手机号码留下来。

（5d）*伊把手机号冇留下来。

(5e) 莫把手机号留下来！别把手机号码留下来！

(5f) ＊把手机号莫留下来！

(5g) 伊把不把手机号留下来？他愿不愿把手机号留下来？

(5h) 伊把有把手机号留下来？他有没有把手机号留下来？

(5i) 伊把手机号留下来了有？他把手机号码留下来了没？

但在表对待义的处置句中，否定副词放在"把"之前和谓语动词之前皆可。这可能与"对待义"的动词"当"的语义指向有关。汉语"把……当作"结构中，强调否定处置对象，则将否定副词置于"把"之前，反之，如果语义焦点在否定动词短语，则否定副词应置于动词之前。

(6a) 尔个样制是不把我当人。你这样做是不把我当人。

(6b) 尔个样制是把我不当人。你这样做是把我不当人。

(6c) 尔个样制是有把我当人。你这样做没把我当人。

(6d) 尔个样制是把我有当人。你这样做把我没当人。

(6e) 莫把我当人。别把我当人。

(6f) 把我莫当人。把我别当人。（由于第一人称的语义限制，实际交流中该句一般不会单独成立。但在有些特殊的语境下，该句还是成立的。比如：我跟尔家哒话了箇，我不是个好人，莫把我当人／把我莫当人。我跟你们说过了的，我不是个好人，不要把我当人／把我不要当人。）

(6g) 把不把我当人？你这样做把我当不当人？

(6h) 把有把我当人？你这样做把我没把我当人？

(6i) 把我当人了有？你这样做把我当人了没？

15.1.2 "把"的虚化

北京话中处置标记的"把"为动词"把（拿持义）"虚化而来，崇阳方言中的"把"除了处置义外，也仍保留有动词"给予义"的意义和用法。为便于讨论，我们把崇阳方言给予义动词和处置介词的"把"，分别记作"把$_1$"和"把$_2$"。

"把$_1$"是给予义动词，可以直接带宾语，相当于普通话的动词"给""放"等义。例如：

(7) 个菜要多把点子盐。这道菜要多放点盐。

（8）吃完了要记得把钱。吃完了要记得给钱。

否定式和疑问式都是直接对"把"进行否定或提问。例如：

（9）个菜冇把盐。这个菜没放盐。

（10）个菜莫把盐！这个菜不要放盐！

（11）个菜把冇把盐？这个菜有没有放盐？

（12）个菜把不把盐？这个菜要不要放盐？

与共同语一样，崇阳方言的给予句也多用于双宾语句型，但跟共同语的给予义双宾语句有一点不同："把"所构成的双宾语句可以是直接宾语（O_1）在前，间接宾语（O_2）在后；也可以是间接宾语在前，直接宾语在后。但不管哪种情况，间接宾语前面一定要用介词"得"引进与事，构成"S（施事）+把+O_1+得+O_2"或者"S（施事）+把+得+O_2+O_1"的句式（为方便叙述，本节内容中将这两种句式分别简称为"句式1"和"句式2"）。在日常交流时，崇阳方言首选句式1，相对而言，句式2虽不算常用，但也是成立的。例如：

（13a）每个月我都把两千块钱得我妈。每个月我都拿两千块钱给我妈。

（13b）每个月我都把得我妈两千块钱。每个月我都给我妈两千块钱。

（14a）明日我把只鸡得伊。明天我给只鸡他。

（14b）明日我把得伊一只鸡。明天我给他一只鸡。

要注意三个现象：其一，如果表与事的间接宾语不是人，而是地点位置等其他短语，则句式2完全不成立。其二，直接宾语往往是定指，如果定语是数量短语且数字为"一"时，句式1中往往省略该数字，但句式2中一般不能省掉。这可能与两种句式的表意焦点不同有关。句式1强调与事对象，句式2强调直接宾语，所以句式2需要完整结构，突出强调意味。另一个需要注意的是，这类给予义双宾语句还可以连接个动词短语，形成兼语句。而在这类兼语句中，句式2的使用似乎更少见。

（15a）我把了闷多油得锅哒。我放了很多油在锅里。

（15b）*我把得锅哒闷多油。我给了锅里很多油。

（13c）每个月我都把两千块钱得我妈存倒。每个月我都拿两千块钱给我妈存着。

（13d）？每个月我都把得我妈两千块钱存倒。每个月我都给我妈两千块钱存着。

（14c）明日我把只鸡得伊去文汤。明天我给只鸡他去炖汤。

（14d）？明日我把得伊一只鸡去文汤。明天我给他一只鸡去炖汤。

如果表与事的间接宾语是较长的短语，甚至可以说句式 2 不成立。

（16a）尔捡下子，把些旧衣得乡下箇亲戚去着。你收捡一下，拿些旧衣服给乡下亲戚去穿。

（16b）*尔捡下子，把得乡下箇亲戚一些旧衣去着。你收捡一下，拿些旧衣服给乡下亲戚去穿。

（17a）我今年把了几百斤谷得隔壁箇娭家婆婆去卖钱。我今年给了几百斤谷子给隔壁的老奶奶去卖钱。

（17b）*我今年把得隔壁箇娭家婆婆几百斤谷去卖钱。我今年给了隔壁的老奶奶几百斤谷子去卖钱。

这一现象，也给我们启示：这类兼语句式中第二个动作的施动者是间接宾语，所以，如果被直接宾语隔开，表意的连续性就受到破坏，如果直接宾语和间接宾语都是比较长的短语，这种破坏性就更为致命。

正是由于这些限制性，句式 2 的常用性就大不如句式 1。

作为崇阳方言的处置介词，"把$_2$" 意义和用法与北京话的处置介词"把"基本相同。根据谓语动词的组成成分，我们将其分为不同类别。

A. VP 部分带结果补语或动量结构

（18）伊把饭吃刮了。他把饭吃完了。

（19）莫把别个箇东西搞坏了！别把别人的东西弄坏了！

（20）我妈把房哒压扫了一遍。我妈把房间都打扫了一遍。

（21）来，把椅哒搬一下！来，把椅子搬一下！

B. VP 部分带宾语或介宾短语

（22）我明日把钱还倒尔。我明天把钱还给你。

（23）把我箇衣拿得我。把我的衣服拿给我。

（24）尔上学箇时际把伊箇书带得伊。你上学的时候把他的书带给他。

（25）把阿张纸把得我。把那张纸给我。

（26）伊家哒把罐甑往港里□［fiaŋ^{22}］扔/丢。他们把垃圾往河里扔。

（27）把手机搁到桌哒高底。把手机放到桌子上。

C. VP 部分使用趋向动词

（28）莫把狗放出去了！别把狗放出去了！

（29）尔是不是把我箇钱拿跑了啊？你是不是把我的钱拿走了？

（30）下班了先去把崽接倒归。下班了先去把儿子接回来。

（31）我想把伊喊起来。我想把他喊起来。

D. VP 部分是连动结构

（32）小王把车开到街上去买东西。小王把车开到街上去买东西。

（33）我把茶拿去泡倒喝。我把茶叶拿去泡着喝。

（34）莫把手机拿去戏！不要把手机拿去玩！

（35）把伊喊归来吃饭。把他叫回来吃饭。

E. VP 部分有兼语短语

（36）尔把电脑把得我戏下子。你把电脑给我玩一下。

（37）记得把信带倒伊去寄。记得把信带给他去寄。

（38）老师不准我家哒把作业把得别个抄。老师不准我们把作业给别人抄。

（39）尔家哒考试还能把书翻得别个看？你们考试还能把书翻给别人看吗？

F."把"后接"一 X"

崇阳方言里，"把"后谓语部分可以用"一 X"，X 为动词或形容词，表明动作很轻松随意就能完成。例如：

（40）伊帮我把菜一浇水菜就活了。他帮我把菜一浇水菜就活了。

（41）伊把手一□［fiaŋ²²］挥就走了。他把手一挥就走了。

（42）莫以为把钱往阿哒一丢就行得了！别以为把钱往那里一丢就可以了！

上述例句还体现出，崇阳方言"把"字标记处置句跟北京话一样，可在陈述、祈使、疑问、感叹等多种语气意义中使用。

另外，崇阳方言中"给予"义动词"把"与处置介词"把"共用相同的词形，两者可以共现于一个句子中。但"给予"的对象前面需加上"得"。例如：

（43a）我箇同学把阿本书把得我了。我的同学把那本书给我了。

（44a）把个箱奶把得我妈去喝。把这箱牛奶给我妈喝。

（45a）伊把尔箇电脑把得我用了一日。他把你的电脑给我用了一天。

以上三个例句中都是前一个"把"是介词，后一个"把"是动词。口语交际中，第二个"把"往往省略，句式变为"NP_1 + 把 + NP_2 + 得 + NP_3 + VP"，其中 NP_1 为实施者，交际双方都清楚的情况下可以隐去，NP_2 为处置对象，NP_3 是与事者，最后的 VP 可根据实际情况隐现。

如上面三个例句都可以说成：

(43b) 我箇同学把阿本书得我了。我的同学把那本书给我了。

(44b) 把个箱奶得我妈去喝。把这箱牛奶给我妈去喝。

(45b) 伊把尔箇电脑得我用了一日。他把你的电脑给我用了一天。

但值得注意的是，这种情况下，前一个"把"的处置义明显被削弱，给予义增强，与上文说到的双宾句式"S（施事）+把+O_1+得+O_2（+VP）"无论在结构还是表意上都几乎一样。此时的三个句中的"把"都可以理解为"给、拿"等义。由此，也可以看出给予句双宾句与处置式之间有紧密的关系，崇阳方言的处置标记"把"就是通过给予义演变而来的。

15.2　表意特点

关于汉语处置式的表意类型，学者们众说纷纭；汉语方言里的处置式，也是复杂多样。崇阳方言的处置句按其表意特点，大致可以分为如下三类：处置义、致使义和对待义处置句。

15.2.1　处置义

这类处置句强调对处置对象施加动作，进行处理。广义上的"处置"，除了最明显的"处理义"外，还包括"搁置义""领让义""分派义"等其他处理性方式。例如：

(1) 把门关倒。把门关上。（处理义）

(2) 明日我家哒要把屋哒打扫下子。明天我们要把家里打扫一下。（处理义）

(3) 伊把伊箇崽带到诊所去看病。他把他儿子带到诊所去看病。（领让义）

(4) 伊在个子哒哭哭嚷嚷像个么样？快把伊扯走。她在这里哭哭啼啼像个什么样子？快把她带走。（领让义）

(5) 个子哒要五个人，把个人守门，把两个人发书，再把两个人签字查数量。这里需要五个人，把一个人守门，把两个人发书，再把两个人签字检查数量。（分派义）

(6) 来，把个本书搁个子哒，把阿本书搁倒桌子高底去。来，把这本书放这里，把那本书放倒桌子上面去。（搁置义）

15.2.2 致使义

这类处置句强调某个行为动作致使处置对象怎么样了，处置对象可以是人，也可以是物。例如：

(7) 把伊灌醉了。把他灌醉了。

(8) 尔个样一喊起来，把我家哒压吓煞。你这样一叫起来，把我们都吓坏了。

(9) 我箇爸几搞几搞，把个电脑搞坏了。我爸几下几下，把电脑折腾坏了。

(10) 伊把眼睛哭肿了。她把眼睛哭肿了。

15.2.3 对待义

这类处置句强调如何对待处置对象的，处置对象往往是人，但也可以是物。此时的动词短语往往是如"当"这样表示"对待"义的词。

(11) 尔能把伊哪样咧？你能把他怎么样呢？

(12) 伊箇老脚冇把伊当人。她老公不把她当人。

(13) 个树斫也斫不得，搬也搬不走，搁倒个子哒又点把碍事，把伊哪样搞？这棵树砍也砍不得，搬也搬不走，放在这里又特别碍事，拿它怎么办？

15.3 主观性

Lyons（1997）指出"主观性"是语言的一种特性，它包含说话人对事物的评价以及在话语中留下的"自我"印记。[①] 沈家煊（2002：388）通过分析把字句如何体现说话人的情感、说话人的视角和说话人的认识三个方面，论述把字句的主观性，并得出结论"把字句的语法意义是表达'主观处置'"[②]。崇阳方言的处置式也反映了这一主观性特征。下文将从"说话人的情感""说话人的视角"和"说话人的认识"

[①] John Lyons, Semanics（Volume 2）, Cambridge：Cambridge University Press, 1977.

[②] 沈家煊：《如何处置"处置式"——论把字句的主观性》，《中国语文》2002 年第 5 期。

三个角度解读崇阳方言处置句的主观性表达。

一般来说，祈使句就含有一定的主观性，而使用处置句的祈使句与一般动宾结果的祈使句，往往在表达说话人情感上，有明显差异。比如：

(1a) 把门关倒。把门关上。

(1b) 关倒门。关上门。

表达类似的意思，不考虑语气语调的话，例(1b)句式也容易被理解为说话者态度过于生硬，命令意味稍显强烈；例(1a)句的情感表达则更为适中，在平缓语气中表达了要求。虽然处置句也可以通过加重语气来传递命令的情感，但比起一般动宾句，情感表达的可选择性多一些。这也是为何例(1b)句往往会被理解为祈使句。因此，很多表命令的动宾式祈使句可以通过转换成处置句来降低说话人的命令情感，而祈使句一般都带有强烈的情感。例如：

(2a) 好好写字！

(2b) 把字好好笛写。把字好好地写。

再来比较处置式祈使句和一般动宾式祈使句：

(3a) 把门关倒！把门关上！

(3b) 关倒门！关上门！

很显然，说话人的情感在不同句式里，语气焦点有差异。例(3a)处置式祈使句更偏重对"门"有意见，而"关倒门"明显流露出说话人对听话人的不满，在个人情感上有指责或抱怨实施者"没关门"的意味，认定实施者是责任者。

"说话人的情感"其实与"说话人的视角"也息息相关，两者可互为影响。沈家煊(2002：391)认为，说话人对客观事件和状态的观察角度或是加以叙说的出发点叫作"视角"(perspective)。一方面，这个"视角"的主观性体现在对处置对象主观量的认定方面，试比较下列这组句子：

(4) 伊把一日压耗在打麻将上，把几个钱输刮了。他把一天（时间）都耗在打麻将上，把几个钱都输光了。

(5) 伊打麻将耗了一日，输刮了几个钱是小事，搞得腰酸背痛笛。他打麻将耗了一天，输光了几个钱是小事，还弄得腰酸背痛。

例（4）分别用了两个处置句，"一日"和"几个钱"的数词仅有"一"和"几"，所表达的客观量都不多，但是在例句中显然是表达说话者主观认为"一天的时间用来打麻将，很可惜"，"几个钱"虽然不多，但在说话者看来也是"伊"的全部了。所以，这两个数量短语在处置句里传递出了主观大量；而在后一个没用处置句的例句中，仅对事实做出陈述，尤其是"输刮了几个钱"，完全无法凸显"几个钱"的量大性。这些差异就是说话人视角通过不同句式所赋予的。

另一方面，"说话人的视角"的主观性也体现在动词"体"的选用上。这一观点是沈家煊（2002：392）提出来的，他认为处置式几乎不选用表客观意味强烈的经历体。在崇阳方言处置句中同样适用。崇阳方言处置句对动词的"体"也有选择，几乎没有在肯定句中使用简单动词加"过"的经历体的。例如：

(6a) 伊种过菜。他种过菜。

(6b) ＊伊把菜种过。

(6c) 伊种了菜。他种了菜。

(6d) 伊把菜种了。他把菜种了。

"种了菜"和"种过菜"都可以说，但前者是完成体，主观认定动作已经完成，后者是经验体，强调客观上已经经历过，不涉及是否主观认定完成，是否对当下有影响。所以在转换为处置句时，"把菜种过"就不成立，而"把菜种了"则成立，说明处置句也是倾向于选择能表达主观性的句式。

当然，有些复杂谓语包含了动补结构，处置句也可以用包含了"动词＋补语＋过"的动词短语。但这种情况下，"过"强调的不是动作，而是动作结果。可以比较下面一组句子：

(7a) 伊把电脑拆坏了。他把电脑拆坏了。

(7b) 伊把电脑拆坏过。他把电脑拆坏过。

(7c) 伊把电脑拆了。他把电脑拆了。

(7d) ＊伊把电脑拆过。

"说话人的认识"又叫"说话人的认定"，主要针对处置式中哪部分内容的强调进行认定。例如，它可以是针对处置后的结果进行强调，也可以针对处置动作本身进行强调，或者针对处置范围情貌进行强调等。如上文例句中"伊把电脑拆坏过",说话人就是对处置后的结果"坏"进行强调,此时的"过"强调的是说话人主观上认定的"坏"这个结果;而"伊把电脑拆过"这样的句子针对处置动作本身进行强调,所以用"过"这样表客观的经历体标记就与处置句的主观性相悖。

综上,崇阳方言处置句在表达主观性方面,与北京话基本无异,但该句式的这种特性,值得关注和分析论述。

15.4 小结

崇阳方言处置式的句法结构相对简单,处置标记为"把",基本句式为"（NP_1）+把+NP_2+VP",句法结构和句法要求与北京话处置句相似;表意上可分为处置义、致使义和对待义三类;语用价值上,崇阳方言的处置句表达出"主观处置"的强主观性。

第 16 章 被动句

与北京话一样，崇阳方言被动句也有两大类型：一种是意念被动句，这种句子在形式上缺乏表示被动意义的标志。另一种是有形式标志的被动句，可以称为被动句式。崇阳方言的有标记被动句比较有特色，标记有且仅有"把得"一词。下面着重介绍"把得"被动句的结构、语义特点，并尝试分析该被动标记词"把得"的历时演变机制。

16.1 句法形式

16.1.1 "把得"被动句

16.1.1.1 "把得"被动句的施事

崇阳方言有标被动句的句法结构形式比较单一，被动标记仅有"把得"一种，基本句型为"受事+把得+施事+谓语部分"。值得注意的是"把得"后面的施事必须出现，不可省略，并且这个施事还必须为体词性成分，否则"把得"被动句不能成立。例如：

（1）书把得我烧了。书被我烧了。
（2）毛衣把得墙上箇钉挂了个眼。毛衣被墙上的钉子挂了洞。
（3）伊箇车把得别个捞去了。他的车被别人偷了。
（4）小王把得领导提升了官职。小王被领导提拔了。

也就是说，崇阳方言中没有"被偷""被提拔"等"被+动词"的表达形式，必须说成"把得+施事+谓语动词"的形式。这一特点看似具有句法强制性，实则是被动标记"把得"的语义强制性。石毓智（2004）通过考察古今汉语被动式标记的词汇来源得出结论：不同来源的被动标记对句法的要求也不同，"给予"类动词虚化为被动标记后，其后基本上都要强制出现施动者。① 崇阳方言的"把得"也是"给予"类动词，由表"给予"义的句型"把+直接宾语+得+间接宾语"中的"把……得……"结构虚化而来，这里的"得"相当于间接宾语的标记，所以虚化为被动标记"把得"后，其后还是只能接名词，在被动句中反映为动作的施事者。后文将详细讨论。

16.1.1.2 "把得"被动句的否定式和疑问式

崇阳方言的"把得"被动句除了常用于肯定陈述句外，还常用于否定句和疑问句中。其否定式有两种情况：否定动作时，因为被动句是已然的动作，所以要用"冇"来否定，并且要把"冇"置于"把得"之前，相当于共同语里的"没有被"；否定施事成分时，则要用"不是"置于"把得"之前。

（5）水冇把得伊喝完。水没有被他喝完。

（6）伊冇把得老师批评。他没有被老师批评。

（7）盅哒不是把得尔打烂箇，是把得伊打烂箇。杯子不是被你摔碎的，是被他摔碎的。

相对来说，前两句用得比较少，口语中一般用主动句来表达否定的被动意念，如"水冇喝完"，"老师冇批评伊"。

崇阳方言的"把得"被动式的正反疑问句也有两种情况。

第一种是用"把冇把得"和"是不是把得"来提问。

（8a）尔箇崽把冇把得大学录取啊？你儿子有没有被大学录取啊？

（8b）尔箇崽是不是把得大学录取了啊？你儿子是不是被大学录取了啊？

（9a）我箇狗撕烂了个些东西？书把冇把得伊撕烂了啊？我的狗撕烂了这么多东西？书有没有被它撕烂了啊？

（9b）我箇狗撕烂了个些东西？书是不是也把得伊撕烂了啊？我的狗撕烂了这么多东西？书是不是也被它撕烂啊？

"把冇把得"是提问事件，如例（8a）强调的是"有没有被录取"，回答是"录取了"或者"冇录取"；"是不是把得"是提问施动者，如例（8b）强调的是"被大学录取了还是被别的学校录取了"，回答是"是箇啊是的啊"或者"不是啊不是的啊"。例（9）两个例句亦如是理解。

---

① 石毓智：《汉语研究的类型学视野》，江西教育出版社2004年版，第138—157页。

崇阳方言中与"把冇把得"类似的结构有动补式正反问"听冇听到""看冇看到"等。从这个意义上来说,"把得"的离合性还是比较明显的。

第二种是在陈述句后加上"冇"。例如:

(10a) 尔箇崽把得大学录取了冇?你儿子被大学录取了没?

(11a) 我箇狗撕烂了个些东西?书把得伊撕烂了冇?我的狗撕烂了这么多东西?书被它撕烂了没啊?

崇阳方言"把得"被动句的是非疑问形式,是直接在陈述句后面用上扬的语调。例如:

(10b) 尔箇崽把得大学录取了?你儿子被大学录取了?

(11b) 我箇狗撕烂了个些东西?书把得伊撕烂了?我的狗撕烂了这么多东西?书被它撕烂了?

跟例(10a)和例(11a)比较,例(10b)和例(11b)有点反问的意味,表示说话者已听闻"你的儿子被大学录取了"或者猜测"书被狗撕烂了",但是不太确定或者对此事表示惊奇,是猜度性的;例(10a)和例(11a)则更倾向于表示说话者对问题的答案不知情,是询问性的。

16.1.2 "被"字被动句

新派崇阳方言受共同语影响,在年轻人口中偶尔也用"被"做被动标志,尤其是用于"被 + VP"的句式中。如"伊箇钱在火车站被捞去了。他的钱在火车站被偷了。"但往往被认为是不地道的崇阳方言。

如果说话人想用"把得"被动句,必须加上施事者,说成"伊箇钱在火车站把得别个捞去了"。可以预见的是,"被"字被动句在崇阳方言中也许会逐渐发展起来,这不仅仅是因为共同语的强势作用,更重要的是崇阳方言里缺少施事者隐去的被动句式。当说话人觉得无须或不便说出施事者时,"被"字被动句就能很好地满足这一需求。

16.2 语义特点

16.2.1 强已然性

和共同语一样,崇阳方言被动句具有已然性的语义特征。这体现在崇阳方言有标被动句的谓语动词上，这些动词不能是光杆动词，要么是带完结义的"了"，要么是动宾或动补结构。即便有时出现在假设复句中，其语义也是表示假然或未然的完成动作。如以下例句：

（1）要是我箇崽把得别个打了，我就报警。如果我的儿子被人打了，我就报警。

（2）伊箇面盆把得我跶烂了。那个脸盆被我摔破了。

和诸多汉语方言一样，崇阳方言的被动标记"把得"同样也兼具"给予"义，可分别用在给予句和被动句。对比下列两句：

（3a）个些东西把得狗吃唦。这些东西给狗吃吧。

（3b）个些东西把得狗吃了。这些东西被狗吃了。

例（3a）是祈使句，句末的"唦"是表祈使的语气词，所以整个句子表动作的"未然"，表达的是"给予"义。例（3b）用完结动词"了"表动作的"已然"，"把得"表达的是被动义。崇阳方言中两者区分很明显，是不会产生歧义的。由此可知，崇阳方言的"把得"被动句具有很强的已然性。

16.2.2 强施动性

崇阳方言"把得"被动句的施动者被强制出现在句中，反映出该句型的语义具有突出施动者的特点。共同语里则不同，很多情况是无须出现施动者的。就这一层面而言，强施动性也是崇阳方言"把得"被动句的语义特点之一。

16.3 语用功能

16.3.1 拂意功能

崇阳方言的"把得"被动句在语用上不太受限制，如意的和拂意的都可以用这种句式来表达。不过总的来说，拂意的情况比较常见，这点与共同语是一致的。虽然被动标记"把得"也兼具"给予"义，其"遭受"义没有"被"字那么强烈，但它在演变的过程中经历过"致使"义，所以也带有很强的拂意性。上述例句中多数是表达拂意的，表中性或如意的句子。例如：

(1) 我把得伊拉去跳舞了。我被他拉去跳舞了。

(2) 伊把得学堂评上了"三好学生"。他被学校评上了"三好学生"。

16.3.2 语篇功能

崇阳方言"把得"被动句必须出现施动者，有时句子又无须太关注施动者，所以"把得"被动句在崇阳方言中的使用有点受限。但有时需要详细叙述事情的经过，尤其是需要施动者出现，为了更好地组织语篇，保持话题的一致性时，人们往往会选择"把得"被动句。下面这段对话就反映出这一特点。

(3) 甲：妈，我箇衣破了个眼。妈妈，我的衣服破了一个洞。

乙：哪样搞箇呢？怎么搞的啊？

甲：把得墙上箇钉挂破了箇。被墙上的钉子挂破了的。

此段对话的中心话题是"衣服"，说话者甲只想简单描述衣服的情况，并未使用有标被动句，但说话者乙想知道更详细的情况，说话者甲必须引出施事者"钉子"，而且为了保持"衣服"这个话题主语，用省略主语的方式说出一个"把得"被动句。再看下面一段用"把得"被动句表如意的对话。

(4) 甲：伊箇崽点把灵光，我就晓得伊会考上北大箇。他的儿子非常聪明，我就知道他会考上北大的。

乙：伊把得北大录取了？他被北大录取了？

此段对话中，说话者需要强调施事者"北大"以示惊喜，又不想转换话题主语"伊"，就用"把得"被动句突出施事者、保持话题一致。

有时即便不使用对话形式，在语篇中也有保持话题一致性的需求，例如：

(5) 搁倒外底箇鱼，昨夜把得猫叼起跑了。放在外面的鱼，昨晚被猫叼走了。

(6) 崇阳点把多人在外底打工，压是把得亲戚朋友带出去箇。崇阳很多人在外面打工，都是被亲戚朋友带出去的。

这句话虽然不是对话形式，但也可明显看出，前后文为了保持话题一致，采取了"把得"被动式。

16.4 "把得"的演变

和诸多汉语方言一样,崇阳方言被动标记"把得"也是由"给予"类动词经过"致使"义演变而来的。但不同的是,崇阳方言的"把得"一词在演变为被动标记的历程中打败了另一个强势的给予义词"把",并且在经历"致使"义后,不仅演变出了被动标记,还发展出了"换做(某人)"之意。所以,崇阳方言"把得"一词兼具"给予"义、"致使"义、"被动"义和"换做"义,其演变历程的关键是"给予"义和"致使"义。下面分别讨论。

16.4.1 句法机制

在崇阳方言中,"把得"和"把"都可以作动词表达"给予"义,但只有"把得"演变出被动标记。两者在表达给予义的不同之处在于:其一,句法结构上,"把得"其后只能接表人的间接宾语,相当于共同语里的"给到";用"把"的"给予"句,其后既可以单独接表物的直接宾语,也可以单独接表人的间接宾语。

(1) 十块钱把(得)小刘了冇? 十块钱给小刘了没?

(2) 甲:尔把钱了冇。你给钱了没?

　　乙:把了。给了。

若要用双宾语结构,则用"把得+间接宾语+直接宾语"和"把+直接宾语+得+间接宾语"句式。此时后者的"把"是"给予"义动词,"得"就成了间接宾语的标记,类似英语中"give something to somebody"的"to"。例如:

(3) 伊把一本书得我了。他给一本书我了。He gave a book to me.

(4) 伊把得我了一本书。他给了我一本书。

其二,在双宾语结构中,使用"把得"句式一般都表已经发生的动作,并且如果句子是双宾句带兼语式结构,那么一般只用"把+直接宾语+得+间接宾语"句式,"把得"句式不能用。例如:

(5) *伊明日把得我一本书。

(6) *尔把得我一本书吵。

（7）伊昨日把得我了一本书。他昨天给了我一本书。

（8）我箇哥把了块蛋糕得我吃。我哥哥给了块蛋糕给我吃。

（9）＊我箇哥把得我了一块蛋糕吃。

表示还没发生的例（5）和例（6）祈使句都错在"把得"表未然，两句如果换成"把"字给予句都是成立的。例（9）的错误为"把得"给予句不能在双宾句中用兼语式。换成例（8）的"把"字句就没问题，或者换成单宾语的"把得"句也可以，即"一块蛋糕把得我吃了"。如果把"蛋糕"换成有定的，就是更为典型的崇阳方言"把得"被动句了，如"阿块蛋糕把得我吃了。那块蛋糕被我吃了。"

由此可知，后接间接宾语的强制性、双宾句式中表意的强已然性和谓语唯一性是"把得"给予句的特点。也正是这样的句法特性，为"把得"的"给予"义演变为被动标记提供了句法可能性。而且崇阳方言的"把得"被动句还不会跟"把得"给予句混淆，表意非常明确。主要原因在于：在"把得"双宾语给予句中，一般不会用兼语式或连动式，所以"把得"给予句的单宾语结构比较常见。这样的话，句中的谓语动词具有唯一性，"把得"必须分析为谓语动词，所以肯定不是被动标记。如果是"把得"单宾语给予句中还有别的动词，这个句子就完全符合被动句的句法特征了。如例（1）句后面加上动词做谓语后，句子变为"十块钱把得小刘拿走了冇？"就是典型的被动句了。

可见，"把得"给予句向被动句演变的句法机制在于"把得"单宾语给予句的兼语式结构与被动句的关联性。

16.4.2　语义机制

先观察以下两个句子：

（10）那点子肉把得小王了。那点肉给小王了。

（11）那点子肉把得小王吃了。那点肉被小王吃了。

例（10）只比例（11）少了个"吃"字，意思却明显不同了：前者是给予句，后者是被动句。这两句在崇阳方言中不会引起歧义。仔细考察后还可明显看出，两句中间还应该有一句"那点子肉把得小王了，小王吃了"。这一句正是"把得"从"给予"义到"被动"义重新理解重新分析的关键，"肉"是"给小王"的，但正是这个

"给""致使小王吃了这个肉"。从语义上说,"给予"义、"致使"义与"被动"义之间也有很大的关联。关于这点,在前人的很多论述中都详细论证过,① 在此不再赘述。

再看下面几个例子,"把得"在其中兼具"致使"义和"被动"义,两者界限不甚分明,足以证明两者的紧密联系。

(12) 把个些鸽哒锁好,莫把得伊家哒飞起跑了。把这些鸽子都关好,不要让/被它们飞走了。

(13) 在水哒戏要过细点子,莫把得水呛倒了。在水里玩要小心点,别被/让水呛倒了。

(14) 莫着个鞋哒,伊箇路不好走,慢把得路上箇石头打了脚。别穿这个鞋,那里的路不好走,以免让/被路上的石头磨了脚。

以上三句多做被动义解,可是理解为致使义也并非不可。

16.4.3 演变过程

"把得"在崇阳方言中还可用作带有假设性意味的语法成分,相当于共同语中的"换做(某人)",一般放在虚拟句的分句句首或句中,句子的假设性意味相当明显,其前面还可以再出现一个表示假设的连词"要是",以增强假设的语气。例如:

(15) 把得我,就不去。换做我,就不去。

(16) 个好箇事伊都不制,(要是)把得小陈箇妈,跑都跑不赢。这么好的事他都不做,(要是)换做小陈的妈,跑都跑不赢。

(17) 把得我,我才不吃个样箇东西咧。换做我,我才不吃这样的东西呢。

我们认为,崇阳方言中表"换做"义的"把得"同样也是经历过"致使"义的。例如:

(18a) 个个事把得别个蛮为难。这件事让别人很为难。

(18b) 个个事把得别个啊,蛮为难。这件事让别人啊,很为难。

(19) 等一下当,把得我想下子当。先等一下,让我先想一想。

这些句子中的"把得"都是表"致使"义的,分别为"使(致

---

① 石毓智(2006)从类型学的角度论证了汉语给予动词演化成被动标记的机制。他引用大量汉语方言和近代汉语语料,运用类型学方法,在前人研究的基础上得出结论:表"给予"义的动词发展为被动标记的过程的关键是其"致使""使役"义。

使)别人很为难"和"让(容许)我想想",但是句子结构比较松散,"把得+N"后面都可以插入一些语气词等成分做停顿,这就为假设分句的形成提供了可能条件。再者,由于前面介绍的"得"的特殊词性,"把得"后面就只能接动作对象这一类宾语,从"致使"义到"换做"义、由表明"使得某人怎么样"到"换做某人怎么样"也顺理成章了。

综上,崇阳方言"把得"的演变有两个重要过程:首先是"把得"给予句的句法语义特征为其向被动句的演变提供了句法便利;再者,和汉语里诸多"给予"类的动词一样,"把得"逐步演变为"致使"义并向"被动"义发展。但不同的是,崇阳方言还由"致使"义演变出了"换做"义,这是目前的方言研究中比较少见的现象。总的来说,"把得"一词在崇阳方言中的演变历程可用图示表示如下:

$$给予 \to 致使 \nearrow 换做 \searrow 被动$$

总的来说,崇阳方言的"把得"被动句与汉语共同语的被动句有同有异,其中最值得我们关注的是被动标记"把得"一词的演变。汉语方言中"给予"类的词兼做被动标记的现象不在少数,但是大多数都只是单音节的给予类动词。而崇阳方言的"把得"这样一个双音节词打败了同样具有"给予"义的单音节词"把",其演变机制非常有代表性。并且,在经历"致使"义的同时,不仅跟诸多方言一样演变为被动标记,还具有"换做(某人)"义。这在目前的方言研究中是较少发现的。即便湖北省内其他方言也有"把得"被动句,但其"换做(某人)"义却鲜有提及。

除此之外,还有一种可能性不能排除,那就是崇阳方言"把得"一词是由"把……得……"结构虚化而来的。因为"把……得……"式给予句在崇阳方言中应用比较自如,很可能是受北方方言影响,才出现了"把得"的双宾语给予句。之后由于句法位置关系,"把得"经常放在一起连用,由结构虚化为一个词也就水到渠成了。另一个旁证是,崇阳方言中与表"给予"义的"把得"相类似的还有一些"动词+得"的动词,如"拿得""寄得""送得"等,均表示"给予"或"取得"义,用法也跟"把得"类似。例如:

(20a) 伊把阿本书送（/把/拿/寄）得我了。他把那本书送（拿/寄）给我了。

(20b) 伊把（送/拿/寄）本书得我了。他送（拿/寄）本书给我了。

(21a) 明日把伞送得小王。明天把伞送给小王。

(21b) 明日送伞得小王。明天送伞给小王。

16.5　小结

综上，崇阳方言被动句的特征可以总结如下：句法上，被动标记为双音节词"把得"，并且受"得"后接名词的句法制约，该句式中的施动者必须出现；语义上具有很强的已然性和施动性；语用上多数为表拂意，也不排除如意的表达；"把得"一词演变为被动标记的演变机制和语法化动因主要是该词的给予义和致使义的双重叠加，与其他方言相比，更为有特色的是，崇阳方言的被动标记，除了与"给予"义和"致使"义有关系外，还兼表"换做义"。

第 17 章 致使句

致使句是人类语言中普遍存在的一个重要句式，是通过各种手段表示使令意义的句子，即主语使宾语怎么样。致使结构应包含三个要素，即致事（引发事件的人、物或事）、使事（结果事件的主事）和结果（行为或状态）。

现代汉语致使句的研究成果可谓汗牛充栋，说明该句式得到汉语语法学家的高度重视，是语法学和语义学研究的焦点之一。从致使范畴的命名、分类、历史演变，到结构主义视角、认知视角以及形式语言学视角下的致使研究，再到类型学、句模、配价和系统功能等角度，都有不少学者关注和深入分析。关于现代汉语北京话中致使句的分类，范晓（2000）将致使句分为显性致使和隐形致使，前者是指致使意义比较明显，一般是有致使标记的致使句或者能自然变换为"使"字句的句子，如"使"字句、"V 使"句、某些表示致使义的"把"字句以及"使动"句。相对于显性致使句而言，隐性致使句表示致使意义不明显，一般无致使标记，也称作无标记致使句。这类句子主要有"使令"句、"使成"句以及某些"V 得"句，其特点是没有如"使""让""被""把"等致使标记，也不能自然地变换成"使"字句，但句子内部隐含着致使关系。语言类型学将这两类致使句分别称为"分析型致使句"和"词汇型致使句"。本章将从这两个分类角度来分析崇阳方言的致使句。

17.1 分析型致使句

在现代汉语北京话中，这类致使句广泛采用具有使令意义的动词

"使、让、令"等，这些表示使令含义的句子都是兼语句式。在崇阳方言中，虽然很少使用"使、让"，更是几乎不用"令"，但也使用一些具有使令意义的动词，如"把、把得让、喊叫、尽让"等来构成兼语句，从而表达使令意义。

17.1.1 "把"字致使句

处置义与致使义有紧密联系，对人或事进行处置，有时就会导致某种结果，致使义继而出现。因此致使义处置句是处置句一个非常重要的语义分类，上文讨论处置句时也提及过。下面进一步讨论崇阳方言的"把"字致使句。

这类致使句的句法结构，按照谓词及其论元的语义逻辑关系，可分两种情况：

A 类：结构上，这类致使句"把"后的处置对象是动作的发出者，句子构式为"客体 + 把 + 主体 + 动作 + 补语"构式，动作的施事主体置于处置标记"把"之后，受事客体置于句首。语义上，该句式动词和补语的语义指向皆为动作的发出者（主体），即施事者。这类致使句与现代汉语北京话的"使"字致使句在结构和语义上，基本相同。例如：

（1a）伊碗汤把伊喝得一头汗。那碗汤把/使他喝得一头汗。

（2a）个作业把我箇崽写了一晚上。这份作业把/使我儿子写了一晚上。

（3a）个点子路就把尔走累倒了？这么短的路就把/使你走累着了？

例句中的补语"一头汗""一晚上"和"倒了"分别是主体"伊""我箇崽"和"尔"的动作结果。

句式转换上，这类句式可以转换为致使型重动句式，如上面三个例句可分别转换成如下三个例句：

（1b）伊喝伊碗汤喝得一头汗。他喝那碗汤喝得一头汗。

（2b）我箇崽写个作业写了一晚上。我儿子写这份作业写了一晚上。

（3b）尔走个点子路就走累倒了？你走这么短的路就走累着了？

B 类：结构上，这类致使句是动作的发出者即施事者置于"把"前，做句子主语，句子结构为"主体 + 把 + 客体 + 动作 + 补语"。语义上，这时补语的语义指向动作的受事，即客体。这类致使句与现代汉语北京话的"使得"句在结构和语义上，基本相同。

（4a）个大雨把我窗户边箇桌哒压打湿了。这场大雨把/使得我窗边的桌子都淋湿了。

（5a）个几日箇高温，把地里箇菜压干死了。这几天的高温，把/使得地里的菜都旱死了。

（6a）猛箇一阵放炮箇响声把我吓得心哒怦怦跳。突然一阵放鞭炮的声音把/使得我的心脏吓得怦怦跳。

"湿""死""怦怦跳"分别对客体"桌哒""菜"和"心"的性质或状态进行评价或描述。

句法转换上，B类致使句不能转换为重动句，但可以转换为一般主谓宾句式（下列带 b 序号的句子）或者被动句（下列带 c 序号的句子）。例如：

（4b）个大雨打湿了我窗户边箇桌哒。这场大雨淋湿了我窗边的桌子。

（4c）我窗户边箇桌哒把得大雨压打湿了。我窗边的桌子都被这场大雨淋湿了。

（5b）个几日箇高温干死了地里箇菜。这几天的高温旱死了地里的菜。

（5c）地里箇菜压把得个几日箇高温干死了。地里的菜都被这几天的高温旱死了。

（6b）猛箇一阵放炮箇声音吓得我心哒怦怦跳。突然一阵放鞭炮的声音吓得我的心脏怦怦跳。

（6c）我把得猛箇一阵放炮箇声音吓得心哒怦怦跳。我的心脏被突然一阵放鞭炮的声音吓得怦怦跳。

从语义表达上来看，b 组主谓宾句式表达的致使义比较弱，而 a 组"把"字处置式和 c 组"把得"被动式则在突出致使义方面有着天然的句式优势。因此，B类致使句在表达致使义方面比较受限。

综上，我们可以看到，两类"把"字致使义处置句的不同主要在动作的发出者（即动作主体）位于"把"前还是"把"后。因此，这类处置句表致使义的强弱，关键在于所使用动词的语义指向上。对比下列三组例句：

（7a）一壶米酒把王娭家喝醉了。一壶米酒把/使王大妈喝醉了。

（7b）一壶米酒把王娭家灌醉了。一壶米酒把大妈灌醉了。

（8a）一场大病把伊箇身体累垮了。一场大病把/使他的身体累垮了。

(8b) 一场大病把伊箇身体拖垮了。一场大病把他的身体拖垮了。

(9a) 个事硬是把我听糊涂了。这件事硬是把/使我听糊涂了。

(9b) 个事硬是把我搞糊涂了。这件事硬是把我弄糊涂了。

第一组例句中，动词"喝"的发出者"王娭家"处于处置对象的句法位置，而"灌"的动作发出者是"米酒"，处于全句的主语位置。后面两组例句以此相类而较。因此，三组例句中的 a 句全部为 A 类致使句，而 b 句则为 B 类致使句。A 类句法结构更趋同于北京话的"使"字致使句，致使义也强于 B 类致使义。

另外，上文讨论被动句时，提到"把得"一词从"给予"义演变到被动标记，其中经历了"致使"义的演变轨迹。因此，崇阳方言中，"把得"用来凸显致使义的用法也比较常见。

(10) 尽伊去，慢哭起来，把（得）我脱不了符。让他去，不然他哭起来，令我脱不了身（不得安宁）。

(11) 今年发几大箇水哟，把（得）地哒箇菜哈浸刮了。今年发了好大的水啊，使得地里的菜都淹死了。

(12) 把东西捡好，莫把（得）箇屋哒搞得落不了脚。把东西收拾好，别弄得家里都下不了脚。

不过，这类"把得"致使句基本都能与被动结构互换。如上述三个例句中的致使结构均可转换成相应的被动式。

(10') 尽伊去，慢哭起来，我把得伊哭得脱不了符。让他去，不然他哭起来，我被他哭得脱不了身（不得安宁）。

(11') 今年发几大箇水哟，地哒箇菜压把得水浸刮了。今年发了好大的水啊，使得地里的菜都淹死了。

(12') 把东西捡好，屋哒莫把得（乱七八糟箇）东西搞得落不了脚。把东西收拾好，家里别被（乱七八糟的）东西弄得下不了脚。

从这两种句式的变换，我们似乎能找出崇阳方言中"把得"由处置义经历致使义然后到被动义的句法演变机制：首先，上文讨论过"把"字处置式带有致使意味，进而演变为致使义处置式，此时的句法结构依然是"主体＋把＋客体＋动作（＋补语）"，又由于位移类处置句中，间接宾语前会有个介词"得"，如"把本书得我"或者"把得我一本书"，所以在部分致使结构的"客体"前，有时也会出现"得"，而且这个"得"的隐现目前看来比较随意，基本可以认为是说话人无意间带入的甚至是误用的，但是经常被误用后，"把得"作为致使标志也慢慢被接收被认可。因此，就有了例（10）—（12）这样的致使结构，其中的致使标志"把"和"把得"皆可，本质上仍是致使义处置式。但是，转换成被动句后，动作主体（施事）和动作客体（受事）的位置互换，被动标志必须是"把得"而不能用"把"，即为典型的被动结构。值得注意的是，崇阳方言的处置标记和被动标记区分很严格，但在致使标记上却出现二者混用现象，这也能反映出"把得"在从处置义演变到被动义过程中大概率经历过或经历着致使义。

17.1.2 "喊"字致使句

"喊"是由"叫、请"的意思引申出来的致使义，但这种致使义往往"致使"意味不浓，更多包含的是"请求""使成"义。

（13）我妈喊我帮伊买双鞋。我妈让我帮她买双鞋。

（14）我箇电脑坏了，喊伊来看下子。我的电脑坏了，叫他来看一下。

（15）你有本事就自家制哓，莫喊我动手。你有本事就自己做嘛，别让我动手（参与）。

这些例句中的"喊"虽然还是可以理解为"叫、请"，但"用语言说"的意味减弱虚度，甚至可以忽略不计，更多的还是在表达"使、让"这样的使成义。因此，我们还是将其纳入致使句范畴考察。

17.1.3 "尽"字致使句

崇阳方言中的致使义标记"尽"相当于北京话的"让"，表"允许"义。

（16）哪个尽你喝饮料箇啊？谁让你喝饮料的啊？

（17）尽伊去看电影哓！让他去看电影嘛！

（18）把鸽哒关好，莫尽伊飞起跑了！把鸽子关好，不要让它飞走了！

（19）个个事尽我晓得了要勤奋箇道理。这件事让我知道了要勤奋的道理。

前面两个例句更强调"允许"，后面两例则是由允许义引申出的致使义。

17.2　词汇型致使句

词汇型致使句没有分析型致使句那种特定的致使标记，一般通过致使动词和致使结果补语来表示致使关系。因此，这类致使句语义上表达了致使性范畴，但形式上属于非典型致使句。试比较下列两组例句：

（1a）伊把脚跶跛了。他把腿摔跛了。

（1b）脚跶跛了。腿摔跛了。

（2a）伊戏游戏戏得眼都花了。他玩游戏玩得眼都花了。

（2b）眼戏花了。眼玩花了。

上述 a 组例句中，叙述的出发点是致使者，致使者为主语，被使者为宾语，致使关系在句法结构中一目了然，分别是致使义处置句和重动句表致使；而 b 组例句中，叙述的出发点是被使者，致使者省隐，致使关系主要通过结果补语和动词的关系去表现："跶"和"戏"这两个动作分别致使"脚"和"眼"这两个受使者"跛了"和"花了"（两个不同的致使结果）。这类主要通过动补结构来表达致使关系的致使句也被称为"隐性致使句"。常见的还有以下几类。

17.2.1　"V 得"致使句

崇阳方言可以用部分表致使义的"V 得"短语做谓语，形成"V 得"致使句。

（3）伊吓得我一跳起来。他吓得我跳起来。

（4）今日累得我脚都抬不起来。今天累得我脚都提不起来。

（5）个火锅辣得我眼泪哈出来了。这个火锅辣得我眼泪都流出来了。

（6）个细伢崽吵得我头皮都麻了。这个小孩子吵得我头皮发麻。

17.2.2　"V 人"致使句

崇阳方言可以用部分表致使义的"V 人"短语做谓语，形成"V 人"固定词组的致使句。例如：

（7）港哒箇水点把刺人。河里的水非常凉。

（8）个汤刚起锅箇，闷焐人。这个汤刚刚出锅，十分烫手。

(9) 个事几怄人哦！这件事多气人啊！

(10) 莫出去丢人！别出去丢人！

这类固定词组"V 人"，可以理解为"使人怎么样"，一般表达贬义，有的已经虚化为词语。

另外，从严格意义上来说，一些使用动结式短语做谓语的句子也是表达致使义的，如"吃刮了碗哒箇饭吃光了碗里的饭""看完了个本书看完了这本书""打烂了伊箇盅哒打烂了那个杯子""洗干净了我箇衣洗干净了我的衣服"。因为动结式短语一般是"动词+结果补语+宾语"结构，往往含有"主语使宾语怎么样"的含义，语义上属于致使义表达范畴。但这个意义范畴太过宽泛，而且句法形式上又不够典型，本书不再详细分析这部分致使义结构。

17.3　小结

本章从分析性致使句和词汇型致使句两种类型来讨论崇阳方言的致使句。总结为如表 17—1 所示。

表 17—1　　　　　　　　崇阳方言致使句类型

类型		结构
分析型致使句	"把"字致使句	"客体+把+主体+动作+补语"；"主体+把+客体+动作+补语"
	"喊"字致使句	"主体+喊+客体+动作+补语"
	"尽"字致使句	"主体+尽+客体+动作+补语"
词汇型致使句	"V 得"致使句	
	"V 人"致使句	

第18章　双宾句

双宾句是许多语言中普遍存在的句式，自然也就引发国内外诸多学者对各种语言和方言中的双宾句进行探讨。汉语学界目前对双宾句还没有统一的定义，但大体上都认为：谓语动词，尤其是"给予"类谓语动词后跟两个宾语的句子是典型的双宾句。张伯江（1999），刘丹青（2001）还认为谓语动词后无须任何介引成分，直接带上两个宾语的双及物句才是双宾句，而借助于某种介词标记引出间接宾语的称为介宾补语式（如"送书给他"）或复合词式的"双及物句"（如"送给他书"）。鉴于这几种句式在句法结构和语义表达的高度近似性，本书将之分列为"介引式双宾句"和"无介引式双宾句"，归统在双宾句类别下进行讨论。

在汉语方言双宾句的研究中，谓语动词的语义类型、两个宾语的位置关系及表意特点，都是方言研究者们讨论的热点，其中很多南方方言双宾句的语序，因其呈现出与北京话双宾语语序的差异，而得到更多学者的关注。本书也将从双宾句的语序结构着手，分类讨论崇阳方言双宾句的动词类别、介引词的隐现以及句法特征。

为便于后文讨论，本书采用刘丹青（2001）的观点，使用直接宾语（后文用"O$_直$"表示）和间接宾语（后文用"O$_间$"表示）分别来称谓受事和与事。[①] 据此，崇阳方言双宾句可描写为如下四种类型（见表18—1）：

---

① 刘丹青（2001：388—389）从语言共性和汉语内部直接宾语可以被动化、可以做主语、可以做话题等关系化自由度高于间接宾语这两方面，认为直接宾语和间接宾语的提法比较合理；同时提出远近宾语和指人指物宾语的概念都有明显的局限性。

表 18—1　　　　　　　崇阳方言双宾句类型

句式名称	句法结构	崇阳方言例句（北京话：我给你钱）
无介引 A 式	S + V + O$_直$ + O$_间$	我把钱尔。
无介引 B 式	S + V + O$_间$ + O$_直$	我把尔钱。
介引 A 式	S + V + O$_直$ + 得 + O$_间$	我把钱得尔。
介引 B 式	S + V + 得 + O$_间$ + O$_直$	我把得尔钱。

其中，无介引 A/B 式的使用都有限制，而含有介引的两种句式尤其是介引 A 式，则无限制，限制条件以及句法选择都与动词语义相关。与北京话相似的是，崇阳方言双宾句的动词也基本是二价或三价动词。一般来说，能进入崇阳方言双宾句的动词按其语义性质可以分为以下五类：给予义类；索取义类；欠负义类；言说义类（包含称呼义类）；其他义类（主要包括既非给予也非取得类的双宾句）。下面我们讨论按此分类讨论崇阳方言的双宾句。

18.1　给予义动词双宾句

给予类动词带双宾语的句子通常被认为是典型的双宾语句。朱德熙（1979）将"给"义动词又细分为三类：Va 给予类，Vb 取得类和 Vc 既非给予也非取得类。与北京话基本相同的是，崇阳方言中"给"义动词基本也如是分类，其中，Va 和 Vc 类动词是本部分内容的研究对象，尤其是 Va 给予类可谓是典型给予类动词，Vb 取得类我们归入索取类双宾句进行讨论。与北京话不同的是，Va 类和 Vc 类这两类动词，在崇阳方言中进入四种双宾句句式的可接受度不同：无论何种动词的双宾句，使用频率最高，表义最精准，句法最强势的只有介引 A 式；在这一前提下，Va 类动词双宾句仍有四种句式均可使用，重成分后置情况除外，而 Vc 类动词双宾句则基本只使用介引 A 式。

首先考察 Va 给予类动词的双宾句。

崇阳方言该类动词有"把、送、递、付、嫁、分、赔、留、输、教、还、找~钱、退、补、赔、奖、卖、租、介绍、分（配）、推荐"等。从配价理论的角度来看，这类动词一般都是三价动词，分别与句子的主语 S（施事）、直接宾语 O 直（受事）和间接宾语 O 间（与事）发生着语义关联，传达出 O 直由主语施事到与事的转移过程，北京话的句法呈现出明显的向右转移，而崇阳方言虽然大方向也是右转移，但是上述四种双宾句式基本上均可使用，也就说受事和与事的语序可以互换。句法使用主要有以下几种情况：

其一，当两个宾语，尤其是间接宾语是代词或结构比较简单的名词、名词性短语时，四种句式均可使用。此时，如果 O 直是数量短语且数词为"一"时，无介引和介引的 A 式均可省略这个数词"一"，但使用 B 式时则要求数词显现。如下面两组例句（见表18—2）：

表 18—2　　　　　　　不同类型双宾句例句对比（1）

北京话说法		（1）给我一本书。	（2）教他一句崇阳话。
崇阳方言说法	无介引 A 式	把本书我。	教句崇阳事伊。
	无介引 B 式	把我一本书。	教伊一句崇阳事。
	介引 A 式	把本书得我。	教句崇阳事得伊。
	介引 B 式	把得我一本书。	教得伊一句崇阳事。

或者有定指代词"个这、伊那、阿那"时，与上述省略数词"一"的情况一样（见表18—3）。

表 18—3　　　　　　　不同类型双宾句例句对比（2）

北京话说法		（3）分给他那支笔。	（4）我要送我弟弟这幅画。
崇阳方言说法	无介引 A 式	分阿支笔伊。	我要送（个）幅画我老弟。
	无介引 B 式	分伊阿支笔。	我要送我老弟个幅画。
	介引 A 式	分阿支笔得伊。	我要送（个）幅画得我老弟。
	介引 B 式	分得伊阿支笔。	我要送得我老弟个幅画。

间接宾语是简短的短语也可以使用这四种句式。如"（5）还给我儿子同学几个作业本"这句话，崇阳方言可以有四种双宾句式：

(5a) 还几个作业本我崽箇同学。

(5b) 还我崽箇同学几个作业本。

(5c) 还几个作业本得我崽箇同学。
(5d) 还得我崽箇同学几个作业本。

其二，如果两个宾语有一个太长，无介引的 A/B 式均不可使用。如："（6）我要送给我去年认识的一个好朋友自己做的礼物"这句话，崇阳方言就只能用介引 A/B 式。

(6a) ＊我要送个自家制箇礼物去年认得箇好朋友。
(6b) ＊我要送我去年认得箇好朋友自家制箇礼物。
(6c) 我要送个自家制箇礼物得我去年认得箇好朋友。
(6d) 我要送得我去年认得箇好朋友我自家制箇礼物。

严格说起来，这种直接宾语和间接宾语，尤其是间接宾语太复杂的双宾句，在日常交际中使用频率并不高，可能与口语交际中简单明了的交际需求有关。如必须使用双宾句，也只能介引 A/B 式，因为介引成分"得"的出现会让语法关系表述得更清楚。尤其是当间接宾语远比直接宾语长而复杂的时候，介引 A 式将是最佳选择。再如下面这组句子，想要表达"（7）我要送花给我去年认识的一个好朋友"，崇阳方言在四种双宾句式中只能使用介引 A 式。

(7a) ＊我要送我去年认得箇好朋友花。
(7b) ＊我要送花我去年认得箇好朋友。
(7c) 我要送花得我去年认得箇好朋友。
(7d) ＊我要送得我去年认得箇好朋友花。

最后一句的介引 B 式如果改为"（7e）我要送得我去年认得箇好朋友一枝花"也能勉强成立。这既与介引成分帮助明朗动词与各宾语之间的语法关系有关，也可能是重成分后置在汉语及汉语方言里的另一个例证。① 而（7e）之所以成立，大概也是因为后置成分略有加重。

再者，"介绍、推荐、分配、传染"这种介引类双音节动词，在崇阳方言中使用双宾句也比较受限。虽然四种双宾句都可以使用，但明显只有介引 A 式最常用也最强势，其他三种双宾式则只是偶尔会被用到。

---

① 重成分是指相对于相邻成分而言长而复杂的单位，重成分一般置于句式靠后的位置。刘丹青（2001：390）认为，双宾句中直接宾语本来处于后置位置，因此本来就可以接受重成分；但假如间接宾语长而复杂，特别是远比直接宾语长而复杂，双宾句就不适用。线性象似性指语义关系紧密的单位在线性距离上也更加靠近（2001：389）。

如表达"(8)张老板给他介绍了一份工作"时,可有如下四种说法:

(8a) 张老板介绍了伊一份工作。

(8b) 张老板介绍了份工作得伊。(最常用,最强势)

(8c) 张老板介绍了份工作伊。

(8d) 张老板介绍得伊一份工作。

其实,表达这一意思时,除了介引 A 式比较自然外,崇阳方言更多的是说成"(8e)张老板给伊介绍了份工作"。类似这样的句子还有:

(9a) 去年县哒分(配)得厂哒三个技术员。

(9b) 去年县哒分(配)了三个技术员得厂哒。

这种情况下,无介引的 A/B 式都基本不适用,可能遵循的是重成分后置情况下双宾句需有介引词"得"出现的原则。而且,表达这个意思更为常用的句式是"(9c)去年县哒给厂哒分(配)了三个技术员。"崇阳方言中"给"的这种用法与北京话基本一致,在日常交际中,是一种比较文气的说法,与同样受北京话影响的双音节给予类动词搭配比较和谐。

另一个有趣的现象是,使用介引 B 式时,句子的谓语动词"分配得"后面不能再直接接表示动作完成的体助词"了",折中的办法是在句末加事件完成的体助词"了",变成"(9d)去年县哒分(配)得厂哒三个技术员了。"究其原因,可能与介引词"得"有关。该句式要求动词后要紧跟介引词"得","得"又需要直接引出间接宾语,以至"V+得+O间"三者之间没有容纳其他成分的句法位置;而介引 A 式,动词和介引词"得"之间插入了直接宾语,体助词"了"就可以进入"动词+了+直接宾语"的句法结构中。

综上,崇阳方言 Va 给予类动词的双宾句式最为强势的是介引 A 式,其次是介引 B 式,无介引的 A/B 式受限比较大。崇阳方言中常见的 Va 给予类动词双宾例句示例如下:

(10) 学堂奖了 200 块钱得我家哒。/学堂奖(得)我家哒 200 块钱。_{学校奖励了我们 200 块钱。}

(11) 不想卖个双鞋得伊。/不想卖(得)伊个双鞋。_{我不想卖给他这双鞋。}

(12) 我难记了找十块钱(得)伊。/我难记了找(得)伊十块钱。

我忘记了找十元钱给他。

（13）小王退了一个月工资得厂哒。/小王退得厂哒一个月工资。小王退给了厂里一个月工资。

（14）赔块衣得伊。/赔（得）伊一块衣。赔一件衣服给他。/赔给他一件衣服。

18.2 取得义动词双宾句

崇阳方言常用的取得义动词有"赢、买、赚、扣、罚、偷、抢、借、拿"等，该类动词的双宾句有如下特点：①句法结构一般为"S+V+O间+O直"（即无介引B式），而且基本不能转换为无介引A式；其中，"O直"多为数量名结构短语。②介引词"得"的隐现对句式和语义影响比较大。这一组动词，按其语义及所构成双宾句的句式特点，又可分为两种情况："赢买"类和"借拿"类。

首先看"赢买"类动词双宾句。该类动词的常见句式是无介引B式。

（1a）上昼打牌我赢了伊三百块。上午打牌我赢了他三百块。

（2a）周老板赚了个崽三千块钱。周老板赚了这个年轻人三千块钱。

（3a）交警罚了伊100块钱。交警罚了他100元钱。

（4a）海关扣了张总两箱货。海关扣留了张总两箱货。

（5a）我抢了我姐一条裙。我抢了我姐的一条裙子。

但这种句式与典型双宾句（给予类动词双宾句）有如下不同点：其一，这类句式的宾语部分可以看作是省略了结构助词"箇的"的偏正式名词短语。如这些句子加上结构助词后均成立，并且表义几乎不变。

（1b）上昼打牌我赢了伊箇三百块。上午打牌我赢了他的三百块。

（2b）周老板赚个崽箇三千块钱。周老板赚了这个年轻人的三千块钱。

（3b）交警罚伊箇100块钱。交警罚了他的100元钱。

（4b）海关扣张总箇两箱货。海关扣留了张总的两箱货。

（5b）我抢了我姐箇一条裙。我抢了我姐的一条裙子。

其二，这些例句一般不能转换成介引A/B式，如不能直接在指人宾语前加介引词"得"。如下面的句子在崇阳方言中都是说不通的：

（1c） *上昼打牌我赢得伊三百块。

（2c） *周老板赚得个崽三千块钱。

（3c） *交警罚得伊 100 块钱。

（4c） *海关扣得张总两箱货。

（5c） *我抢得我姐一条裙。

如果强行转换，须将"得+指人宾语"放到数量短语之后，此时句子语义就会发生变化。对比下列五组句子：

（1a） 上昼打牌我赢了伊三百块。上午打牌我赢了他三百块。

（1d） 上昼打牌我赢了三百块得伊。上午打牌我赢了三百块给他。

（2a） 周老板赚了个崽三千块钱。周老板赚了这个年轻人三千块钱。

（2d） 周老板赚了三千块钱得个崽。周老板赚了三千元钱给这个年轻人。

（3a） 交警罚伊 100 块钱。交警罚了他 100 元钱。

（3d） 交警罚 100 块钱得伊。交警罚了 100 块钱给他。

（4a） 海关扣了张总两箱货。海关扣了张总两箱货。

（4d） 海关扣了两箱货得张总。海关扣了两箱货给张总。

（5a） 我抢了我姐一条裙。我抢了我姐的一条裙子。

（5d） 我抢了一条裙得我姐。我抢了一条裙给我姐。

对比可见，句法移位后，语义上，指人宾语均从受事方变为收益方；动作"转移和到达"是两个过程。此时的句式结构也发生了变化，不是双宾句，也不是双及物句，而是连动式。刘丹青（2001：387；394），何万顺（Her，1997：2）认为普通话里的"VO 给 NP"句式，若 V 是三价动词，则"给"是介引与事的前置词；若 V 不是这类动词，则"给"是动词，整个结构为连动式。

另外，需要注意"（6）上昼打牌我赢了伊三局上午打牌我赢了他三局"这种句子，"赢了伊三局"和"赢了伊三百块"，外在结构看似类似，其内在语法结构还是有差异的。"三局"与"伊"没有领属关系，该句也无法转换为任何介引式。所以，"三局"可以看作"赢"的补语，"三百块"才是"赢"的直接宾语。

下面分析"借拿"类动词双宾句。

该类动词的常见句式是无介引 B 式。由于"借、拿"等动词兼有给予义和索取义，所以无介引的双宾句往往有歧义。如："（7）我昨日借了伊 300 块钱"可以理解为"我从他那里借来了 300 元钱",也可以理解为"我借给他 300 元钱"。但崇阳方言中,更多的是用介引 A/B 式,一来该式本就是双宾句的强势句式,二来有助于消除歧义,便于明确语义指向。

(7a) 我昨日借得伊 300 块钱。我昨天借给他 300 块钱。

(7b) 我昨日借 300 块钱得伊。我昨天借了 300 块钱给他。

(7a) 我昨日拿得伊 300 块钱。我昨天拿给他 300 块钱。

(7b) 我昨日拿 300 块钱得伊。我昨天拿了 300 块钱给他。

18.3　欠负义动词双宾句

欠负类动词有"差、该欠"两个,它们构成的双宾句只有一种语序,即"S + V + O间 + O直"。例如:

(1) 伊还差我一本书(冇还)。他还差我一本书(没还)。
(2) 个崽差第一名一点子。这孩子离第一名差一点点。
(3) 我箇同学该我一餐饭。我的同学欠我一顿饭。
(4) 伊该我闷多钱。他欠我很多钱。

18.4　言说义动词双宾句

本处所说的言说义类动词也包括称呼义类的动词,主要有"喊、问、骂、叫"等。与欠负类动词带双宾结构一样,言说称呼类动词构成的双宾句也只有无介引 B 式一种结构。另外,要注意区分双宾式与动补式。如句子"伊箇妈喊了伊一阵。他妈妈喊了他一阵。""一阵"是"喊"的补语而非宾语。该类动词带双宾语例句如下:

(1) 我问了伊一个问题。我问了他一个问题。
(2) 尔莫问我个些事。你别问我这些事。
(3) 别个压喊伊主任。别人都叫他主任。
(4) 我要喊伊王医师吧?我要称呼他王医生吧?

由此可知,欠负类和言说称呼类动词,在崇阳方言中带双宾语一般只局限于无介引 B 式,并且完全无法转换为其他三式。

综上，崇阳方言中索取义动词、欠负义动词和言说义动词双宾句，大部分只有"S+V+O间+O直"（即"无介引B式"）一种句式，一般无法转换为无介引A式和介引B式，有些虽然可以转换为介引A式，但句法结构和句法意义都发生了变化。

18.5　其他义动词双宾句

除了上面讨论的四种动词语义较为明确的双宾句外，还有一些其他义动词的双宾句也值得关注，这类动词本身并没有明确的给予或取得倾向，具体表义要通过语境来传达，如"寄写"类动词"寄、写、抄、炒、留、发、拈"等。这个被赋予的"给予义"成分，主要是通过受事论元从施事论元转移到与事论元来表现。比如：

（1a）我寄了点把多东西得伊。_{我寄了很多东西给他。}
（1b）我寄了伊点把多东西。_{我寄了他很多东西。}
（1c）我寄得伊点把多东西。_{我寄给他很多东西。}

但是，这类给予义双宾句多少还是受动词配价的限制，有些二价动词如果不加介引词就直接接间接宾语，容易造成句法错误，或者因语义指向不明而形成歧义句。下面分别用两组例句来说明。

（2a）小王写了首诗得小李。_{小王写了一首诗给小李。}
（2b）小王写得小李一首诗。_{小王写给小李一首诗。}
（2c）＊小王写了小李一首诗。
（2d）？小王写了一首诗小李。_{小王写了一首诗小李。}
（3a）？我拈伊一块肉。_{我夹他一块肉。}
（3b）我拈得伊一块肉。_{我夹给他一块肉。}
（3c）我拈了一块肉得伊。_{我夹了一块肉给他。}
（3d）我拈了一块肉伊。_{我夹了一块肉他。}

例（2）组中，c句不合法，因为语义上"小李"不能做动词"写"的结果宾语或者工具宾语，但是通过加介引词"得"以后，含有"（送）给"的意味，"小李"就变成与事宾语了。因此介引A/B式才能成立。d句的成立有两个因素：一方面，宾语"小李"在距离上远离了动词"写"，占据远宾语（即间接宾语）的位置；另一方面，也可能还是受 a 句省略介引词的影响。但总的来说，在这种情况下，还是介引 A 式最自然也最为常用。

例（3）组中，a 句有歧义，可以理解为"我从他那里夹了一块肉"或者"我夹了一块肉给他"。添加介引词"得"以后，"伊他"就是很明确的受益方，从而消除歧义。d 句的成立也是因为被看作 a 句的省略，因而几乎无歧义。

同样，因为崇阳方言的介引 A 式是双宾句的强势句式，有较强的能产性和同化性，有些一般的行为动词，本身完全不含"给予"义的动词进入该句式后，也能被赋予一定程度的"给予义"，有的甚至还能使用其他几种双宾句式。汪国胜（2000）研究大冶赣方言的双宾句也曾得出如是结论："倒置式是方言的固有格式，是一种表'给予'的特定格式、优势格式，有较强的能产性，使那些不含'给予'义的动词进入这种句式后，临时获得了一种'给予义'。"比如崇阳方言中"制做、挖、买"等动词也可以进入双宾句，而且主要是介引 A 式，其他三式有些可能会有条件成立，但仍然没有介引 A 式常用，或者说如果有其他三式，或多或少都与介引 A 式有关才行，如可能是其省略形式，变为无介引 A 式。

(4a) 我制件衣得我箇妈。我做件衣服给我妈妈。
(4b) 我制件衣我箇妈。我做件衣服给我妈妈。
(5a) 你等下子买碗面得我。你等会儿买一碗面给我。
(5b) 你等下子买碗面我。你等会儿买一碗面给我。

因此，基于这种泛化的"给予义"双宾句，我们倾向于认为无介引 A 式是介引 A 式的省略形式。否则，为何这类表达只有 A 式能成立，而两种 B 式几乎全无可能呢？说明两个 A 式之间有某种天然的联系，所表现出来的仅仅是外在形式上介引词"得"的显隐。刘丹青（2001a）在研究粤语双宾 $VO_p\ O_r$ 式来源时，也介绍并赞同 Xu & Peyraube（1997）这种"介词省略说"，并以赣语、客家话、吴语为例，进一步论证了 $VO_p\ O_r$ 式的成因是语言经济原则作用的结果，认为它来自介宾补语式的省略，"由于省略形式的双宾语 $VO_p\ O_r$ 式在某些方言中出现频率很高，因此在一定程度上已语法化为真正的双宾句式"。崇阳方言又为此提供了一项例证，例（2）和例（3）两组例句均与此有关。

再如：

(6a) 明日尔挖点薯得伊。明天你挖点红薯给他。

(6b) 明日尔挖点薯伊。明天你挖点红薯他。

(6c) 明日尔挖伊一点薯。明天你挖他一点红薯。

(6d) 明日尔挖得伊一点薯。明天你挖给他一点红薯。

此组句式中，a/b/d 都没有歧义，表示"挖一点红薯给他"；但是 c 句有歧义，可以理解为"挖他的红薯"或者"挖红薯给他"；d 句倒是没有歧义，但这种句式说得比较别扭，不过因为介引词"得"赋予了"给某人"的意思，所以该句只表示"挖一点红薯给他"的意思。因此，崇阳方言这类泛化的"给予义"双宾句有明显的句式选择倾向，a 句即介引 A 式的使用最为常见和自然。

此外，这类非给予也非取得类动词的双宾句，使用介引 A 式时，可以在介引词"得"前面加上表示"给予义"的动词"送"，句式变为"V+O直+送得+O间"。如上面的句子可以分别说成：

(7) 我制件衣送得我妈。我做件衣服送给我妈。

(8) 明日尔挖点薯送得伊。明天你挖点红薯送给他。

(9) 我寄了点把多东西送得伊。我寄了很多东西送给他。

(10) 小王写了首诗送得小李。小王写了首诗送给小李。

只是加了"送"以后，表意精准了，但句法上，双宾句式就变成了连动式，而且强调了第二个动作"送"。这类句式不是双宾句范畴，在此不予详细讨论，但是通过两者句式的关联性可以看出，有些动词进入介引 A 式后，会被句式赋予或强或弱的"给予义"，其原因主要是介引词"得"的含义（含有"给予义"）和功能（需介引出间接宾语）制约。

由此可见，崇阳方言的双宾句，动词类型和句式结构相互制约、互为影响。一些典型的"给予义"三价动词要求句式出现双宾；而强势的双宾句式则可以将本无"给予义"的动词泛化出"给予义"。

18.6 小结

综上，崇阳方言双宾句主要分为给予类动词双宾句和非给予类动词双宾句（包括取得义、欠负义、言说义和其他义四类），前者是典型意义的双宾句，有四种句式可供使用，但相较而言，使用范围最广、使用频率最高的优势句式是介引 A 式，换句话说，崇阳方言的典型性双宾句是带有介引词"得"，并将介引出的与事宾语（间接宾语）置于直接宾语之后。非给予类动词双宾句，句式比较受限，基本只有无介引 B 式，虽然索取类动词的双宾式有些可以换成介引 A 式，但句法形式和句法意义都与典型的介引 A 式有些许差异。

至于崇阳方言双宾句呈现如此多样化的句法结构，我们认为可以使用"层次叠置"这一理论探析其形成原因。

方言的层次叠置现象非常普遍，按形成原因大体可分为历史层次叠置和共时层次叠置。前者主要是指由方言内部的历史演变而形成的层次叠置，游汝杰（2005：30—31）认为："方言历史层次的叠置是指在不同历史时期产生的'同义异构'现象在同一种方言的共时平面上共现。""方言历史层次的叠置有广义和狭义之分。狭义的方言历史层次叠置是指同一个语言单位内部的叠置，广义的方言历史层次叠置是指不同历史层次在不同语言单位的同现现象。"方言的共时层次叠置主要是指基于某一特定时期（共时）由于方言接触而形成的层次叠置现象。游汝杰（2005：32—36）将语言接触形成的层次叠置归因为"顶层语言"、"底层遗留"和"旁层渗透"三个方面。事实上，一种层次叠置现象的产生，往往是历时和共时共同作用的结果，很难截然分开。更大的分析难点是，即便确定了哪些是历史层次的叠置，但由于历史上方言书面材料遗留甚少，要判别哪种方言现象产生于哪个时代，也并非易事。因此，鉴于目前书面资料的缺乏，本节所说的层次叠置更多探讨的是语言接触（或方言接触，下同）层面形成的。

崇阳地处湘鄂赣三省的交界地带，由于独特的地理位置和方言内部的自身演变等原因，崇阳方言的语音、词汇和语法等层面均有不同程度的层次叠置现象。下面将从语言接触现象中常见的底层遗留、顶层影响和旁层渗透三个方面，来分析崇阳方言双宾句的层次叠置现象，以期从演变角度探寻该句法格式多样性的形成原因。

首先是底层遗留。此处的底层遗留是指现如今崇阳方言的样态是在传统崇阳方言基础上发展而来的，那么其多种双宾句式中哪些是传统崇阳方言双宾句的底层呢？据前文分析的五种双宾句式，我们可以判断出崇阳方言双宾句的优势句式是介引 A 式，介引 B 式次之，无介引格式的使用有诸多限制。从这个角度来看，含有介引词"得"的句式是崇阳方言的底层句式。该方言中的"把得"被动句也是旁证。崇阳方言被动句必须用"把得"介词，介引出实施者，说明"得"具有强制引出实施（参与者）的特性。崇阳方言双宾句以介引词"得"的出现为常，其主要原因也是"得"后必须介引出间接宾语，这样一来，或能有效消除予夺不明的歧义，或能在两个宾语长短不一时厘清动词与各宾语之间的语法关系，使得双宾句的表意精准清晰。

其次是顶层影响。顶层语言通常指社会语言中威望较高的语言，这一层级的语言一般是指："在同一语言社团（speech community）用于较正式、较庄重的场合，同时有可能成为不同言语社团的通用语言。"[①]当下对方言产生一般指共同语对方言的影响。共同语里双宾句的结构是"V + $O_{间}$ + $O_{直}$"。所以崇阳方言里介引 B 式和无介引 B 式，都是间接宾语在直接宾语之前，有可能就是顶层影响的结果（我把得伊一本书/我把伊一本书）。另外，共同语里"给"的语法化不完全，也存在"V + $O_{直}$ + 给 + $O_{间}$"句式，与崇阳方言的介引 A 式（我寄一本书得伊）几乎一样。

最后是旁层渗透。旁层是指周边方言对该方言形成的渗透式影响。比如湖北省的优势方言武汉话，其双宾句就无介引词，且也有直接宾语与间接宾语倒置的现象。这一点倒是很多南方方言双宾句的语序一致。而崇阳方言双宾句直接宾语与间接宾语存在两种先后顺序，其中直接宾语在间接宾语之前这一种类型，另一方面，无介引的 AB 式尤其是无介引 A 式（"V + $O_{直}$ + $O_{间}$"）是武汉方言双宾句的典型句式，崇阳方言无介引词的 AB 式有可能就是受旁层武汉话或者其他南方方言的影响，毕竟介引式才是崇阳双宾句的典型句式，无介引的使用受限并且很多时候被认为是不太严谨的介引式的省略。

至此，我们可以得出结论：崇阳方言典型的双宾句其实只存在于给予类动词双宾句中，并且介引词的使用占主导。这是底层崇阳方言的深

---

① 游汝杰：《吴语语法的历史层次叠置》，《语言研究集刊》2005 年第 1 期，第 32 页。

层次遗留，而无介引式的使用受限，尤其在典型的给予类双宾句中，其使用明显不如介引式地道，因此无介引式双宾句很有可能是受顶层语言即共同语的影响或旁层方言的渗透，其中无介引 B 式则明显是受顶层语言的影响所致。所以，崇阳方言双宾句才呈现出以介引 A 式为主，其他三式为辅的多种双宾句式并行的样态特征。这一点，与许多南方方言里无介引词的"S + V + $O_直$ + $O_间$"双宾句（也被称为"倒置双宾句"）为主流的情况是不同的。

第 19 章 比较句

比较是语言中重要的语义范畴，比较句就承载着这种表达需要。现代汉语北京话的比较句，前人时贤关注比较多，无论共时研究还是历时溯源都成果丰硕。汉语方言比较句的关注和研究，也向来是热点，既有共时上的，对单点方言各类比较句的描写和分析，也有类型学意义上的某类比较句的探讨和研究，还有多点方言间比较句的对比解析，或者比较句与比拟句（比喻句）的辨析，历时演变发展等。

崇阳方言比较句的结构与北京话比较句结构相当，通常都包含比较项、比较值和比较词三个部分。比较项包括比项（又称"比较前项"，简称 A）和被比项（又称"比较后项"，简称 B），比项 A 和被比项 B 可以是体词性成分，如名词、代词等，也可以是谓词性成分，如动词、形容词，或动词、形容词性短语等。比较值即比较结果，有时只是一种笼统值（简称 W），如"个个比伊个好用这个比那个好用"；有时则是一种量化值（简称 Z），如"我比你高三公分"。比较词在崇阳方言中比较丰富，随句式要求和表达需要不同而有所不同，但多数为"比""有得""比不得""越来越""越接"等。当然，与北京话相似的是，崇阳方言也存在失去比较词的比较句，如"伊大我筒他比我（年纪）大""伊高我十公分他高我十公分（他比我高十公分）"。

表义上，根据两个比较项的语义差异，崇阳方言的比较句可以分平比和差比，前者又称为等比或显同比较，后者又称为示差或不及比较。差比句的下位概念还包括差比、递比、极比三种小类。北京话比较句中的研究中，也有学者将"极比"单列出来，与"平比"和"差比"同处于一级。① 本书认为"极比"本质上也是显示差异的一种比较方式，因此将此列为"差比"的下级属性。另外，差比句还可以按语义来细分，称为强比句或弱比句。如"a. 个本哒比阿个本哒大这个本子比那个本子大""b. 个本哒比阿个本哒小这个本子比那个本子小""c. 个本哒冇得阿个本哒大这个本子没有那个本子大"。三句均为示差比较，从语义上来看，比项强于被比项的，如 a 句为强比句，反之 b、c 两句则为不及比较或弱比句。

语用表达上，崇阳方言比较句除了基本层面上准确传递比较信息或差异信息外，根据不同的比较句式或比较表达，至少还在如下几个方面体现其丰富的语用价值：一方面，有些等比句兼具生动比拟或婉转表达等修辞语用效果，前者主要是肯定等比句，如"伊写箇字跟印出来箇字一样工整他写的字跟打印出来的字一样工整"；后者则主要体现在否定式比较句上，如"伊点把能干，我也不比伊差箇哒他很能干，我也不比他差呢"，意即我和他一样能干，甚至比他更能干（是自我肯定自我表扬的一种谦逊或婉转表达）。另一方面，有些比较句式带有较强的主观性特征，根据比较项与说话人的预设或认知前提，传递出不同的主观情感。如"张三制事抵不到李四，李四抵不到王五张三做事比不上李四，李四比不上王五"中，如果句中三者的量级关系符合说话者和听话者的常规认知时，则该句强调对王五的肯定；反之，则传递的是说话者或无奈或调侃等情感。同样的，类似"张三制事连李四都抵不倒张三做事连李四都不如"的比较句式，蕴含的语用信息则更耐人寻味。崇阳方言比较句还有其他语用价值，后文将随句式类别逐一分析揭示。

另外，与北京话及大多数方言比较句一样，崇阳方言语法上的比较句与修辞上的比拟句的纠缠现象也非常明显，两者的辨析也是本章节研究的重点。

19.1 等比句

等比句又叫平比句，是指两个比项在特定比较范围内比较值无差

---

① 最早见于《马氏文通》，马建忠将比较畴分为平比、差比和极比三种。

异。相较于差比句，等比句受到的关注比较少，研究重点基本在两个方面：语法上的等比句和修辞上的比拟句的区分；等比句的否定句式与差比句之间的语义联系，以及否定等比句的语用功能差异等。后文按崇阳方言的等比句的肯定式和否定式分类讨论，兼论上述两项研究重点。

19.1.1　肯定式

崇阳方言等比句的比较介词主要是"跟［kε^{22}］"，极少用"和"，常用句型是"A 跟 B 一样 W""A 跟 B 一样箇"；还有"有"字比较句，句型为"A 有 B 个/伊/个样/伊样 W"等，这里的 W 指谓语性成分，包括动词（词组）、形容词（词组）等。例如：

19.1.1.1　"跟"字等比句

（1）我箇笔跟尔箇笔一样长。我的笔跟你的笔一样长。
（2）个屋跟伊屋一样高。这个房子跟那个房子一样高。
（3）我跟尔一样不喜欢喝酒。我跟你一样不喜欢喝酒。
（4）个哒跟阿哒一样聒煞人。这里跟那里一样吵死人。
（5）个本书跟阿本书讲箇一样箇。这本书和那本书说的（内容）是一样的。
（6）尔箇制法跟我箇制法一样箇。你的做法跟我的做法是一样的。

"一样"单做谓语时，有时可以换成其他更具描写性的近义词。例如：

（7）伊跟伊爸箇性格一模一样。他跟他爸的性格一模一样。
（8）我箇分数跟伊箇一分不差。我的分数跟他的一分不差，完全一样。

19.1.1.2　"有"字等比句

（9）伊有尔伊样高。他有你那么高。
（10）我屋门口箇路有尔话箇个条路个样宽。我家门口的那条路有你说的这条路这么宽。
（11）我写箇文章有伊箇文章字数多。我写的文章有他的文章字数多。
（12）我箇书包有尔箇阿样重。我的书包有你的那么重。
（13）我妈箇手有尔箇手大。我的手有你的手大。

相比而言，崇阳方言用"跟"字等比句更多更自然。因为语义上看，"有"字等比句倾向于表达比项赶得上被比项之意，而"跟"字句则更倾向于前后比项的等同。因此，"有"字等比句很多时候用作比拟句更自然。例如：

(14) 伊箇碗有面盆伊样大。那个碗有脸盆那么大。

(15) 伊箇手夹有我箇脚管粗。他的胳膊有我的小腿粗。

(16) 个港哒箇水有自来水伊样清。这河里的水有自来水那么清亮。

(17) 我箇崽有伊个长。我的儿子有他这高。

(18) 我箇工资有尔箇工资伊样多。我的工资跟你的工资那样多。

例（14）—（16）句通常被认为是比拟句，紧随其后的两句则为比较句。两者其实都有比较的含义成分，不同的是两者比较的目的不同，前者的被比较项往往都是大众认知里比较熟悉的对象，多数时候不需要出现、也无须隐含多精准的比较量，大家意会即可。很明显，说话者是为了生动形象描述比较项的某项特征而选用该被比较项。另外，两个比项是否为同一类事物也是区分比较句和比拟句的关键。如例（14），"碗"和"面盆"是两类事物，仅因为性状类似而被用来做比；如例（15），不管被比项"我箇脚管我的小腿肚"粗细如何，也无论其实际尺寸多少，全不重要，重要的是普通大众的认知里胳膊正常情况下会比小腿细，所以该句重在传递"伊箇手夹他的胳膊很粗"的信息，甚至夸张到比"脚管"还粗。这些是典型的比拟。例（16）的比项和被比项虽然都是水，但不同地方的水清亮度不同也是人所共知的，"自来水的清亮"用来作比"河里的水"，直观易懂。这种句子甚至可以看作比较句和比拟句的中间阶段。典型的比较句则不同，比项和被比项往往是同一类事物，且隐含有较为明确的比较量信息。如例（18），两个比项都是"工资"，被比项"尔箇工资你的工资"虽然未明示，但却是交际双方所确知的，除此之外，不会有其他想象空间，因此这类表达并非使用修辞手段。

19.1.2 否定式

对应肯定式的两种句型，崇阳方言等比句的否定形式也有两种："A 跟 B 不一样（W）""A 跟 B 不相同"；"A 冇得 B 个/伊/个样/伊样 W"。前一种是否定词出现在比较量部分，对比较结果进行否定，说明两个比项非等比；后一种是使用否定比较词，说明比项不如被比项。因此，"冇得没有"否定式其实也是差比句中的不及比较。

19.1.2.1 "跟"字等比句的否定式

（19）我箇作业本跟伊箇不一样（大）。我的作业本跟他的不一样（大）。

（20）今哒跟昨日不一样。今天跟昨天不一样。

（21）我箇哥跟我箇老弟箇个性哏不相同。我哥的性格跟我弟的性格完全不相同。

（22）老人家跟年轻崽箇想法点把不相同个咯！老年人跟年轻人的想法特别不同呢！

这类否定比较结果的否定式，重在强调两者在比较量上有差异，但具体差别是什么，不是表达的重点。如例（19）可以加"大"用以比较两个作业本的大小，若不加，则比较的可能是作业本厚薄、材质等其他的性质，表意更模糊。例（21）和例（22）句中两个比较项的表意基本清楚，重在表达比较结果完全不相同，也没有任何好坏优劣的比较目的。

19.1.2.2 "冇得"式等比句的否定式

（23）我家哒乡下人冇得尔个样有钱。我们乡下人没有你那么有钱。

（24）伊箇成绩冇得我好。他的成绩没有我好。

（25）我屋哒冇得尔屋哒新。我家房子没有你家房子新。

（26）个崽冇得伊崽伊样拐。这孩子没有那个孩子那么坏。

结构上，这类否定句采用"有"的否定词"冇得"做比较词，最大的特点是语义上有明显的"不及"倾向，即比项在比较量上比不上被比项。所以这类否定句与后文差比句中的示差比较具有同质性，这类句子中的"冇得"都可以改为"不如"，不影响句意。

但是，与肯定式相似的是，这类否定句式同样可用为比拟句。如上述三例比拟句改为否定式：

（27）伊箇碗冇得面盆伊样大。那个碗没有脸盆那么大。

（28）伊箇手夹冇得我箇脚管粗。他的胳膊没有我的小腿粗。

（29）个港哒箇水冇得自来水伊样清。这河里的水没有自来水那么清亮。

这种时候，大众认知中，在比较点上，比项本身就不如被比项，所以这类句子说得比较少，如果使用，也只是做客观陈述。相反，比项与被比项互换句法位置后，其表达的主观性会更加鲜明，比拟的修辞效果也会更为凸显。例如：

(27a) 伊箇面盆（还）冇得碗大。那个脸盆还没有碗大。
(28a) 伊箇脚管（还）冇得我箇手夹粗。他的小腿没有我的胳膊粗。
(29a) 个自来水（还）冇得港哒箇水清。这自来水没有河里的水清亮。

这三个例句都可以在"冇得"前面加"还"，突出说话者的主观性，用被比项作比拟，突出比项的某种特性特别不如意。如例（27a）中说话者并非要拿"面盆脸盆"与"碗"做口径数据上的客观性对比，只是为了强调"面盆"的小，就用"碗"来比拟。事实上，这个面盆可能比普通碗大，也可能真比碗小，但这些都不重要，说话者只是用比拟甚至带着夸张的手法来强调这个面盆特别小。其他例句同理。

19.1.3 疑问式

与等比句肯定式对应的疑问式也有两种类型。

一种是"跟"字比较句的疑问式，句尾用"不"提问，句式为"A 跟 B 一样 W 不"，或者在比较结果部分加"是不是"，用来提问比较结果是否等比，句式为"A 跟 B 是不是一样 W"，也可以放在被比项前面提问两者是否等同。例如：

(30a) 尔跟我一样高不？你跟我一样高吗？
(30b) 尔跟我是不是一样高？你跟我是不是一样高？
(30c) 尔是不是跟我一样高？你是不是跟我一样高？
(31a) 今哒跟昨日一样热不？今天跟昨天一样热吗？
(31b) 今哒跟昨日是不是一样热？今天跟昨天是不是一样热？
(31c) 今哒是不是跟昨日一样热？今天是不是跟昨天一样热？
(32a) 我箇书跟尔箇一模一样不？我的书跟你的一模一样吗？
(32b) 我箇书跟尔箇是不是一模一样箇？我的书跟你的是不是一模一样？
(32c) 我箇书是不是跟尔一模一样箇？我的书是不是跟你的一模一样？

另一种是"冇"字比较句，可以在句尾用"不"提问，也可以用比较词的正反问形式"有冇得"提问，甚至不需要任何疑问词，直接在肯定式句尾上扬语调，表疑问。

(33a) 尔箇崽有我跑得快（不）？你儿子有我跑得快吗？
(33b) 尔箇崽有冇得我跑得快？你儿子有没有我跑得快？
(34a) 个个电脑有伊个电脑好（不）？这台电脑有那个电脑好吗？

(34b) 个个电脑有冇得伊个电脑好？这台电脑有没有那台电脑好？
(35a) 新买箇衣有原来伊块衣舒服（不）？新买的衣服有原来那件舒服吗？
(35b) 新买箇衣有冇得原来伊块衣舒服？新买的衣服有没有原来那件舒服？

19.2 差比句

差比句是一个比较宽泛的概念，但凡比项和被比项不等同的都可以称为差比，广义差比句包括示差比较、递比和极比三种类别。本节主要讨论狭义差比句即示差比较，另外还将讨论差比句与比拟句的辨析问题。递比句和极比句将在随后两个小节逐一分析。

19.2.1 示差比较

结构上，除了常见的带有如"跟""比"等比较标记词的比较句外，崇阳方言的示差比较句还有一类无标记比较句，这类句式有如下几个特点：其一，该句式没有比较词，有时候在交际双方都很明确前后比较项的情况下，连被比项也一并省略；其二，此类比较句一般是单音节形容词直接做谓语，而且是以可衡量的度量形容词居多，比较结果也由该单音节形容词充当；其三，句式焦点是比较结果中的数量结构短语表示差量，而比较差量可以是确定量，也可以是模糊量；其四，此类比较句通常没有否定式，或者否定式的结构变化比较大。这些无标记比较句有人认为不是比较句，而是比较意义。但本书认为，广义上，含有比较意义的句子就是比较句。那么，我们姑且将它们纳入比较句进行讨论。

句式1：有被比项而无比较词的，即"A + W（adj.）+ B + NP"。
（1）伊大我三岁。他比我大三岁。
（2）我早伊几分钟。我比他早几分钟。
（3）小王多小李两年工作经历。小王比小李多两年工作经历。
（4）个裤短阿裤五公分。这条裤子比那条裤子短五公分。
（5）我只高尔一丁点子。我只比你高一丁点。
（6）个姐妹两个，姐姐重倒点子。这两姐妹中，姐姐稍微重一点。

此类句式中，谓语形容词置于被比项之前，含有"比被比项怎么样"的比较意味。有时后面的数量短语表比较结果的部分可以省略，如例（1）、例（2）和例（4）可以直接说成"伊大我箇他大我的""我早伊箇我比他早""个裤短阿裤箇这条裤子比那条短"，但例（3）不能这么改，因为"多"用在两个人名中表意太过模糊，可以说成"小王箇书多小李箇小王的书比小李多"。也就是说，在表意明确的情况下，这类无比较标记的比较句可以省略数量结构补语。这类现象在同为赣语区的湖北省内的大冶方言中也有体现。①

句式2：被比项和比较词均无的，即"A + W"，该句式中的 W 即为比较结果，A 往往是动补结构，补语可以是数量结构，也可以是表模糊量的形容词。

（7）个条路（比伊条路）远点子。这条路（比那条路）远一点。

（8）我（比预定时间）早到了七八分钟。我（比预定时间）早到了七八分钟。

（9）个树（比上个月）高了好些。这棵树（比上个月）长高了好多。

（10）今夜箇雨（比昨日箇）大多了。今晚的雨（比昨天下得）大多了。

语义上，崇阳方言的示差比较可以分为强比和弱比。所谓"强比"，是指通过比较，比项 A 在某个比较属性上胜过被比项 B，往往表现为表比较结果的词语处于正面或优势方。反之则为弱比。比如：

（11）路上太堵了，骑摩托比开车还快些。（强比）

（12）路上太堵了，开车比骑摩托还慢些。（弱比）

此两例中的"快"和"慢"分别代表比项"强于"和"弱于"被比项。类似这样的形容词还有很多，比如"A 比 B 大/小""A 比 B 长/短""A 比 B 多/少"等。既然是示差比较，语义上肯定会有强弱之分，因此我们据此分为强比和弱比两类。

但是，强比和弱比只是从语义层面的划分，句法层面上，它们并无明显差异，甚至基本一致。因此，为方便讨论，若无必要，后文不再区分强比和弱比，而是笼统称为示差比较句，并通过考察它们的肯定式和否定式，尤其是形式丰富多样的否定式，来探讨其表意特点和语用价值。

---

① 汪国胜（2000）分析了大冶方言中的这类比较句，并且认为这种格式通常用来比较年龄、身体和体重。如"我细渠个，大渠老弟个我比他小，比他弟弟大"。

首先考察差比句的肯定式。

当被比较事物之间存在质或量的不同时，可以使用示差比较句。崇阳方言中该比较句的基本格式为"A + 比 + B + W"，此时谓语 W 一般为笼统值 W，即"A + 比 + B + W"。例如：

（13）个椅哒比阿椅哒高。这把椅子比那把椅子高些。

（14）我箇衣比尔箇衣黑点子。我的衣服比你的衣服黑一点。

（15）个游戏比阿个游戏好戏些。这个游戏比那个游戏好玩些。

在此基础上，如果比较后有具体的量化值，则加在谓语后，形成"A 比 B + V + Z"句式。例如：

（16）我比尔大五岁。我比你大五岁。

（17）个栋楼比伊栋楼高 10 米。这栋楼比那栋楼高 10 米。

（18）我读书比尔晏两年。我读书比你晚两年。

还有些示差比较句用"还……些"来强调差比，基本格式为"A + W，B + 比 + A + 还 + W 些/Z"。

（19）尔考得好，伊比尔考得还好些。你考得好，他比你考得还好些。

（20）个崽长得高，伊箇崽还要高 5 公分。这孩子长得高，那个孩子还要高 5 厘米。

再来考察差比句的否定式。

与示差比较句的肯定式不对称的是，崇阳方言该句式的否定形式非常丰富，比较标记词不再局限于单一的"比"字，句式上也呈现一定的多样性，可以是否定被比较项，也可以是否定比较值。语义上，否定示差有时意味着等同，有时又意味着另一种示差。

① "A 不比 B + W"；"A 冇得 B + W"

从句法结构上看，这是最简单最直接的差比否定形式，与其肯定式形成对称。但这种否定式在崇阳方言中使用并不算太多，可能与"不"修饰成分的限制性有关，更多的是使用"冇得""比不得"等否定方式。先看这个结构的几个例子：

（21）我不比伊聪明。我不比他聪明。

（22）我不比同桌跑得快。我没有同桌跑得快。

（23）个山不比阿个山好看。这座山没有那座山好看。

这类例句改为"冇得"更常见。

（24）我冇得伊聪明。我没有他聪明。

（25）我冇得同桌跑得快。我没有同桌跑得快。

（26）个山冇得阿个山好看。这座山没有那座山好看。

个中缘由可能是崇阳方言中，对于既成事实的否定一般用"冇"或"冇得"，对未然动作的否定才用"不"。

② "A 冇 V 得 B + W/Z"

此结构缺乏比较标记，可以理解为无标记比较句的否定形式。结构特点为：否定词"冇"置于谓语之前，用来否定整个谓语部分；谓语中心词 V 多数为单音节形容词或动词，且与后面的补语之间必须用到"得"标记；比较值可以是模糊值，也可以是具体数值。比如：

（27）我冇长得我姐伊样高。我没有长得像我姐那样高。

（28）我冇想得我妈个样多。我想得没有我妈这么多。我没想得我妈那么多（周全）。

（29）我哥还冇大得我两岁。我哥比我大不到两岁。

（30）个新电视冇用得旧箇伊样长时间。这个新电视没有用到旧电视那么长时间。

从语用上来说，这类比较句的比较结果部分的补语中心词通常都是表达"优势"义的，那么否定之后，整个比较句表达的是一种不及语义，如以上四个例句都含有说话者对比项 A 不满或不屑或失望等语用含义。因此这类比较句非常适合用来表达主观性强的场合，配合使用某些主观量副词如"还"等，主观性情绪表达更为突出。

③ "A 不得比 B + W"；"A + 否定副词/语气副词 + 比 + B + W"格式

否定词"不得"在此处有"不可能"的含义，表示客观条件不允许，也表示说话者对比较双方的高下优劣等的判定。所以，虽然该句式是否定式，但表达的却是对比较结果不容置疑的态度。"不得比"还可以根据具体语境换成"不会比""不可能比""不见得比""不一定比"等类似词语，起加强语气的作用，其中"不得比"与"不会比""不可能比"都表确定；"不见得比"和"不一定比"都表示不太确定。下面重点讨论"不得"与"不见得"在此类比较句中的语用表达。先比较下面两组句子：

（31a）崇阳不比武汉发达。崇阳没有武汉发达。

（31b）崇阳不得比武汉发达。崇阳不会比武汉发达。

a 句是常见的比较句，陈述客观事实；b 句在客观事实基础上则带有明显的说话者个人情感，加强说话者对客观事实认定的坚定语气。

（32a）今哒不比昨日热。今天没有昨天热。

（32b）今哒不得比昨日热。今天不会比昨天热。

该组例句中 a 句可能是客观气温的陈述，也可能是个人体感的主观感知，但 b 句则带有明显的个人情感，要么是确定个人体感，要么是预测当日的气温走向。总之，较之 a 句，b 句的主观性明显增强。

所以，日常交流中，"A 不得比 B + W"格式的使用较为常见。

（33）尔个打工箇，再哪样制，也不得比厂长工资拿得多。你只是个打工的，再怎么做事，也不会比厂长工资拿得多。

（34）再哪样不好，个际箇日子也不得比旧社会苦。再怎么不好，现在的日子也不会比旧社会苦。

（35）用钱不得比手机付款方便。用钱（现金支付）不可能比手机支付方便。

"不见得 + 比"含有"不一定""未必"的意味，但语气上比后者更强调说话者的主观情感。与"不得比"相比，"不见得比"的语气更委婉。例如：

（36）个样制不见得比伊样制好到哪里去。这样做不见得比那样做好到哪里去。

（37）个衣服红箇不见得比绿箇好看。这衣服红的不见得比绿的好看。

（38）个际箇东西，质量不见得比原来箇好。现在的东西，质量未必比原来的好。

（39）伊不见得比其他同学老实。他不一定比其他同学老实。

总的来说，该类否定句式的表情达意主要根据比较标记词"比"前面的否定副词来传达，常见的否定副词和语气副词基本可以酌情进入该格式中，即"A + 否定副词/语气副词 + 比 + B + W"。

④ "A 比不得 B"；"A 跟 B 比不得"等

此处的"比不得"有"比不上"之意，"A 比不得 B"结构后面可以不用加补语，也可以加上补语进一步补充说明。比如：

（40）我箇小公司比不得尔箇大公司啊！我的小公司比不上你的大公司啊！

（41）我箇房哒，比不得尔箇伊样大、伊样好看。我的房间，没有你的那么大、那么好看。

（42）我比不得尔个样有出息。我没有你那么有出息。

（43）乡下比不得城哒伊样干净。乡下比不上城里那么干净。

"A 跟 B 比不得"意即"A 比不上 B"，甚至"A 远不及 B"。而且因为句式里没有补语的位置，所以描述得不会特别具体。从交际作用看，其实该格式也无须表达过于具体，就适合用来表示感叹比项与被比项的差距甚远，也就是说该格式自带对"不及"之义的感叹。比如：

（44）我箇小公司跟尔箇比不得啊！我的小公司跟你的比不得啊！

（45）我箇条件跟尔箇比不得。我的条件跟你的比不得。

（46）咸宁跟北京比不得。咸宁跟北京比不得。

（47）伊际箇日子跟个际比不得。那时候的日子跟现在比不得。

该格式的表意焦点在句末的"比不得"三个字上，往往言尽而意无穷。倘若需要表达具体，可以在比项和被比项上明确比较的范围。如例（44）可以改为"我箇小公司箇经济实力/工作环境跟尔箇比不得啊！我的小公司的经济实力/工作环境跟你的比不得啊！"但若不明确的话，则说明比项在方方面面都远不如被比项。

崇阳方言中，类似这样固化的"V 不 C"用于比较句中表"不及"的，还有"比不上""比不了""比不倒""比不赢""V 不过""赶不倒""敌不倒""抵不倒"等，用以连接两个比较项，形成"A＋V 不 C＋B"格式，一般被比项 B 后也不再出现任何成分。例如：

（48）我箇水平比不上/比不了/比不倒/抵不倒/赶不到伊。我的水平比不上他。

（49）女箇到底比不倒男箇。女的到底比不过男的。

（50）我家哒压打不赢伊。我们都打不赢他。

（51）我种箇菜赶不倒伊箇。我种的菜比不上他种的。

（52）伊伊样吃得亏，我抵不倒。她那样能吃苦，我比不上她。

（53）个学堂箇老师抵不倒阿个学堂箇。这个学校的老师比不上那个学校的。

（54）个伢崽每回考试都考不过伊箇同桌。这孩子每次考试都考不过他的同桌。

（55）今年公司箇效益抵不倒往年。今年公司的效益不如往年。

该句式中"V 不 C"的动词选用使用比较灵活，也是崇阳方言不及义比较句常用的句式。

⑤ "A 有得/不如 B + W"

此结构是等比肯定式 "A 有 B + W" 结构的否定式，但语义上形成了不及义的差比。

（56）个子哒有得伊子哒舒服。这里没有那里舒服。

（57）我箇书有得尔箇书多。我的书没有你的书多。

（58）我有得尔游得快。我没有你游得快。

与此类似的结构还有 "A 不像/不如 B（个/伊/个样/伊样）W"，例如：

（59）个子哒不像/不如伊子哒舒服。这里没有那里舒服。

（60）我箇心不像/不如尔箇心伊样大。我的野心没有你的那么大。

（61）我不像/不如尔游得个样快。我没有你游得那么快。

⑥ "A 比 B 还不如"

"还不如" 就表明了 "比不上"，后面不能再接其他成分。该格式说话人已经预设被比项 B 本来就不好，而 A 连 B 都比不上，表达了说话人对比项 A 强烈的不满或鄙视。所以，语气副词 "还" 不能省略，与 "不如" 一起传递说话者的主观情感。

（62）个电脑比阿个还不如。这台电脑不如那台。

（63）个崽箇成绩比我还不如。这孩子的成绩还不如我。

（64）伊点把躲懒，制起事来，比伊几岁箇老弟还不如。他特别偷懒，做起事来还不如他几岁的弟弟。

该句式虽然可以转换成 "A 还不如 B"，表意也未变。但是转换后的 "还" 不是必需出现的成分，"A 不如 B" 的意思就与 "A 还不如 B" 有很大出入了，因为前者没有预设 B 的不堪，也就不会强调 A 的更加差劲。但是，格式 "A 比 B 还不如" 中，"还" 是一定需要出现的，否则句子不成立，而且 "还不如" 置于句末，更突出句末焦点的强调作用。所以，该句式有其特殊的语用价值。

19.2.2 差比句与比拟句

等比句部分分析了崇阳方言比较句与比拟句纠缠的现象，差比句同样也有此现象，主要存在于示差比较句的肯定式结构中。先看下列例句：

(65a) 伊箇脚管比我箇手夹还细。他的腿肚比我的胳膊还细。

(65a) 伊跑得比个兔哒还快。他跑得比只兔子还快。

(66a) 个汤圆比乒乓球还大。这个汤圆比乒乓球还大。

(67a) 个倒伢子箇皮肤几好哦，比雪还白。这个女孩子皮肤多好啊，比雪还白。

(68a) 我箇崽比个闷葫芦还闷，不爱话事。我儿子比闷葫芦还闷，不喜欢说话。

　　这些例句都是差比格式的比拟句而非比较句。两者的差别在于，比较句是对比项 A 和被比项 B 进行客观比较，而比拟句带有修辞色彩，被比项 B 的出现往往不是为了做精准的客观对比，更多的是为了生动形象解释比项 A 的某个特征，说话者的主观性比较强。如以上例句中的被比项 "手夹胳膊""兔哒兔子""乒乓球""雪""闷葫芦"都是普通人认知里很容易联想出来的具象，分别与各自比项 A 做对比后，使得比项 A 的性状特征更为直观。盛爱萍、张虹倩（2011：17—18）分析比较句发展为比拟句的两大动因为"借同解释"①与"跨域等同"②。简单来说，比拟句的两个比较项是分属不同认知域的，但两者有部分等同性质，从而能够实现"跨域等同"，然后说话者再将这个"同"借用到比项 A 上，完成对比项 A 进行直观形象描摹的目的。

　　从句式结构上也可以感知到这类比拟句的主观性特点：一方面，这些句子往往需要与主观性很强的语气副词"还"搭配使用，突出主观量的表达。上述几个例句去掉"还"字后，几乎都不成立。另一方面，这类句子中的比较结果值如果具体为数字单位，或者被比项 B 改为具体确指的某个物品，整个句子就不再具有比拟效果了。例如：

(65b) 伊箇脚管比我个手夹还细五公分。他的腿肚比我的胳膊还细五公分。

(66b) 伊跑得比个兔哒还快十米每秒。他跑得比只兔子还快十米每秒。

(67b) 个汤圆比乒乓球还大两公分。这个汤圆比乒乓球还大两公分。

---

① "'借同解释'指言者认定听者对喻体掌握一定的认识，并通过确认本体与喻体的等同关系，来促使听者借用对喻体的已有知识来理解本体。"（盛爱萍、张虹倩，2011）

② "'跨域等同'指本体和喻体分处于不同的认知域，要实行借同解释的话势必就要将这两个认知域等同起来，'听者必须将另一认知域中关于 Y 的知识投射到这一认知域中的 X 上，X 才能按照言者的意图得到解释，从而形成了一个跨域等同的比喻构式'（刘大为，2009）。"（盛爱萍、张虹倩，2011）

(68b) 个倒伢子箇皮肤几好哦，比雪还白一度。这个女孩子皮肤多好啊，比雪还白一度。

(69b) 我箇崽比伊手里箇闷葫芦还闷，不爱话事。我儿子比他手里的那个闷葫芦还闷，不喜欢说话。

如此修改后的例句，比较性明显增强而比拟效果锐减。

因此，这也可以解释，有些句子处于比较句与比拟句的中间状态，就是因为客观性和主观性都不太明显。比如：

(70) 么声音个尖啊？比吹笛哒还刺人。什么声音这么尖啊？比吹口哨还刺耳。

(71) 个港哒箇水比自来水还清。这河里的水比自来水还清。

例（6）中的"吹笛哒吹口哨"有很多种情况，有些人的认知里认为口哨声音悦耳，不喜者则认为聒噪尖刺。那么，是否能达到跨域等同的效果就很难说，自然就不好说到底是比拟还是比较了。例（71）中用的都是"水"这一同类物品作比，虽然"水"的来源不同，但跨域不明显，也很难分析清楚到底是比较还是比拟。

因此，比较句和比拟句最显著的差异在于：两个比项是否为同类事物（属于同一认知域）；表意是倾向客观作比还是主观描述。一般而言，比拟句的两个比项分属不同认知域，但有某种相同特质而借同解释，重在描写解释，带有一定的主观性或者主观量。相反，比较句的两个比项一般处于同一认知域，重在客观说明对比。而少数处于中间模糊地带的句子，则可能有两可的解释，要根据上下文语境进行具体分析。

19.3　递比句

递比是指程度一层一层逐渐加深、变化，因此又叫作"层比句"，其核心语义还是示差比较，所以虽然有些学者将递比句与差比句并列而谈，但本书还是将递比置于差比的下属类别。崇阳方言递比句与北京话的差不多，常用"一量+比+一量""越……越……"和"越接［vie^{55} tɕie^{55}］更加"表示。例如：

(1) 伊挣箇钱一回比一回多。他赚的钱一次比一次多。

(2) 几个伢崽一个比一个懂事。几个孩子一个比一个懂事。

（3）个几日一日比一日热。这几天一天比一天热。

（4）伊还冇归，我越来越着急。他还没有回，我越来越着急。

（5）伊屋哒箇日子越来越好过了。他家的日子越来越好过了。

（6）以后哪样搞哦？越想越发慌。以后怎么办啊？越想越慌。

（7）个电影越看越冇得意思。这部电影越看也没意思。

（8）伊本来就冇得钱，还瞎用，越接穷哟。他本来就没有钱，还乱花，越来越穷了。

（9）伊聪明又努力，成绩越接好哟。他聪明又努力，成绩越来越好。

递比句的否定结构一般是"一量 + 比不得 + 一量"，或者"一量 + 不如 + 一量"，但后者偏文气些。比如：

（10）我写箇东西一回比不得/不如一回。我写的东西一次不如一次。

（11）年纪大了，一日比不得/不如一日。年纪大了，（身体）一天不如一天。

（12）不晓得哪回事？伊箇厂一年比不得/不如一年。不知道怎么回事，他的厂一年不如一年。

19.4 极比句

极比句即为某一范围内通过比较得出最高比较级的句子。从形式上看，崇阳方言的极比句常用"最"表示极比；但是从意义表达上看，有些差比结构或某些固定结构也能表达极比概念。因此，本部分讨论的极比句包括结构上的极比句和意义概念上的极比表达。

19.4.1 肯定形式

19.4.1.1 A 最 W

与北京话一致的是，崇阳方言的常用极比结构也是通过"最 W"来表达的。例如：

（1）个些衣中，伊块最便宜。这些衣服中，那件最便宜。

（2）个几日今哒最忙。这几天今天最忙。

（3）伊箇屋制得最高。他家房子做得最高。

（4）我最想去北京看下子。我最想去北京看一下。

(5) 我最不喜欢呱煞人箇地方。我最不喜欢吵闹的地方。

19.4.1.2　A 比哪个都要 W（些）

这两个结构从句法形式上看是差比结构，但因为被比项是所有参照对象，因此表意是极比。例如：

(6) 我老妹比伊箇同学压长得高。我妹妹比她的同学都长得高。

(7) 小李比我家哒压要利落些。小李比我们都聪明些。

(8) 伊箇技术比哪个都高。他的技术比谁都高。

(9) 伊比哪个都喜欢打球。他比谁都喜欢打球。

19.4.2　否定形式

极比句的否定结构为"哪个都冇得 A + W"或"冇得哪个比/有 A + W"。这类结构，形式上是否定，但表达的是肯定的极比含义。其中"哪个"中的量词"个"可以根据后面的名词进行替换。例如：

(10) 我觉得哪个老师都冇得刘老师好。我觉得哪个老师都没有刘老师好。

(11) 我觉得冇得哪个老师比/有刘老师好。我觉得没有哪个老师比刘老师好。

(12) 哪种花都冇得牡丹开得好看。哪种花都没有牡丹开得好看。

(13) 冇得哪种花比/有牡丹开得好看。没有哪种花比牡丹开得好看。

(14) 哪支笔都冇得个个好用。哪支笔都没有这个好用。

(15) 冇得哪支笔比/有个个好用。没有哪支笔比这个好用。

19.5　小结

综上，崇阳方言的比较句句法形式多样，程度副词、语气副词搭配比较词的使用也灵活丰富。据石锓（2020）研究，"黄晓惠（1992）、张赪（2004b）都认为，程度副词在唐代就已进入了'比'字句。明代，进入'比'字句的程度副词更多，使用频率更高。"[①] 因此，总体来说，崇阳方言比较句的发展比较成熟，且发展演变程度与现代汉语比较句基本一致（见表 19—1）。

[①] 石锓：《类型学视角下明代比较句的特点》，《语言研究》2020 年第 2 期。

表 19—1　　　　　　　　崇阳方言比较句一览

句式类型			格式
等比	肯定式		A 跟 B 一样 W
			A 跟 B 一样箇
			A 有 B 个/伊/个样/伊样 W
	否定式		A 跟 B 不一样（W）
			A 跟 B 不相同
			A 冇得 B 个/伊/个样/伊样 W
	疑问式		A 跟 B 一样 W 不
			A 跟 B 是不是一样 W
			A 有冇得 B + W
差比	示差比较	无标记	A + W（adj.）+ B + NP
			A + W
		肯定式	A + 比 + B + W
			A 比 B + V + Z
			A + W，B + 比 + A + 还 + W 些/Z
		否定式	A 不比 B + W
			A 冇得 B + W
			A 冇 V 得 B + W/Z
			A 不得/不可能/不一定/不见得 + 比 + B + W
			A 比不得 B
			A 跟 B 比不得
			A + V 不 C + B
			A 冇得/不如 B + W
			A 比 B 还不如
	递比		A + 一量 + 比 + 一量 + W
			A + 越……越 + W
			A + 越接 + W
极比	肯定式		A 最 W
			A 比哪个都要 W（些）
	否定式		哪个都冇得 A + W
			冇得哪个比/有 A + W

第20章 疑问句

简单来说，疑问句是传疑的句式。在具体使用过程中，疑问句句式类别多样，信疑交织，语用灵活。汉语疑问句及疑问范畴的研究，向来是一大热点。仅就疑问句的分类而言，各家角度不一、标准难定。据邵敬敏（2003：124—127）研究，至少有以下六种分类情况：①根据疑问句内部小类的派生关系来分类，称为"派生系统"，以吕叔湘《疑问·否定·肯定》为代表，如图20—1所示；②根据疑问句与陈述句之间的转换关系，可称为"转换系统"，以朱德熙《语法讲义》为代表，如图20—2所示；③根据疑问句的结构形式特点来分类，称为"形式系统"，以陆俭明《由"非疑问形式＋呢"造成的疑问句》为代表，如图20—3所示；④根据语句的交际功能来分类，称为"功能系统"，以范继淹《是非问句的句法形式》为代表，如图20—4所示；⑤所有的疑问句都是一种选择，且只有是非选择和特指选择之分，以邵敬敏《现代汉语疑问句研究》为代表，可称为"选择系统"，如图20—5所示；⑥兼顾历史和方言的汉语疑问系统，以袁毓林的《正反问句及相关的类型学参考》为代表，可称为"泛时性系统"，如图20—6所示。

上述呈现出的不同分类，源自各自所着眼的不同分类角度。从语义层面来看，本书比较赞同第四种分类方式。但本书的研究重在介绍崇阳方言的疑问句，故不在分类和类别层级关系上做过多纠缠，后文将按学界普遍认同的四类疑问句式进行逐一介绍、说解，以求较完整展现崇阳方言疑问句式的面貌及特点，为日后的方言对比研究或类型学研究提供翔实的研究基础。这四类疑问句式分别为：特指问句、是非问句、选择问句和正反问句（反复问句）。不同之处主要体现在疑问代词、疑问语气词的使用和句式结构。本章内容将据此讨论四类疑问句式的句式结构及语义语用特征，兼及疑问代词及疑问语气词等相关内容，以期较为全面描写崇阳方言疑问范畴的表达。最后，附带讨论日常使用频率较高，且同为问句系统内的反问句。

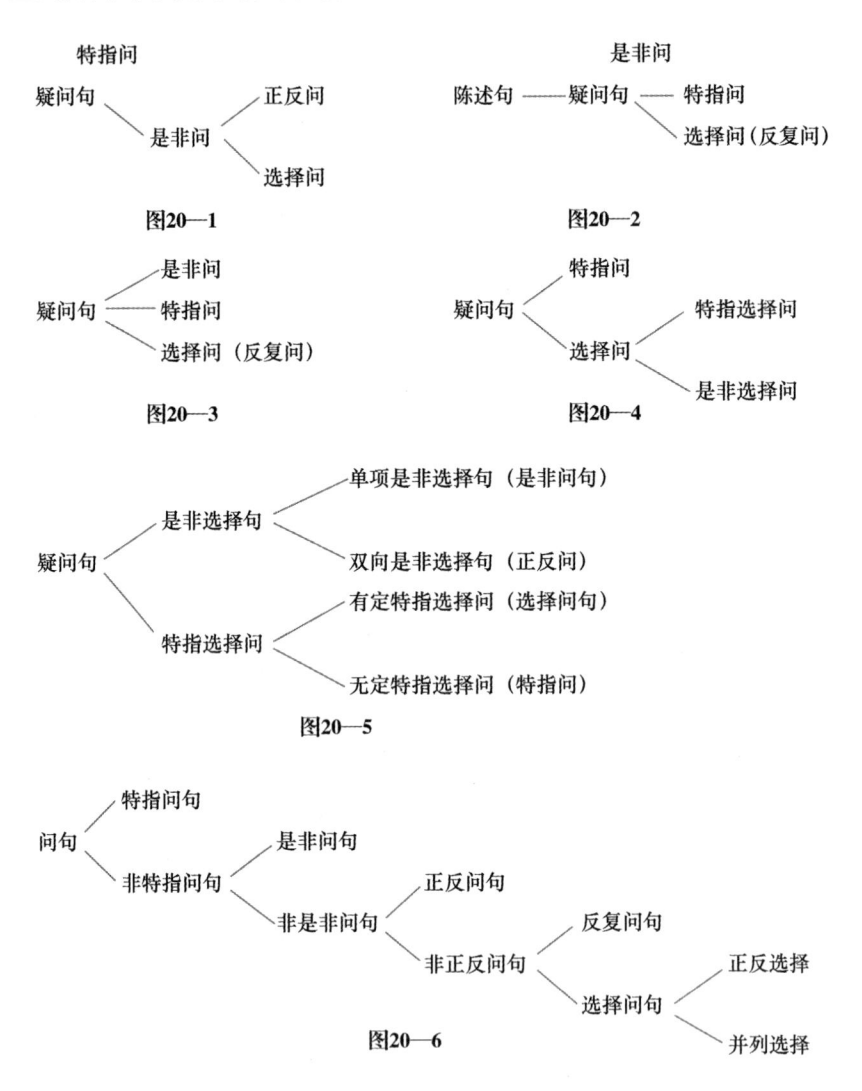

```
           ┌─ 特指问                              ┌─ 是非问
疑问句 ─┤       ┌─ 正反问          陈述句 ── 疑问句 ─┤─ 特指问
           └─ 是非问─┤                              └─ 选择问（反复问）
                    └─ 选择问
        图20—1                              图20—2
```

```
        ┌─ 是非问                              ┌─ 特指问         ┌─ 特指选择问
疑问句 ─┤─ 特指问                    疑问句 ─┤─ 选择问 ─┤
        └─ 选择问（反复问）                                        └─ 是非选择问
        图20—3                              图20—4
```

```
                          ┌─ 单项是非选择句（是非问句）
           ┌─ 是非选择句 ─┤
           │              └─ 双向是非选择句（正反问）
疑问句 ─┤
           │              ┌─ 有定特指选择问（选择问句）
           └─ 特指选择问 ─┤
                          └─ 无定特指选择问（特指问）
                    图20—5
```

```
        ┌─ 特指问句
问句 ─┤                ┌─ 是非问句
        └─ 非特指问句 ─┤              ┌─ 正反问句
                       └─ 非是非问句 ─┤              ┌─ 反复问句
                                      └─ 非正反问句 ─┤              ┌─ 正反选择
                                                     └─ 选择问句 ─┤
                                                                   └─ 并列选择
                    图20—6
```

20.1 特指问句

20.1.1 问事物或事件

崇阳方言主要用"么[mo^{53}]""么哒[mo^{53}·dæ]"问事物或事

件。从构词角度看,"么"具有黏着性,一般其后接名词组合为"么+名词"使用;"么哒"则直接用作疑问代词,也可单独成句。两者均可做句子的主语或宾语。当发问者不知道或无须问清楚事物时,"么+N"可以用"么哒"直接代替,但前者的表达更具体,而后者更抽象笼统。由于提问者对所问事物大多处于未知状态,因此"么+名词"中的名词多为抽象概念的"东西/事"等。例如:

(1) 尔在吃么好东西啊?/尔在吃么哒啊? 你在吃什么好东西啊?/你在吃什么啊?

(2) 前底是么家伙啊?/前底是么哒啊? 前面是什么东西啊?/前面是什么啊?

(3) 明日我家哒要制么事啊?/明日我家哒要制么哒啊? 明天我们要做什么事啊?/明天我们要做什么啊?

(4) 厂长要我在会上发言,话么哒呢?/话么事呢?/话么东西呢? 厂长要我在会上发言,说什么呢?/说什么话呢?/说什么东西呢?

(5) 尔要买点子么哒归去啊?/尔要买点子么东西归去啊? 你要买点什么回去呢?

(6) 么哒/么东西在伊哒响啊? 什么东西在那里响啊?

(7) 么哒好吃?么哒不好吃? 什么好吃?什么不好吃?

(8) 么书卖倒最好? 什么书卖得最好?

(9) 么哒?将才我冇听到。什么?刚才我没听到。

(10) 么哒?尔明日不去了? 什么?你明天不去了?

例(1)—(5)都是疑问代词做宾语,例(6)—(8)做主语,例(9)、例(10)是独立成句,其中例(9)是疑问式而例(10)有反诘意味,表达意外或不满等语气,也能通过提问再次确认答案。

另外,需要提问整体中的某些具体部分,或者大类中的某个小支时,崇阳方言常用"哪+量词+名词"提问具体的事物或事情,用法与北京话一致。例如:

(11) 哪本书好看哪? 哪本书好看啊?

(12) 尔想试下哪种苹果啊? 你想试下哪种苹果啊?

(13) 哪个牌子箇手机好用啊? 哪个牌子的手机好用啊?

(14) 下一个节目是哪几个学生表演啊? 下一个节目是哪几个学生表演啊?

有时也可用"么+名词"的形式,此时的"名词"是具体的事物,类别越大越抽象越好。比如说,"么书好看""么歌好听""么名字有文化"等可以成立;但很多名词不可以进入这个格式,比如,"么苹果好吃"就不能说,但"么水果好吃"就可以,可能是因为"水果"比"苹果"概念更抽象。总的来说,崇阳方言提问整体中的部分时,最常用的还是"哪+量词+名词"结构。

20.1.2 问人

崇阳方言询问人的疑问代词主要是"哪个",做句子的主语、宾语和定语。

(15)尔是哪个?你是谁?
(16)哪个是个个学堂箇校长?谁是这个学校的校长?
(17)个桩事应该去问哪个?这件事应该去问谁?
(18)门口箇车是哪个箇?门口的车是谁的?
(19)哪个箇锁匙落了?谁的钥匙掉了?

问人的"哪个"应该是"哪个人"的省略形式,因为上述例句中的"哪个"均可以补充为"哪个人",简省后固化为问人的疑问代词,其后还可以加人群、职业类别进行提问,例如:

(20)今夜哪个医生值班?今天晚上哪个医生值班?
(21)尔话箇是哪个老师?你说的是哪个老师?
(22)昨日哪个伢崽难记带书包了?昨天哪个孩子忘记带书包了?
(23)哪个老板捐箇钱?哪个老板捐的钱?

20.1.3 问地点

主要用"哪哒 [nɑ⁵³·ɖæ]""哪子哒 [nɑ²¹⁴·tsæ·ɖæ]"提问地点,两者意义用法基本相同,但两个词里的"哪"声调不同,受声调影响,"哪哒"高降调,有重音效果,更突出强调提问地点这一焦点信息;而"哪子哒"则采用音节加长的语音形式进行强调。例如:

(24)尔住在哪哒/哪子哒?你住在哪里?
(25)今年过年尔家哒想去哪哒/哪子哒戏啊?今年春节你们想去哪里玩?
(26)崇阳哪哒/哪子哒箇蜂蜜是有名箇啊?崇阳哪里的蜂蜜是有名的?

（27）尔把我箇衣搁倒哪哒/哪子哒？你把我的包放到哪里了？

与北京话一样，崇阳方言也可以用"NP + 呢"这一简省形式提问，特指问地点。比如：

（28）我箇手机呢？我的手机呢？

（29）伊昨日搁到个哒箇蛋呢？他昨天放在这里的蛋呢？

（30）小王，尔刚拿得来箇快递呢？小王，你刚刚拿回的快递呢？

（31）我小时际读书箇学堂呢？哪找不落了啊？我小时候读书的学校呢？怎么找不到了啊？

20.1.4 问方式或原因

用"哪样 [nɑ²¹⁴ȵiaŋ⁴⁴]"提问，询问方式和原因，询问原因时会带有不满、埋怨的意味，相当于北京话的"怎么"；而"为么哒 [vi²¹⁴ mo⁵³·dæ]""制么哒 [tsɿ²¹⁴ mo⁵³·dæ]""搞么哒 [kau⁵³ mo⁵³·dæ]"都是只问原因的，主观色彩不强烈，相当于北京话的"为什么"。例如：

（32）尔从北京哪样归啊？你从北京怎么回来啊？（问方式）

（33）车坏了，要哪样搞下子呢？车坏了，要怎么修一下呢？（问方式）

（34）我想去制生意，尔哪样想呢？我想去做生意，你怎么看呢？（问方式）

（35）尔哪样看个事啊？你怎么看这件事啊？（问方式）

（36）尔箇崽哪样/为么哒/搞么哒/制么哒还有瞓啊？你儿子怎么/为什么还没睡啊？（问原因）

（37）我箇电脑哪样/为么哒/搞么哒/制么哒开不了机啊？我的电脑怎么/为什么开不了机啊？（问原因）

（38）伊哪样/为么哒/搞么哒/制么哒不参加单位箇活动啊？他怎么/为什么不参加单位的活动啊？（问原因）

有时，就用简单的一个"哪 [nɑ⁵³]"来询问原因，但是与"哪样"问原因不同的是，有时"哪"语气中的埋怨或者反诘意味甚至会大过对原因的追问。比如：

（39）尔哪还有归啊？你怎么还没有回来啊？

（40）我哪不晓得个事啊？我怎么不知道这个事啊？

（41）落了几日子雨了，哪还在落啊？下了好几天的雨了，怎么还在下啊？

（42）莫问伊，伊哪会制个事哟？别问他，他怎么会做这个事呢？（他根本就不会做）

以上例句的发问者其实并不是真正关心原因：例（39）抱怨的是超过预期还没回来，附带询问未归的原因；例（40）主要表达"自己竟然不知道这件事"的奇怪，并不在乎原因；例（41）更是无从去了解原因，全是抱怨甚至无奈；最后一句是典型的反问句了，与询问原因全无关系，只是用反问加强肯定和不屑的语气。这四个例句恰好反映了疑问代词"哪"从探寻原因到反问语气的演变进程，也即词义由实而虚的渐变表现。

例（36）—（38）中的"哪样"都可换成"哪"，语气意味重于疑问意味；例（39）—（40）的"哪"也可换成"哪样"，因为两句都或多或少包含疑问，而例（41）—（42）则不能换，因为两句明显与询问原因无关。

20.1.5 问性状

崇阳方言的"哪样 [nɑ²¹⁴ȵiaŋ⁴⁴]"除了问方式和原因，还可以问性状，相当于北京话的"怎么样"，可做定语修饰名词，或做补语修饰动词。

（43）尔到底想制哪样箇工作啊？你到底想做什么样的工作啊？

（44）尔觉得哪样箇人尔才满意哟？你觉得什么样的人你才满意呢？

（45）伊喜欢交哪样箇朋友？他喜欢交什么样的朋友啊？

（46）伊个钢琴学得哪样了？他的钢琴学得怎么样了？

（47）听得话尔跌了一跤，跌得箇哪样啊？听说你摔了一跤，摔成怎样了？

（48）伊箇工作制得哪样？他的工作做得怎么样？

20.1.6 问时间

崇阳方言主要用"么时际 [mo⁵³ sʅ²¹ tɕi⁵⁵]""么际 [mo⁵³ tɕi⁵⁵]""几时 [tɕi⁵³ sʅ²¹]""几久 [tɕi⁵³ tɕiəu⁵³]"提问时间。"么（时）际"和"几时"都是问时间点，表示"什么时候"；"几久"则问时长或时段。例如：

（49）个回出差要几久啊？么（时）际/几时归啊？这次出差要多长时间啊？什么时候回呢？

（50）个鞋点把好看，么（时）际/几时买箇啊？这双鞋很好看，什么时候买的？

（51）尔家哒么（时）际/几时结婚啊？你们什么时候结婚啊？

（52）我箇快递几久能到啊？我的快递多长时间能到啊？

当然，也有用"几点［tɕi⁵³ tiɛ⁵³］"问准确时间点的，跟北京话用法一致，不再举例说明。

20.1.7　问数量或程度

崇阳方言中主要用"几［tɕi⁵³］"来提问数量，可以组成"几多 + NP"或者"几 + 量词 + NP"结构。两者的区别主要在是否需要量词上面。例如：

（53）尔老家一日要去几回菜场啊？您一天要去几次菜场啊？

（54）小张箇屋在几楼啊？小张家在几楼啊？

（55）尔想买几多水果啊？你想买多少水果啊？

（56）尔箇电话号码是几多啊？你的电话号码是多少？

（57）个样箇事，要我话几多回啊？这样的事，要我说多少次？

（58）尔箇妈着几码箇鞋啊？你妈穿几码的鞋子？

"几"问数量和程度时，还可以用在"多、高、大、长、厚、重、深、粗"等表示积极倾向的形容词前面，一般不用于消极倾向的形容词前。比如，一般用"几多""几大""几长""几重"来提问量，而不说"几少""几小""几短""几轻"①。有时，还可以在这些形容词前加上度量单位。例如：

（59）个包裹有几（斤）重啊？这个包裹有多重啊？

（60）个根棍哒几（米）长啊？这根棍子几米长啊？

（61）尔要买箇水管是几（公分）粗箇啊？你要买的水管是几公分粗（多粗）的？

---

①　感叹句中可以这么说，如"个苹果几轻哟！这么苹果多轻啊！"等。但疑问句中询问大小、多少等数量时，则不成立。不能说"*个苹果几轻啊？"只能说"个苹果几重啊？这苹果多重啊？——半斤。"

（62）港哒箇水有几深啊？河里的水多深啊？

（63）个种牛肉几多钱一斤啊？这种牛肉多少钱一斤？

从这些例句中还可以看到，崇阳方言中，特指疑问句句末常常带语气词"啊"和"呢"，表不满意情况下，也可以用"吵"。若不带语气词，则疑问语气非常生硬，容易产生命令、质疑、粗鲁等令人不悦的情绪表达，所以，日常交往中，为舒缓语气，这类特指疑问句一般都会搭配疑问语气词使用。

20.2　是非问句

是非问句和正反问句是汉语方言疑问句里讨论的热点。一方面，是因为这两种疑问句式在汉语方言里形式表现有差异，语义表达有特色，无疑成为研究者们的关注热点；另一方面，这两种问句在很多方言里表现出形式和语义上的交叉性，如汪国胜、李曌（2019）就观察到汉语方言中广泛分布着是非型正反问句，即表层句法结构上看似是非问句，但深层结构和语义语用表达上其实是正反问句的一类非典型性正反问句，并称为是非型正反问句。这对之前方言是非问句研究中出现的各式各样语气词研究做出了总结，尤其对合音语气词中说不清道不明的现象，给出了一个比较有说服力的解释和定性。

北京话的是非问句通常是由一个陈述句后面加上"吗"而构成，这种"陈述句+语气词"的是非问句结构在汉语方言里也基本表现一致，这类是非问句又叫"语气词是非问句"。与之相对应的是"语调是非问句"，即这类问句无须语气词，只需要在陈述句句末上扬语调表示疑问而形成。但各方言不同的是，是非问句搭配不同的语气词，疑问语气也有差异。邵敬敏（2014：308—309）讨论了普通话句尾"啊"是非问的语义表达；张一舟等（2001：345—346）描写了成都话句尾语气词"哈"是非问的形式和功能；彭小川（2006）描写了广州话句尾语气词"嗬"是非问的语义表达；苏丽红（2016）探讨了玉林话句尾语气词"哗"和"呀"是非问的形式与功能。

崇阳方言的是非问句，在句法结构上，同样是陈述句形式加疑问语气词或疑问语调两种形式，即"语气词是非问句"和"语调是非问句"。其中，陈述部分可以是肯定式，也可以是否定式，陈述句部分之后的语气词几乎不用"吗"，取而代之的是其他语气词，一般是"吧、啊、唦"三个，分别形成三种语气词是非问句，并各具表意特征。语义特征上，几乎所有的是非问句都含有一定程度的推测、求证成分，有时信疑参半，有时信大于疑。语用价值方面，除了求证、质疑、征询等基本特质外，不同的语气词可能还伴随有提醒、强调、不解甚至反诘等附加语用功能。下面按句法结构分类论述。

20.2.1　陈述句 + 吧

该结构中的疑问语气词"吧"，其自身带有测度语气意味，所以这类是非问句表示提问者对答案已有一定的推测，但仍需要进一步征询求证。

（1）尔还冇毕业吧？你还没毕业吧？
（2）尔婆婆身体还好吧？你婆婆身体还好吧？
（3）伊家哒今日不得来吧？你们今天不会来吧？
（4）明日还有雪落吧？明天还要下雪吧？

这类疑问句有两种表意语境。其一，提问者对疑问语气词"吧"前面的陈述部分持一定程度的认同态度，但这种猜测的把握性不太大，所以仍需要通过问句形式以打探、寻求对方的肯定答复，从而佐证自己的猜测。此时，"吧〔pa^{55}〕"的语调较高，音长偏长，以凸显推测语气。其二，双方交流过程中，提问者用该句式对对方的上一句话进行重复，加上语气词"吧"后表示强调。此时，"吧〔pa^{21}〕"的语调较低，音长也短，疑问语气进一步减弱。如例（4）中可能甲乙双方在探讨天气情况，甲在看了天气预报后说"明日还要落雪明天还会下雪"，乙表示已经接收到该信息了，但是略有意外或怀疑，就用"明日还有雪落吧"或者"明日还要落雪吧"来让对方进一步确认。

20.2.2　陈述句 + 啊

带"啊"句的是非问句中，如果着重强调"啊"，则语气带有很大程度的讶异、不解的意味，往往表示事实情况不符合提问者的预期，只好采用提问的形式求证。例如：

（5）今哒星期五啊？今天星期五啊？

（6）尔不去啊？你不去啊？

（7）尔还不晓得个事啊？你还不知道这件事？

（8）十点钟了，尔还有吃饭啊？十点钟了，你还没吃饭吗？

这些例句均可以在状语部分加上"居然/竟然"增强讶异语气，或者加上表达埋怨的语气词"哪"。如"尔哪还不去啊？你怎么还不去啊？"并非疑问，更多的是讶异和抱怨。可见"啊"字陈述句与该语气表达的和谐度很高。

20.2.3 陈述句 + 吵

如果说前面两类是非问句对答案含有部分把握的话，那么"陈述句 + 吵"句式中则含有绝大部分的肯定。因此，无论从语音层面，还是意义层面，我们都可以推断："吵"可能是"是啊"的合音词，表示对前面陈述部分的确认性提问。例如：

（9）我箇信还有到吵？我的信还没到吧？

（10）伊下个星期归去吵？他下个星期回去吧？

（11）下个星期放假，不用上班吵？下周放假，不用上班吧？

（12）个蛋糕尔不吃了吵？这个蛋糕你不吃了吧？

以上四个例句可以分别理解为：

（9'）我箇信还有到，是啊？我的信还没到，是吧？

（10'）伊下个星期归去，是啊？他下个星期回去，是吧？

（11'）下个星期放假，不用上班，是啊？下周放假，不用上班，是吧？

（12'）个蛋糕尔不吃了，是啊？这个蛋糕你不吃了，是吧？

这些句子的回答都可以是"是啊"或"不是"，也可以针对前面陈述部分进行重复。

20.2.4 陈述句 + 升调

这种语调是非问句的结构特点，是一个陈述句加上句尾上扬的语调即可，无须任何语气词。如果说前面三种是非问句都含有发问者猜测的疑问，那么这种是非问句就是发问者对答案几乎没有任何预判，纯粹地发问。不过，如果上扬的语调拖得过长，表明质疑的语气，那么这类结构也会含有发问者反问的意味。

（13）明日落雨？ 明天下雨吗？/什么？明天下雨？
（14）尔箇妈在屋哒？ 你妈妈在家吗？/什么？你妈妈在家？
（15）伊不想坐飞机？ 他不想坐飞机？/什么？他不想坐飞机？
（16）尔冇去过上海？ 你没有去过上海？/什么？你没去过上海？

由此可见，崇阳方言是非问句的特点是陈述句的语序加上"吧、啊、唦"等语气词或者无须任何语气词，只在句末上扬语调；同时，几乎所有的是非问句都或多或少含有发问者对答案有揣测的意味。这两个特点也符合现代汉语是非问句的特征。王力（1980：523）就认为"吗"是汉语里出现较晚的语气词；孙锡信（1999：103；162）和杨永龙（2003）也论证"吗"的演化是经历了"无—麽—吗"的路径，唐代正反问句中的"无"就是"吗"的前身。另外，据黄正德等（2009：238）研究，汉语是非问句都含有发问者对答案的某种揣测，很少有中立的纯粹的发问，因为它们几乎都可以通过添加"难道"来转换成反问句。这些研究就不难解释崇阳方言是非问句的上述两个特点了：句型上不用"吗"提问；语义上含有发问者对问句答案的揣测，不同语气词包含的信疑程度有别。

20.3　正反问句

正反问句又叫反复问句，被认为是选择问句的一种特殊形式，即把事情的正反两面都说出来，让人选择一项作答。崇阳方言的正反问句主要有两类结构："VP + neg." 和 "V + neg. + V（P）"，前者通常被认为是后者的简省结构。其中的"neg."指否定词，主要是"不"和"冇没有"。动作状态未然或者询问主观意见者，用前者，反之则用后者。也就是说，谓语动词没有宾语或补语的情况下，如"去不去"，省略形式（"去不"）或完整形式（"去不去"）都可以；如果有宾语或补语，如"吃饭"、"话清楚说清楚"，则只能用省略形式（"吃不/冇"）或者宾补放在否定词后的谓语部分（"吃不/冇吃饭"；"话不/冇话清楚"）。

20.3.1　VP+冇、陈述句+么

句法上，这类正反问句都可以转换成"V+冇+V"，并且句尾都可以根据语气表达的需要加上"啊、呢、唦"等语气词，"啊"有舒缓语气的作用，最常用；"呢"加强询问语气；"唦"略带轻微不满或催促。语义上，该结构主要用来提问已然事件或询问客观发生的事情，因此句中多有"了""过"等助词搭配使用。

(1) 我箇衣制好了冇（啊/呢/唦）？/我箇衣制冇制好（啊/呢/唦）？ 我的衣服做好了没（啊/呢/唦）？/我的衣服做没做好（啊/呢/唦）？

(2) 尔到国外去过冇（啊/呢/唦）？/尔去冇去过国外（啊/呢/唦）？ 你到国外去过没（啊/呢/唦）？/你去没去过国外（啊/呢/唦）？

(3) 个些水尔喝够了冇（啊/呢/唦）？/个些水尔喝冇喝得够（啊/呢/唦）？ 这些水你喝够了没（啊/呢/唦）？/这些水你喝不喝得够（啊/呢/唦）？

(4) 尔在网上买过东西冇（啊/呢/唦）？/尔在网上买冇买过东西（啊/呢/唦）？ 你在网上买过东西没（啊/呢/唦）？/你在网上买没买过东西（啊/呢/唦）？

(5) 伊吃了冇（啊/呢/唦）/伊吃冇吃（啊/呢/唦）？ 他吃了没（啊/呢/唦）？/他吃没吃（啊/呢/唦）？

当句末的"冇"和语气词"啊"合用时，会产生合音"么[·mo]"，此时读为轻声，形成"陈述句+么"的是非问句形式。如上述例句在日常交流中，往往说成：

(1') 我箇衣制好了么？ 我的衣服做好了没？

(2') 尔到国外去过么？ 你到国外去过没？

(3') 个些水尔喝够了么？ 这些水你喝够了没？

(4') 尔在网上买过东西么？ 你在网上买过东西没？

(5') 伊吃了么？ 他吃了没？

但是，这些形式上的是非问句，本质上还是正反问句。因为结构上，它们可以换成正反问的完整结构，语义上，不能像是非问一样回答"是"或"不是"，而只能用正反问的回答形式作答。这就是汪国胜、李瞾（2019）里提到的"是非型正反问句"。崇阳方言为汪文提供了赣语区的另一方言例证。

20.3.2　VP+不、陈述句+啵

"VP+不"的结构与"VP+冇"一样，只是受限于否定词"不"的表意范围，该结构主要用于表示未然事件或主观想法。

（6）尔是医师不？／尔是不是医师？你是医生不？

（7）明日落雨，尔还上街不？／明日落雨，尔还上不上街（啊）？明天下雨，你还上街不？

（8）尔话得当崇阳事不（吵）？／尔话不话得当崇阳事？你会不会说崇阳话？

（9）尔箇妈想当老师不？／尔箇妈想不想当老师啊？你妈妈想不想当老师？

句尾的"不"与"啊"经常合用，产生了合音词"啵［·po］"，读为轻声。与"陈述句+么"一样，"陈述句+啵"也是"是非型正反问句"。

（6'）尔是医师啵？你是医生不？

（7'）明日落雨，尔还上街啵？明天下雨，你还上街不？

（8'）尔话得当崇阳事啵？你会不会说崇阳话？

（9'）尔箇妈想当老师啵？你妈妈想当老师不？

既然"陈述句+么/啵"有是非句的结构特征，那么"VP+冇/不"的"冇"和"不"是否也可以看成语气词？比如，北京话是非问句的疑问语气词"吗"也是从唐代"V+无+V"正反问句的否定词"无"发展演变而来的。而语音上，崇阳方言这两种句式中的"冇"和"不"也不读本调，而是比本调稍轻、弱、短一些，尤其"不"的开口度还没本字韵母开口度那么大。那么是不是可以说"冇"和"不"有虚化为语气词的倾向了呢？这样一来，这类句式是不是就可以算作是非问，而非正反问了呢？也许随着"冇/不"的进一步虚化，以后会有这种可能，但从目前崇阳方言来看，"冇/不"还不是语气词，这种句式还应该算作正反问句。原因有以下三点：

其一，汉语方言中复合语气词现象比较多，但是复合疑问语气词现象极少。如北京话的是非问句中，"吗"后不能再接其他语气词了。可是崇阳方言的这类正反问句后，"冇/不"后面还可以接其他语气词。

这说明"冇/不"的虚化还不够，疑问语气词性质不足。例如：

（10）＊你去过上海吗啊？（北京话）

（11）尔去过上海冇啊？你去过上海没啊？（崇阳话）

（12）＊你想去上海吗吵？（北京话）

（13）尔想去上海不吵？你想去上海不？（崇阳话）

其二，是非问句基本都可以用"难道"转换成反问句，但崇阳方言的"VP＋冇/不"结构却不行，说明该结构不是是非问句型。例如：

（14）他是老师吗？——难道他是老师吗？（北京话）

（15）伊是老师啊？他是老师啊？——难道伊是老师啊？难道他是老师啊？（崇阳话，是非问）

（16）伊是老师不？——＊难道伊是老师不？（崇阳话，正反问）

（17）你喝过酒吗？——难道你喝过酒吗？（北京话）

（18）尔喝过酒啊？你喝过酒啊？——难道尔喝过酒啊？难道你喝过酒啊？（崇阳话，是非问）

（19）尔喝过酒冇？你喝过酒没？——＊难道尔喝过酒冇？（崇阳话，正反问）

其三，是非问句与正反问句的作答也有明显区分。林裕文（1985）指出，疑问句表示询问，询问的焦点就是疑点。疑点跟表疑问的词语或特殊格式以及答问都相联系，答问总是针对疑点的。正反问句的疑点在正反结构，需要针对正反结构选择"正"或"反"的形式做出回答。是非问句则是对整个命题的疑问，需要针对整个命题做出肯定或否定的回答，一般用"是、对、嗯"，"不、没有"等，或用点头、摇头等作答（黄伯荣、廖序东，2007）。因此，是非问句的回答一般是用"是/不是"，但崇阳方言的"VP＋冇/不"结构的回答却不能如此，一般只能对正反结构的"正"或"反"作答。例如：

（20）甲：你喜欢吃西瓜吗？（北京话）

乙：喜欢。/是啊。

（21）甲：尔喜欢吃西瓜不？你喜欢吃西瓜不？（崇阳话）

乙：喜欢。/＊是啊。

（22）甲：伊去过北京冇？他去过北京没？（崇阳语）

乙：冇（去过）。没去过。／＊不是啊。

由此三点可以看出，崇阳方言的"VP+冇/不"结构还不具备是非问句的特点，应该还是正反问句，那么"不"和"冇"在这里应该还是否定副词，而不是语气词。

20.3.3　V＋neg.＋V

汉语及汉语方言中的正反问句一般是"VP＋neg.""VP＋neg.＋V"和"V＋neg.＋VP"三种格式，张敏（1990）在探讨汉语方言正反问句的类型学差异的历史蕴含中，认为这三类分别处于不同的历史层次，依次为最深层、居中层和最浅层。崇阳方言中，正反问句很少用"VP＋neg.＋V"结构，更多的是"V＋neg.＋VP"。而且，无论这个动词V是单音节还是多音节，都只重复前面一个音节。按照这个VP的结构（动宾、动补等），又可以从以下几个小类进行分析。

20.3.3.1　V＋不＋VO

当V为单音节动词时，重复动词即可，宾语置于重复后的动词后面；当V为双音节动词或者离合词或者有连动结构时，始终只重复第一个音节。

（23）天暗了，尔带不带伞啊？天变暗了，你带不带伞啊？

（24）尔认不认得陈老师啊？你认不认识陈老师啊？

（25）今夜尔洗不洗澡啊？今晚你洗不洗澡？

（26）映门箇师傅明日来不来上班啊？看门的师傅明天来不来上班啊？

"带伞"是简单的动宾结构；"认得认识"是双音节动词；"洗澡"是离合词；"来上班"是连动结构。无论哪种动宾情况，崇阳方言该问句中都是只重复第一个音节的动词。

20.3.3.2　V＋冇＋V（＋助词）＋O

"冇"用于已然的动作或事件，因此句式里动词后面往往会跟上表示完成体或经历体的"了""过"等助词，此时依然只重复动词的第一个音节。例如：

（27）伊看冇看过个部电影啊？他看没看过这部电影啊？

（28）尔昨日打冇打球啊？你昨天打没打球啊？

（29）尔在房哒捡冇捡到我箇衣啊？你在房里捡没捡到我的衣服啊？

（30）上回尔到医院去冇去目下子伊啊？上次你到医院去没去看下他？

（31）在学堂哒学冇学习物理？在学校学没学过物理？

无论动词音节多少，有无助词，是否连动，该格式中的动词始终只重复第一个音节。

20.3.3.3　V+不/冇+VC

动词后若有补语结构，也只重复动词的第一个音节，其余部分置于重复后的动词音节之后。例如：

（32）个白衣高底箇齷齪点哒，洗不洗得干净吵？这件白衣服上面的脏点，洗不洗得干净啊？

（33）尔蹦不蹦得起呢？尔蹦不蹦得起来啊？

（34）我种箇树长冇长高点子啊？我种的树有没有长高一点啊？/我种的树长没长高一点啊？

（35）尔老家昨日爬山，爬冇爬上去啊？您昨天爬山，有没有爬上去啊？/您昨天爬山，爬没爬上去啊？

20.3.3.4　V+不/冇+V

基本上情态动词和行为动词都可以进入这个结构。比如：有不有｜要不要｜想不想｜能不能｜会不会｜肯不肯｜买不/冇买｜吃不/冇吃｜喝不/冇喝｜戏不/冇戏｜唱不/冇唱｜听不/冇听｜写不/冇写｜走不/冇走｜去不/冇去｜。

与之类似的还有形容词"A+不+A"的用法。例如：远不远｜近不近｜送不送｜清不清｜好不好｜乖不乖｜高不高｜矮不矮｜热不热闹｜干不干净｜麻不麻烦｜舒不舒服｜好不好看｜紧不紧张。

（36）伊家哒肯不肯搞个个事呢？他们肯不肯做这件事呢？

（37）尔家哒喜不喜欢戏水啊？你们喜不喜欢游泳？

（38）老师刚才话箇事，尔听冇听倒？老师刚才说的话，你听没听到？

（39）阿哒离个哒远不远？方不方便走过去？那里离这里远不远？方不方便走路过去？

（40）昨日箇提琴戏好不好看？热不热闹？昨天的提琴戏好不好看？热不热闹？

20.3.3.5　是不是+VP

这里的"是不是"不仅是判断词重复的正反问句，还可以作为副词放到谓语前，起到强调谓语的焦点作用。例如：

(41) 今哒是不是伊箇生日？今天是不是他的生日？
(42) 尔箇鞋是不是小了？你的鞋是不是小了？
尔箇鞋小不小？你的鞋小不小？
(43) 伊是不是冇上过大学啊？他是不是没上过大学啊？
伊上冇上过大学？他上没上过大学？
(44) 尔箇妈是不是想去打麻将啊？你妈妈是不是想去打麻将啊？
尔箇妈想不想去打麻将？你妈妈想不想去打麻将？
(45) 个事是不是有点麻烦，不好制？这件事是不是有点麻烦，不好做？

例（41）是判断词的重复；例（42）—（44）都是用"是不是"强调谓语动词部分或整个谓语结构，因此可以换作动词部分的重复形成正反问，但是没有了"是不是"的焦点强调作用；例（45）如果转换为"有不有点麻烦"，该说法比较别扭，不够自然，用上"是不是"就通畅多了。这是因为"有不有"在崇阳方言里比较少用，多数情况使用"有冇得"。

20.3.3.6　有冇得 + NP/VP

这个结构类似北京话里的"有没有 + NP/VP"。

(46) 尔箇老弟有冇得尔高啊？你弟弟有没有尔高啊？
(47) 尔今哒有冇得精神去戏水啊？你今天有没有精力去游泳啊？
(48) 小李表演箇时际有冇得蛮紧张啊？小李表演的时候有没有很紧张啊？
(49) 今下昼有冇得雨啊？今天下午有没有雨啊？

这类正反问模糊了具体的动作动词，用笼统抽象的"有冇得"来统一提问。回答也是根据具体语境做出肯定"有 + NP/VP"或否定"冇得 + NP/VP"答复，也可以简省为"有啊"或"冇得"。

20.4　选择问句

选择问句是从相关的两个或多个方面提出疑问，要求选择其中的某个选项进行回答的疑问句式。正反问实际上也是一种特殊的选择问，仅从正反两个方面提供疑问选择，是选择问句的省略形式。如崇阳方言中"尔走啊，还是不走啊？你走啊，还是不走？"可以缩减为"尔走还是不走？你走还是不走？"进一步缩略后即是"尔走不走？你走不走？"两者的区别在语用功能上，完整的选择句式，给人以思考的空间，并且凸显了两个选项为话语焦点，而缩略后的正反问则明显在语气上急促些，干脆利落。

抛开可以缩略为正反问的选择问句，本部分主要讨论崇阳方言中，问项为平行性而非正反面的典型选择问句。这类选择问句基础句式为"是X，还是Y？"如果提供两个以上选择项的话，则为"是X，是Y，还是Z？"其中，问项"X、Y、Z……"可以是词、短语，也可以是小句。最重要的是，这些问项都是平行的，不存在"是X，还是不是X"的现象。具体语境中，有时"是"会略去不言，但是表选择的连词"还是"必须出现。句中可带疑问语气词"呢、啊"，但并非必需，且位置灵活，可在任意选择问项之后，前后问项之间可有停顿，如若是较长的停顿，则一般用上疑问语气词"呢"。

（1）尔是话真箇还是假箇？你是说真的还是假的？
（2）个支是新笔还是旧笔？这支是新笔还是旧笔？
（3）开车呢，打的呢，还是走路去呢？开车呢，打的呢，还是走路去呢？
（4）我家哒是去公园，还是看电影呢？我们是去公园，还是看电影呢？
（5）尔刚话箇，是五块还是六块一斤啊？你刚刚说的，是五块还是六块钱一斤啊？

这些选择问句选项前的"是"均可略去，但是不省表意会更顺畅，也更能凸显选项焦点。

20.5 小结

现代汉语"有的句子形式上是疑问句，但不要求回答，只是用疑问句的形式表示肯定或否定。这种疑问句叫作反问句。反问句的形式和意义正相反，肯定形式（即不带否定词的形式）表示否定，否定形式（即带否定词的形式）表示肯定"[1]。

反问句在语义表达上不属于疑问句，但无论北京话还是崇阳方言，其句法形式与疑问句均关系紧密。邵敬敏（2014：287）指出，"疑问句有两大类型：第一，结构类型，通常认为有三大类：是非问、特指问

---

[1] 朱德熙：《语法讲义》，商务印书馆1982年版。

以及选择问（含正反问）；第二，功能类型，主要有：反诘问、附加问、回声问和假设问等"。因此作为疑问句的余论，本部分简单介绍一下崇阳方言的反问句。

崇阳方言的反问句句式标记不明显，一般不使用北京话的"难道"，而是基本依靠语调来表达，会比正常疑问句的语调更为上扬且适当延长，重在表达不理解、反诘等语气。有时也会用"哪""么"等疑问代词表达反问意义。例如：

(1) 尔还冇搞清楚啊？你还没搞清楚啊？

(2) 我冇告到尔啊？难道我没告诉你啊？

(3) 哪个话我搞不成啊？谁说我做不成啊？

(4) 伊哪不晓得哟？伊就是不想告得尔。他哪里不知道呢？他就是不想告诉你。

(5) 我么会比不倒伊呢？我怎么可能比不上他呢？

例（1）可以有两种理解，普通的疑问句语调则表达"你还没搞清楚吗？"接下来就应该是"那我再说一遍吧"等相关表达；如果语气重点在"还冇还没有"一词上，则传递不可思议的不满情绪，言外之意是"我都说多少遍了，你居然还没有弄清楚，太不可议了（太差劲了）"。句中可以加入"居然""哪"等副词加强反问语气，提问者根本不期待也不在乎对方的回答，仅是为了加强语气。例（2）从句式上看，就是疑问句，表达反问完全靠语境和语气。上下文可能会出现类似"我就在这里跟你说了的，某某某还在旁边。（怎么可能）我没告诉你啊"这样的表达。例（3）—（5）则是借助疑问代词加强反问语气，此时的疑问代词"哪个、哪、么"都是虚指，并不是真要求对方依问而答，这一点与北京话情况类似。刘彬、袁毓林（2017）在研究反问句的识解机制时，也特别强调句式结构之外的各项因素，"听话人在识别反问句和理解其意义时，需要借助上下文语境、逻辑事理以及说话人的身姿表情等，并依据合作原则及其下的相关准则进行相关的语用推理，才能准确有效地识解。"

总之，崇阳方言疑问句情况，如表20—1所示。

表 20—1　　　　　　　崇阳方言疑问句一览

疑问句类型		句式	疑问代词	疑问语气词
特指问	问事物或事件		么；么哒	啊、呢、唦
	问人		哪个	啊、呢、唦
	问地点		哪哒；哪子哒	啊、呢、唦
	问方式		哪样	啊、呢、唦
	问原因		为/制/搞么哒	啊、呢、唦
	问性状		哪样	啊、呢、唦
	问时间		么时际；么际；几时；几久	啊、呢、唦
	问数量		几多 + NP；几 + 量词 + NP	啊、呢、唦
	问程度		几 + AP	啊、呢、唦
是非问	语气词是非问	陈述句 + 吧？		吧
		陈述句 + 啊？		啊
		陈述句 + 唦？		唦
	语调是非问	陈述句 + ↗		
正反问	VP + neg.	VP + 冇；陈述句 + 么		么
		VP + 不；陈述句 + 啵		啵
	V + neg. + V (P)	V + 不 + VO		啊、呢、唦
		V + 冇 + V（+助词）+ O		啊、呢、唦
		V + 不/冇 + VC		啊、呢、唦
		V + 不/冇 + V		啊、呢、唦
		是不是 + VP		啊、呢、唦
		有冇得 + NP/VP		啊、呢、唦
选择问		（是）X，（是 Y），还是 Z？		啊、呢

由表 20—1 可见，崇阳方言的疑问句，句式类别上与北京话差别不大，但具体的表达有其自身特色。从类型学上来看，基本符合南方方言

疑问句的总体特征,即正反问中无论谓语部分是动词还是动词结构,也无论谓语动词为几个音节,这些音节是否可拆分,重复的仅为动词的第一个音节。这为前人的研究提供另一佐证。

第 21 章 否定句

否定表达是语言里重要的语义范畴，通过语法形式表达否定语义是语言表达的常用手段。崇阳方言的否定表达主要通过含有否定标记（否定词）的否定句来传递否定语义，也有少数不含否定词的否定表达。本章主要通过否定句的句法形式（含否定词和不含否定词）、否定词的语义指向、否定形式与否定意义不对称三个方面来论述崇阳方言的否定句。

21.1 句法形式

与北京话一样，崇阳方言否定句主要依靠否定词来表达否定语义，有些不含否定词的固定结构也含有否定意味，虽然后者算不算否定句还有待商榷，但我们还是把它们罗列出来作为否定句的补充形式。因此本部分内容主要从崇阳方言的否定词及其用法、不含否定词的否定表达两个方面来分析讨论。

21.1.1 含有否定词的否定句

这类否定句是常规意义上的否定句，如无特殊说明，本书所指的"否定句"即为这类否定句。因此，对否定词的分析特别重要。崇阳方言的否定词主要有否定副词"不、冇、莫"，以及一个否定性动词"冇得"。

21.1.1.1 不

"不 [pæ^{55}]"主要否定惯常的行为动作，或者否定动作的实行、可延续的状态，不能用于否定含有"V 过"的经历体。用法类似北京话的"不"。例如：

（1）老王今日不制生意了。老王今天不做生意了。

（2）星期六不落雨就去野餐。星期六不下雨就去野炊。

（3）伊跑得不算快。他跑得不算快。

（4）我一点都不想去。我一点都不想去。

（5）尔制不制得当啊？尔会不会做啊？

（6）柿花不软不好吃。柿子不软不好吃。

21.1.1.2 冇、冇得

把"冇［mau^{44}］"和"冇得［mau^{44} tə^{55}］"这两个词放在一起讨论，是因为两者意思都是北京话的"没有"，但是两者用法迥异。大体上，两者可以分别对应北京话里的副词"没有"和动词"没有"。具体到句法分布和表意上，两者差异主要体现如下几点：

其一，"冇"是副词，修饰动词、形容词，否定过去或现在的情况、动作、状态；"冇得"是动词，否定其后的名词或名词词组，甚至还可以在带上名词后再接动词的复杂短语，如连动式或主谓结构。比如：

（7）我冇去参加比赛。我没有去参加比赛。

（8）我冇想过要去香港。我没想过要去香港。

（9）伊本书我还冇看完。那本书我还没看完。

（10）天还冇暗，不需要把亮点倒。天还没黑，不需要把灯点着。

例（7）、例（8）都用"冇"否定已然动作或事件，例（9）、例（10）则用来否定未然事件或状态，基本上说话者目前的动作状态。

（11）阿个桌上冇得纸。那张桌上没有纸。

（12）个段时间冇得我喜欢箇电影。这段时间没有我喜欢的电影。

（13）事情冇制完，我冇得心情去戏。事情没做完，我没有心情去玩。

（14）学堂哒冇得老师上课。学校里没有老师上课。

例（11）是否定名词；例（12）否定名词短语；例（13）和例（14）都是"冇得+NP+VP"的复杂格式。

其二，"冇"可以出现在否定经历体的句法结构中，形成"冇+V+过"格式，但是"冇得"不行。比如：

（15a）我冇听过提琴戏。我没听过提琴戏。

（15b）*我冇得听过提琴戏。

(16a) 我妈冇跟我话过个事。我妈没有跟我说过这件事。

(16b) *我妈冇得跟我话过个事。

因为"冇得"不用来否定动词，自然而然就不能否定"经历体"。因此，几乎所有的"冇+V+过"格式都不能用"冇得"替换。

其三，"冇"可以用在句末，形成正反问句的省略形式，或者用于正反问句中形成"V 冇 V"格式。"冇得"则不行。

(17a) 尔家哒吃了冇？你们吃了没？

(17b) 尔家哒吃冇吃？你们吃没吃？

(17c) *尔家哒吃了冇得？

(17d) *尔家哒吃冇得吃？

总的来说，崇阳方言"冇"和"冇得"的区别主要在词性，以及不同词性承担不同的句法功能层面上。所以，北京话里有歧义的"门没有锁"，在崇阳方言里会明确区分为"门冇锁动词"和"门冇得锁名词"。

21.1.1.3 "冇得"的其他用法

"冇得"用来否定名词性成分是其核心用法，由此延伸出其他几种固定的复句表达句式。

①冇得+表正反义的双音节形容词

"冇得"还可以用于"冇得大小没大没小""冇得深浅没有深浅""冇得好歹不分好歹"等固定格式中修饰形容词。这种单音节正反义形容词对举出现，往往被赋予相关的名词特性，因而可以为"冇得"修饰，而不能用"冇"。如"大小"在此处指"大小级别"，"深浅"指"为人处事不稳的样子"，"好歹"则表示"好坏方向或人心"。但有时可以改成"冇大冇小""冇深冇浅"。例如：

(18a) 莫跟伊邪！伊完全冇得大小。别跟他邪皮！他完全没有大小。

(18b) 莫跟伊邪！伊完全冇大冇小。别跟他邪皮！他完全没大没小。

(18c) *莫跟伊邪！伊完全冇大小。

(19a) 个娭家话事冇得深浅。这个女人说话没有深浅。

(19b) ？个娭家话事冇深冇浅。

(19c) *个娭家话事冇深浅。

②"N+都冇得"

崇阳方言中，"N+都冇得"其实是"冇得+N"格式中名词前置起强调作用的变体，也可以理解为是"连+N+都没有"的省略形式。其中"N"是说话者心理预期中完成某事最基本的条件，表明连这种最基本的条件都没有，后续成分里的动作行为事件根本不可能实现。因此，"N+都冇得"不能单独使用，往往提示后续部分还有分句并且提供重要信息，最终的复句形式可以是"N+都冇得，拿么哒+VP?"也可以是"N+都冇得，还……"这两种格式表意几无差别，因此往往可以互换。而且这种格式中，后续部分往往用反问形式突出强调说话者的愤懑、失望或鄙夷、不屑之情。例如：

（20）工作都冇得，拿么哒接姑息咧？工作都没有，拿什么娶媳妇儿呢？

（21）工作都冇得，还哪样接姑息咧？工作都没有，还怎么娶媳妇儿呢？

（22）笔都冇得，拿么哒学习吵？笔都没有，拿什么学习？

（23）笔都冇得，还哪样学习吵？笔都没有，还怎么学习？

"N+都冇得"格式后面还可以接"V+箇"，意思可以理解为"冇得+V+箇+N"或"连+N+都冇得+V+箇"。如例（20）可以改为"工作都冇得制箇"，意即"没有（可以）做的工作"或者"连工作都没有"，表示"工作"是一个人成家"娶媳妇儿"的基本条件。再如以下例句：

（24）书都冇得看箇，还叫么哒图书室/拿么哒叫图书室？书都没有看的，还叫什么图书室？/凭什么叫图书室？

（25）电脑都冇得用箇，还哪样办公/拿么哒办公？电脑都没有用的，还怎么办公呢？/拿什么办公？

（26）解放前，我家哒米都冇得吃箇，还哪哒吃得到肉啊？解放前，我们米都没有吃的，还哪里能吃到肉啊？

③"NN+冇得"

与"N+都冇得"相关的另一个格式为"NN+冇得"，这种格式中的名词"N"往往重复出现，而且"NN+冇得"也需要反复使用，形成对举或排比结构。该结构既是强调作为基本条件的"N"都没有，更是含有"什么都没有"的否定全部之意，因此，其后续成分要么用感叹句要么用反问句，表达说话者强烈的不满之情。例如：

（27）书书冇得，笔笔冇得，上个么鬼学堂咧？/上个鬼箇学堂！书也没有，笔也没有，上个什么鬼学啊？/上个鬼的学！

（28）尔看看个屋哒，桌哒桌哒冇得，椅哒椅哒冇得，请个么哒狗屁箇客？/请个狗屁箇客！你看看这屋子，桌子桌子没有，椅子椅子没有，请个什么狗屁的客啊？/请个狗屁的客！

（29）制了一整日箇事，归来饭饭冇得吃箇，水水冇得喝箇，个日子哪样过得下去？/个日子哏过不下去了！做了一整天的工作，回来饭饭没有吃的，水水没有喝的，这日子哪过得下去？/这日子完全过不下去了！

④ "甲冇得乙+VP"

该格式一般用于比较句的否定格式，表示"甲（在某方面）比不上/不如乙"的意思，例如：

（30）咸宁箇山冇得崇阳箇山高。咸宁的山没有崇阳的山高。

（31）今哒冇得昨日热。今天没有昨天热。

（32）个伢崽冇得伊伢崽会话事。这个小孩子没有那个小孩子会说话。

（33）我冇得尔想去打球。我没有你（那么）想去打球。

该句式在比较句部分有过介绍，此处不再详述。

21.1.1.4 莫

崇阳方言中，"莫[mo^{55}]"意为"不要""不用""别"等，用来阻止他人做什么事，主要用于祈使句或陈述句中。因此，一般不用第一人称代词做主语，如不能说"＊我莫话说"，而多用第二人称。例如：

（34）尔莫想到伊能来。尔别想着他能来。

（35）莫拢来！慢倒烫倒了！别靠过来，小心烫着！

（36）尔莫笑吵，我话箇是真箇。尔别笑，我说的是真的。

（37）个事尔莫想，伊不得尽尔去。这件事你别想了，他不会让你去的。

崇阳方言的"莫"保留了古代汉语否定副词"莫"的意义和用法，实际交际中，该词的发音还可以通过延长语调等方式起到加强极力劝说、阻拦或毋庸置疑等语气的作用。

21.1.1.5 "不"和"冇"的异同比较

前面讨论了"冇"和"冇得"的词义和句法分布，两者虽然词形上有共同语素"冇"，但词性不同，用法差别也很大，比较容易区分。而"不"和"冇"都是否定副词，都可以否定动词或形容词，并且都大量运用在崇阳方言的陈述句、疑问句中，比如正反问句"S+冇"和"S+不"两种句式都可，但表意有别。因此很有必要对这两者进行区分。

首先，句法结构上，虽然两者都可以用来否定动词和形容词。但是判断词"是"和能愿动词都只能用"不"而不能用"冇"。如"不是""不会""不能""不愿意"等，均不能换成"冇"。

其次，结果补语和可能补语结构中只能用"V 不 C"表达"结果未达成"或"不可能性"，而没有"V 冇 C"结构。如"看不清楚"（结果补语）、"写不出来"（结果补语）、"话不当_{不会说}"（可能补语）、"打不赢"（可能补语）等都不能换成"冇"。

再次，从语义侧重来看，"冇"可以否定已然、未然或现有动作、事件、状态。据林素娥（2006：163—164）从类型学角度的统计分析，"根据是否区分否定已然和未然，可将汉语方言分为'没'类一分式和二分式。其中，一分式是指在词形上不区分已然与未然，与普通话'没'的语法功能相当"；并且"汉语官话及湘赣等大部分方言存在与普通话对应的不区分已然和未然的否定副词"。崇阳方言的"冇"也提供了赣语的另一个佐证语料，如上文例（7）—（10）。崇阳方言的"不"则主要否定未然或现有的动作、事件及状态，对经历体"V 过"的否定上，则只能用"冇"，一定不能用"不"。这个区别上，两者是毫不含糊的。例如：

(38a) 伊不吃。_{他不吃。}

(38b) 伊冇吃。_{他没吃。}

(39a) 老师不讲个题。_{老师不讲这道题。}

(39b) 老师冇讲个题。_{老师没讲这道题。}

(40a) 我冇去过北京。_{我没去过北京。}

(40b) ＊我不去过北京。

(41a) 我冇看电影。_{我没看电影。}

(41b) 我不看电影。_{我不看电影。}

(41c) 我昨日冇看电影。_{我昨天没看电影。}

(41d) ＊我昨日不看电影。

(41e) ＊我明日冇看电影。

(41f) 我明日不看电影。_{我明天不看电影。}

没有明显的时体要求的句子里，"不 + VP"和"冇 + VP"虽然都可以成立，但是表意明显不同。前者表示惯常行为动作或者即将发生在将来的行为动作，或者表达过去曾经发生的行为动作。如"伊不吃"可以理解为"他一般/常常/以后不吃"等意思，"伊冇吃"则可以理解为"他以前/昨天/上一顿没吃"。例（38）的两个例句同理。

但是，当句子有明显的时体标志时，"不+VP"和"冇+VP"的选用都要受相应的句法制约。如例（40）中出现经历体标记"过"，则只能使用"冇"进行否定。而例（41）的六个例句则分为三组，例（41a）和例（41b）表明在没有时体标记情况下，"冇"和"不"都可以用，但表意有别，与例（38）组的两个例句同理；例（41c）和例（41d）句中出现时间词"昨日_{昨天}"，表明是过去发生的动作，则只能用"冇"否定；例（41e）和例（41f）出现时间词"明日_{明天}"，则只能用"不"否定。可见，"冇"和"不"的使用受时体影响，在句法分布上呈互补关系。

21.1.2 不含否定词的否定表达

与北京话一样，崇阳方言表达否定语义的方式也不只有否定词一种，还有些形式上肯定的词或结构也能委婉地表达否定之意，可称为隐性否定。这类否定表达一般不被认作否定句。从语用上来说，这类否定表达一般有着特殊的语用表达效果，或是委婉，或是嘲讽，抑或是不屑。

21.1.2.1 懒+VP+得、懒得+VP

崇阳方言"懒+VP+得"与北京话"懒得+VP"用法和表意皆一致，表达的都是"不愿意/不想做某事"的意思。虽然在崇阳方言里两者都能使用，但前者更为常见且地道，后者可能是受共同语影响，也能使用。例如：

（42）我懒话得，话了伊家哒也不听。/我懒得话，话了伊家哒也不听。_{我懒得/不想说了，说了他们也不听。}

（43）今哒懒打球得。/今哒懒得去打球。_{今天懒得/不想去打球了。}

（44）个两日天气不蛮好，懒去地哒制事得。/个两日天气不蛮好，懒得去地哒制事。_{这两天天气不怎么好，懒得/不想去田里做事。}

（45）太晒了，懒在个哒钓鱼得。/太晒了，懒得在个哒钓鱼。_{太晒了，不想/懒得在这里钓鱼。}

"懒+VP+得"中的 VP 可以是简单动词，也可以是复杂动宾甚至连动结构，其后的"得"虽然语音上有弱化现象（从动词"得到"[tie^{55}]到该结构中的[·tə]），表意也不具体实在，但也必须出现，不可略去。

21.1.2.2 怪哦！

崇阳方言中"怪哦！"一般用在话语篇章中，表示不同意对方的说法或观点，相当于北京话的"怎么可能""哪啊"。例如：

（46）甲：听倒话尔老妹个际是公司老总啊？听说尔妹妹现在是公司老总啊？

乙：怪哦！别个瞎话箇。哪啊？不是的。是别人瞎说的。

（47）甲：个本书看完了？这本书看完了？

乙：怪哦！个几日哪有时间唦？没有啊，这几天哪有时间呢？

（48）尔话我想去打工？怪哦！在屋哒制事几舒服哒！你说我想去打工？怎么可能？在家里做事多舒服啊！

可以说，"怪哦！"是口语交际中很常见的否定表达，其否定意味比"不"更强烈，甚至带有些许不屑、意外等否定意味。

21.2 语义表达

关于现代汉语否定语义表达的研究，主要集中在以下几个问题：其一，探讨否定的辖域或否定焦点问题，如袁毓林（2000）认为，否定有独立的辖域（范围）和焦点，否定词的位置有特定的语序效用。① 其二，"不"和"没"的否定语义向来是学界探讨的热点。有从时体角度区分两者的，认为"不"是单纯否定，或者未然的动作，"没"否定的是经验体或完成体；② 有从主观否定、客观否定等角度来区分的，认为"不"是说话者或者叙述角度的主观否定，而"没"是客观否定；③ 有从"过程"或"非过程"的时状角度来区分的，认为"不"是对非过

---

① 袁毓林：《论否定句的焦点、预设和辖域歧义》，《中国语文》2000年第2期，第99—108页。

② 吕叔湘：《疑问·否定·肯定》，《中国语文》1985年第4期，第241—250页。

③ 李瑛：《"不"的否定意义》，《语言教学与研究》1992年第2期，第69—71页。史锡尧：《"不"否定的对象和"不"的位置》，《汉语学习》1995年第1期，第7—10页。白荃：《"不"、"没（有）"教学和研究上的误区——关于"不"、"没有"的意义和用法的探讨》，《语言教学与研究》2000年第3期，第21—25页。

程时状的否定,而"没"是对过程时状的否定;① 还有的从"量"的角度,把客观世界事物或现象在变化中的量变抽象为离散量和连续量,强调"不"是连续量的否定标记,"没"是离散量的否定标记,否定有量的否定和质的否定的差异。② 其三,否定格式与肯定格式的不对称性语义语法研究,主要是讨论有否定副词出现的固定格式所表达的语义,及其与肯定式的不对称性。

关于崇阳方言否定句的语义表达,本部分内容也将从这三个方面进行讨论。

21.2.1 否定的辖域

崇阳方言中的否定句,不管使用哪种否定词,其否定的都是紧随其后的整个谓语动词或形容词部分,包括该部分中的修饰性状语成分或补语成分。即崇阳方言的否定句也符合右侧否定原则,否定焦点也是否定词右侧的成分。例如:

(1) 我不蛮想制屋。我不是很想做房子。

(2) 尔还不走快点子,搞晏了箇。你还不走快点,弄晚了的。

(3) 伊冇吃刮个蛋糕,留了点子得尔。他没有吃完这个蛋糕,留了一点给你。

(4) 我冇么出力。我没怎么出力。

(5a) 我不准备跟老庚一路去制生意。我不准备跟朋友一起去做生意。

(5b) 我冇准备跟老庚一路去制生意。我没准备跟朋友一起去做生意。

例(1)—(4)"不"和"冇"的否定焦点是动词的修饰性状语或补语成分,依次是:"不蛮想"是指"有点想但不是特别想";"不走快点子"是指"走得比较慢,不够快";"冇吃刮"是指"吃了,但是没吃光";"冇么出力"指"只出了一点点力,几乎没出力,但不是完全没出力"。例(5)的两个例句,用"不"和"冇"的区别仅在"时"和"量"的表达上,即在"时"上,前者否定的是当下及以后的行为动作,后者否定的是过去的行为动作,可以加上"我以前冇准备跟

---

① 郭锐:《过程和非过程》,《中国语文》1997年第3期,第162—175页。

② 石毓智:《肯定和否定的对称与不对称(增订本)》,北京语言文化大学出版社2001年版,第23—46页。

老庚一路去制生意，但个际想跟伊一路了<small>我之前没有准备跟朋友一起去做生意，但现在想跟他一起了</small>"；在"量"上，前者否定的是"连续量"，后者则否定离散量。例（5）的a/b两句说明无论是用"不"还是用"冇"，相同的句式中否定词的否定辖域和焦点都是一样的，包括崇阳方言的另一个否定词"莫"亦是如此。例如：

（6）莫走快了！我逢不赢尔。<small>别走快了！我追不上你。</small>

（7）莫下忽嚷起来，吓煞人！<small>别突然一下子喊起来，吓死人！</small>

（8）莫想多了，该么样就么样！<small>别想多了，该怎么样就怎么样！</small>

三个例句中的"莫"的否定焦点分别是"快""下忽<small>突然一下子</small>""多"等动词的修饰或补充成分，与前面"不""冇"的否定辖域和焦点表现一致。

21.2.2 否定词的语义差别

关于"不"和"冇"的语义差别，上文从时体方面进行过论述，本部分将进一步从"量"的方面探讨。石毓智（2001）认为现代汉语否定副词"不"是连续量的否定标记，"没"是离散量的否定标记。连续量是指无法确定边界的量，而离散量是指能找到明确边界的量。按这个标准，崇阳方言"不"和"冇"的语义区分也与北京话的基本相同。比如："我不/冇吃夜饭<small>我不/没吃晚饭</small>"一句中，"不吃"的边界不明确，不知道是说话者长久以来的习惯还是从说话的时间点开始这一餐晚饭不吃；而"没吃"则有个相对明确的界限，即说话点之前的时间段没有吃晚饭，可能从这个点开始又吃晚饭了。如这一句可以改为"我冇吃夜饭，个际点把饿，搞点东西吃<small>我没吃晚饭，现在非常饿，弄点东西吃</small>"。

按照这个标准，崇阳方言的另一个否定副词"莫"也是个离散量，具体语境中往往有比较清晰的边界。但是与"冇"不同的是，"莫"的离散量依据不同的表意会有两个方向：可以是劝阻说话点（或某件事发生）之前的动作行为；也可以是警示说话点（或某件事发生）之后不要去做某事；还可以是说话点之前延续到之后的某个时间点，但往往有能说得清楚的或者较为确切的边界。例如：

（9）莫造，东西哈造散了。<small>别乱动，东西都动散了。</small>（制止说话时间点之前对方已有的行为）

（10）莫造，个东西一造就散了。别乱动，这东西一动就散了。（**警醒对方在说话点之后不要做某事**）

（11）急也冇得用，所以莫急，明日伊家哒会有法箇。急也没用，所以别急，明天他们会有办法的。（说话点之前或之后的量，但要么是说话点之后或者至迟"明天"停止"着急"）。

（12）考不上也莫急，以后再来。考不上也别急，以后再来（考）。（以"考不上"为时间点往后的量）

简言之，崇阳方言否定副词"不"是连续量的否定标记，而"冇"和"莫"都是离散量的否定标记。

21.2.3 否定式的不对称性

这里说的否定格式是指含有否定词的特定格式，如"不用+VP"，"一……都/也不/冇……"等固定搭配。崇阳方言的这些搭配中，往往都只有否定式，而没有对称的肯定式。比如："冇落雨，不要拿伞没有下雨，不要拿伞"对称的肯定式是"落雨了，要拿伞下雨了，要拿伞"；但是用"不用拿伞"，就没有对称的"*用拿伞"的说法。

（13）伊明日要来，尔不用去找伊了。他明天要来，你不用去找他了。

（14）我不用去学堂了。我不用去学校了。

（15）个子哒点把多柴，再不用去山哒斫柴了。这里非常多柴火，再不用去山里砍柴了。

这些例句中的"不用+VP"都没有对应的肯定式，既不能用"用+VP"，也不能用去掉"不用"直接用"VP"。如例（14）的肯定式如果去掉"不用"变成"我去学堂了"，表意就发生了变化。

"一……都/也不……"格式中，"一"后面是"量词+名词"结构，"不"后面是动词结构。该格式表达的是"什么都不+VP"之意，表达主观小量，认为"一+量+名"那么小的量都"不做"或"没做到"，即否定全部之意。"都"和"也"的区别仅在主观表意上，"都"侧重表达量少之意，"也"除量少外，还兼有主观上的不满之意。例如：

（16a）个际伊管么哒都不吃，一口水都/也不喝。现在他什么都不吃，一口水都/也不喝。

（17a）在书摊看了个久来了，一本书都/也不买不蛮像。在书摊看了这么久，一本书都/也不买不怎么像样子。

（18）个崽懒煞，一丁点事都/也不想制。这个孩子懒得要死，一丁点事都/也不想做。

以上例句也基本都可以换用"冇"，例如：

（16b）个际伊管么哒都冇吃，一口水都/也冇喝。现在他什么都没吃，一口水都/也没喝。

（17b）在书摊看了个久来了，一本书都/也冇买不蛮像。在书摊看了这么久，一本书都/也没买不怎么像样子。

表意上主要是"不"和"冇"的语义差别，详见前文。例（18）也可以换"冇"，但是要变成"个崽懒煞，一丁点事都/也冇想倒制。这个孩子懒得要死，一丁点事都/也没有想着去做"。该句否定的很明显是以前"没想到去做一点事"。

21.3　含否定成分的非否定形式

语言中有非否定词的否定表达，也有含否定成分的非否定表达，这类肯定和否定的错位表达现象在崇阳方言中同样存在。

21.3.1　"冇"的冗余

北京话里有一类"冗余否定"（又叫"羡余否定"现象），即结构中使用了否定词，但表意上这些否定词其实并不是理解该结构的意义所必需的。如"他没回国以前，一直在美国读书""小心别被骗""好不自在""不要太好看"等结构中的"没""别""不""不要"等否定标记可以去掉而不影响句意表达。

崇阳方言中也有一类含"冇"的冗余，这类冗余现象一般出现表达某个时间段或某个动作发生以前的结构中，其中有明显的动作界限，可以认为是"冇+VP"和"VP+以前"两个结构的叠加而成，动作"VP"是届点，动作没完成的阶段就是这个动作开始之前的阶段，所以两相叠加，"冇"就成了冗余成分，去掉完全不影响表意，但往往得以保留。例如：

（1）伊冇归来以前，在外底不晓得忙了么哒。他没回来以前，不知道在外面忙了什么。

(2) 我冇话事以前，压是伊家哒在话。<small>我没说话以前，都是他们在说。</small>

(3) 李牯哒冇在城哒开车以前，在乡下映牛种地。<small>李师傅没进城当司机以前，在乡下放牛种地。</small>

"冇归来以前没回来以前" = "归来以前回来以前"；"冇话事以前没说话以前" = "话事以前说话以前"；"冇在城哒开车以前没在城里开车以前" = "在城哒开车以前在城里开车以前"。

21.3.2 不是我话、不是话箇事

这两个结构表达内容几乎一样，即"不是我说"。它们主要是传递话语篇章功能，句中位置灵活，可以出现在句首、句中或句尾，甚至还可以省略。看似用的否定形式，实则表达肯定，突出非主观性的、客观上的肯定。例如：

(4) 不是话箇事/不是我话/不是我话箇事，把得我来制，肯定比尔制得好些。<small>不是我说的话，给我来做，肯定比尔做得好。</small>

(5) 伊屋哒箇人哪，不是话箇事/不是我话/不是我话箇事，要几懒有几懒！<small>他家的人啊，不是我说的话，要多懒有多懒！</small>

(6) 不是话箇事/不是我话/不是我话箇事，个子哒箇空气确实是好！<small>不是我说的话，这里的空气确实是好！</small>

例（4）强调"并非我主观上认为"，而是从客观上来说，有"这件事我来做，肯定做得比你好"之意。例（5）作为插入语，也是用来强调"他家人的懒""不是我个人主观上这么凭空捏造的，而是客观存在的事实"之意。例（6）同理。

21.3.3 不晓得几X

其中的"不晓得"可以理解为字面意思"不知道"，但往往表达的是"特别、非常"甚至"超出想象"的高程度，一般用在感叹句中起加强语气的作用。例如：

(7) 伊不晓得几躁！<small>他很烦躁！</small>

(8) 尔箇脑壳不晓得几忘事！<small>尔的脑袋太容易忘事了！</small>

(9) 伊要好好制事，伊屋哒箇日子不晓得几好过哟！<small>他要好好干活，他家的日子不知道多么好过啊！</small>

其中"不晓得"也可以看作冗余成分，去掉后并不影响句子的基本表意，只是加入会有强调作用，实际交际过程中往往还会在"不"上面重读。

21.3.4 莫话/看

这类结构其实还是有部分否定含义的，可以说是否定含义的一个虚化过程。字面意思是"别说/看/认为""没想到吧"，本身是含有否定意味的，但在实际语境中，否定意味几乎虚化为起强调作用的插入语了，表达实际情况超出肉眼所见或想象。

（10）莫话，伊还是个会种地箇人哪！别说，他还是个会种地的人哪！

（11）伊啊，莫话，根本不晓得哪样照几自家。他啊，别说，根本不知道怎么样照顾自己。

（12）莫看伊是个男箇，带崽还点把过细啊！别看他是个男的，照顾孩子还是非常细心的。

例（10）中，"莫话别说"并非实际意义上的阻止对方说法，而是虚化为插入语，强调后文部分的内容超出交谈双方的固有印象，表达意外之意。例（12）中的"莫看别看"虽然还残留有其实在意义"别看"，但主要是说"不要认为"，否定交谈双方之前的刻板印象，兼具突出强调的作用。

21.4 小结

总的来说，崇阳方言的否定句主要依靠否定词"不、冇、冇得、莫"来表达，四个词词性不同、用法有别，表达功能也不同。另外，还需要注意否定的辖域，以及否定形式与否定意义之间的不对称性，这些多是出于汉语和汉语方言表达特殊的语用所需。

第 22 章　述补结构

补语结构是现代汉语里最普遍最重要的语法形式之一，多出现在谓语部分之后补充说明谓语动词或形容词的状态、数量、结果等特性。因此，未加特殊说明，本章讨论的"补语结构"一般指"动补结构"。汉语中很多句式的谓语部分要求有一个补语结构，否则不能完句，如把字句、动词拷贝结构和绝大多数的被动句都是如此。汉语动补结构通常被认为是在南北朝以后才开始普遍使用起来的。至于其产生的动因和形成机制，学界认为它是汉以后的双音化趋势（石毓智，2002），是重新分析的结果（石毓智，2001），是词汇化的结果（董秀芳，2007），是相邻吸纳的结果（刘辰诞、李恬，2013）等。动补结构的形成实质上就是动词和结果成分的融合，促使其融合的因素很多，除了语音外，还有共现频率、句法环境和语义相关性等因素，这些因素的共同作用才促成动补结构的产生。而动补结构的产生，又直接影响了汉语句式的发展。对于如此重要的一种句法结构，本书将探讨其在崇阳方言的句法形式、语义特征、语用价值，并且与北京话的补语结构比较出异同，从而分析其共时特点，了解其历时发展脉络。

崇阳方言中的补语结构使用较频繁，常用的主要有以下五类：①程度补语；②结果补语；③可能补语；④趋向补语；⑤数量补语。

22.1　程度补语

程度补语指能表达程度高低的补语成分，与程度副词是两个概念。

程度副词可以做补语,① 但是并非所有的程度补语都是程度副词。因此,厘清这两者的关系,才能更好地分析崇阳方言的程度补语。

22.1.1　程度范畴的表达

作为语言中一种重要的语义表达范畴,程度范畴的表达关注的是事物性质的量性、量级和量幅。数量范畴强调的是量,程度范畴强调的则是量的程度高低,即量级和量幅,以及它们的增减。因此,程度范畴的语义特性就对组合结构进行了制约,只有当句式中的组配成分具有[＋性质][＋量幅]等语义特征时,它们才与程度范畴达成语义,才能构成合理的语义结构。程度范畴的这种语义选择表现在句法层面,最常见的就是允许性质形容词与程度范畴表达形式组配,同时,程度范畴的表达,无论在词汇层面,还是句法层面,都有一定的选择性。北京话如此,崇阳方言亦是如此。

前文在介绍崇阳方言表程度的语义范畴时讨论过语音手段、词汇手段和句法手段三种表达方式(详见词法部分的"程度"章节)。这里着重讨论崇阳方言的程度补语,兼论程度副词作状语和补语的不对称现象,以及程度副词和补语结构之间的相互制约和选择。

程度副词是一个相对封闭的类。按量级来分,崇阳方言常用的程度副词有:低量副词"有点子、稍微、几乎";高量副词"点把、很、蛮、闷、太、特别、煞、死、紧、急";变量副词"更、越接"。但是,这些副词的句法功能还有差异,正如马庆株(1992)在研究汉语的程度补语时所说:"程度补语表示程度和幅度,只表示程度高,不表示同样的程度和较低的程度;而程度状语可以表示各种程度。"② 通过观察,我们也发现,崇阳方言动补结构中形容词或动词的选用,对补语结构中程度高低的选择有语义制约作用,即大部分的形容词或表达心理活动、感觉的动词,其后所接的补语多是高量或极量类程度副词。如下面这组

---

① 以朱德熙先生为代表的一种观点是:"我们把副词定义为只能充当状语的虚词";"副词只能做状语,不能做定语、谓语和补语。"(《语法讲义》)并且未将居于谓语后做补语的"很、极"看作副词;而有些学者,如张谊生(2000)提出现代汉语中作补语的程度副词数量不少,可补副词和唯补副词分别为 16 个,当然部分词是否为程度副词还存在争议。

② 马庆株:《汉语动词和动词性结构》,北京语言学院出版社 1992 年版。

句子：

(1a) 今哒有点子热。今天有点热。

(1b) *今哒热得有点子。

(1c) 今哒热得点子。今天热了点。

(1d) 今哒热得很。今天很热。

该组例句中，"有点子"就只能在句中充当状语，做补语时句子就无法成立。如果确实要使用程度补语的句型，就得换成形容词"点子—点"或者表高量的程度副词"很"（表意就有了改变）。

因此，这也给了我们启发：程度副词和程度补语之间有很大的双向选择性，那么崇阳方言哪些程度副词可以做程度补语？进入补语结构的程度副词是否因句法结构需要而受到某些形式上的制约？按上述马庆株（1992）的观点，似乎只有高量副词才能做程度补语。可是，这里有个问题：即便是同样高量的程度副词，也不是每一个都可以做补语，比如崇阳方言中高量副词除了"很、蛮很"以外，其他的都只能做状语而非补语。所以还需要进一步分析论证。另外，除了部分程度副词外，还有哪些成分可以充当程度补语？崇阳方言的这些表现，与北京话的程度范畴表达有哪些异同？

22.1.2 程度补语的类型

句法结构上，崇阳方言程度补语的句法表现与北京话并无二致，除了黏合度特别高的少数补语如"煞""死"外，很大一部分都需要借助标记词"得"来表达，即"A+得+程度补语"。但是这个程度补语的词性，值得关注和探讨，主要包括程度副词、形容词、名词，以及一些非典型的程度副词，甚至还有短语等。

22.1.2.1 程度副词作程度补语

从句法形式的角度看，北京话的程度副词作补语有三种入句情况："A+得+程度副词"；"A+程度副词+了"；"A+程度副词"。崇阳方言则只有两种："A+得+程度副词"；"A+程度副词"。也就是说，崇阳方言没有北京话中"好极了""饿慌了""累坏了"这类说法，取而代之的就是另两种句式结构，分别说为"好得很、好煞""饿得发慌、饿煞""累得点把很、累煞"等类似表达。下面分别探讨崇阳方言这两类充当程度补语的程度副词。

①"A+得+程度副词"

该格式中的程度副词其实只有一个:"很",而且此处表高量的"很",在崇阳方言中还未必是副词。该格式中的"A"主要是形容词或者表示心理活动、感觉的动词;标记词"得"必须出现。换句话说,崇阳方言"A+得+程度副词"的结构其实有且仅有"A得很"这一种格式。先观察几个典型例句:

(2a) 伊哈得很。_{他傻得很。}

(3a) 我箇脚痛得很。_{我的脚疼得很厉害。}

(4a) 今哒冷得很,尔要多着点子。_{今天非常冷,你要多穿点。}

(5a) 莫担心伊,伊箇日子好得很。_{别担心他,他的日子好得很。}

看起来,这里的"A得很"跟北京话里的结构和表意都差不多,比如:以上这些句子都仅能使用表意高量的补语结构,中低量的都不行。要想表达程度低等,则需要借助句式的状语成分,如"伊有点哈_{他有一点傻}""我箇脚有丁点子痛_{我的脚有一丁点疼}""今哒有点子冷_{今天有点冷}"。

但是崇阳方言有个有意思的现象是,如果形容词谓语是倾向于贬义的话,这些"很"前面还可以加其他程度副词修饰,如上述三例可以分别改成:

(2b) 伊哈得蛮/点把很。_{他傻得很。}

(3b) 我箇脚痛得蛮/点把很。_{我的脚疼得很厉害。}

(4b) 今哒冷得蛮/点把很,尔要多着点子。_{今天非常冷,你要多穿点。}

(5b) *莫担心伊,伊箇日子好得蛮/点把很。

例(5b)则无法成立。其他如"高兴得很""漂亮得很""舒服得很"等褒义倾向的形容词,都不可以在补语"很"加上"蛮/点把"。

这一特点也提示我们,崇阳方言程度副词"很"就是由形容词"狠"演化而来的,当它处于补语位置时,其形容词性受句法限制得到凸显。因为汉语中,充当补语是形容词的句法功能之一。既然是形容词,其前就可以继续加程度副词修饰,于是就有了"A得蛮/点把很"的句式。语义上,"狠"的表义倾向于"凶狠"等贬义意味,因此修饰贬义形容词谓语时,其形容词语义得到加强,可受程度副词再修饰,前后表义比较和谐。而"A"为褒义形容词谓语时，补语"很"则只能作为虚化后的程度副词表义，才不至于前后意思突兀不协调。王力（1984）、聂志平（2005：61）等学者均论证过汉语补语位置的"很"是由"狠"发展演变而来的。聂文（2005：64）在考察历代文献以后，得出合理的处理建议："应该把'X 得很'中的'很'与'很 X'的'很'分开处理，把前者记作'很$_1$'，后者记作'很$_2$'，即把现代汉语书面语中的'很'看作两个词：'很$_1$'是形容词，'很$_2$'是程度副词。"崇阳方言中的"很"，恰是证明此论述的有力材料。崇阳方言中，"很"极少被用作状语修饰谓语（除非是受共同语影响，特意文气地说话），一般使用"点把、蛮"等词表达类似的意思，但是做程度补语，则只能是"很"而非"点把/蛮"。也许我们应该说，崇阳方言中的"很"就相当于北京话中的"很$_1$"，是个独特的形容词而非副词。只有这样，才能解释其在崇阳方言中只能充当程度补语的独特用法。

② "A + 程度副词"

这类程度副词主要是一个"煞"，构成"A 煞"结构，但与之相关的"A 煞人""A 死人"也很常用。崇阳方言可以用"A 煞、A 煞人、A 死人"三种结构来表示"A 极了""非常 A"之意，构成表示极量程度的述补结构，三个结构表意几乎相同。其中的 A 是单音节形容词或单音节动词。该结构在崇阳方言里形成固定结构，能产性强，表示"使人感到极度难受"之义，语用上往往指因过量而导致的不适，尤其是"A 煞人""A 死人"结构，它们的谓语中心形容词一般倾向于中性词（能因极量或超量引出贬义意味）或者贬义词，而不用"好""美"等褒义词。例如：

（6）今哒烦煞。/今哒烦煞人。/今哒烦死人。今天特别烦。

（7）个水焐煞。/个水焐煞人。/个水焐死人。这水特别烫。

（8）港里箇水冻煞。/港里箇水冻煞人。/港里箇水冻死人。河里的水非常冷。

（9）伊屋哒箇狗恶煞。/伊屋哒箇狗恶煞人。/？伊屋哒箇狗恶死人。他家里的狗凶恶极了。

虽然三种结构表意差不多，但相较而言，"A 煞"的使用范围最广，用于补充说明褒义形容词也能成立，如"伊箇婆婆好煞她的婆婆特别好"。现代汉语中,受程度义"死"的排挤,近代汉语中广泛使用的程度补语"煞"几乎不再使用,但是崇阳方言则是相反的情况。崇阳方言里,"A煞"最常用,而"A死人"的使用范围最受限,可能是因为这种说法是受共同语影响而产生的,而"A死"在崇阳方言里几乎不说。可能是这个原因导致其适配性始终不及本地方言内部产生的"A煞"。另外,"A煞人/死人"中"人"的虚化程度还不高,因此该结构的表意需要"A"这个形容词谓语能对人产生影响,否则句子要么不成立,要么表意比较别扭,如例(8),"伊屋哒箇狗恶死人"就有些不合逻辑,可以说"伊屋哒箇狗吵/呱/吓死人他家里的狗吵/闹/吓死人"。因为"凶恶"不能直接对人产生伤害,更不至于"死人",但是"吵/闹/吓"却可以直接对人产生影响,使人极度难受甚至夸张到"死人"的地步。

也正是因为上述原因,这种结构用在"把"字句里面,就只能是"V/A+煞"。因为语义中暗含的"人"已经在介词"把"后面出现,而且"人"是泛指,"把"后引出的人物对象是特指的,同现在一个结构中表意有冲突。所以"把"字句中的程度补语只能用"A煞"。例如:

(10)么声音啊?把我吓煞。什么声音啊?把我吓死了。

(11)伊家哒在打电话,把满屋箇人吵煞。他们在那里打电话,把满屋子的人吵死。

(12)尔也不话下子,把伊家哒等煞。你也不说一声,让他们等了好久。

(13)尔往阿边去下子,把个小张挤煞。你往那边去(坐)一点,(免得)把小张挤得不行。

崇阳方言中,该类格式常用的表达有:烦煞(人)/死人|吵煞(人)/死人|忙煞(人)/死人|痛煞(人)/死人|热煞(人)/死人|冷煞(人)/死人|挤煞(人)/死人|走煞(人)/死人|跑煞(人)/死人|写煞(人)/死人|等煞(人)/死人|赶煞(人)/死人等。

关于"煞"的来源,袁斌(2003)、徐繁荣(2004)、唐贤清(2011)从各角度均作了考察论述,基本认为是由"杀"发展演变而来。现代汉语方言里,还有"杀"做程度补语的遗留。按《汉语方言地图集》(语法卷021)的调查,以"很热、热很、热得很"为例调查方言点里的"程度副词形""形程度副词""形得程度副词"的情况,得出结论:以"热杀"为例,该说法至少留存在以下浙江省的各地方言中,如开化、昌化(旧)、于潜(旧)、临安、桐庐、富阳、诸暨、上虞、萧山、杭州、余杭、孝丰(旧)、武康(旧)、崇德(旧)、德清、海宁、桐乡、嘉兴、嘉善。崇阳方言"煞"的用法也提供了这方面的类型学语料。

此外,北京话的程度副词"很、极"既可以做状语,也可以做补语;而崇阳方言里的"很"和"煞"只能做补语,不能做状语,与只能做状语的程度副词(如"点把、蛮、点子"等)形成句法互补。这也是一大特色。

22.1.2.2 能做程度补语的其他成分

除了程度副词"很、煞、煞人、死人"能做程度补语外,崇阳方言还有其他成分也能充当程度补语,主要是两大类:

一是形容词、名词,以及一些非典型副词,这些非典型副词从动词或形容词虚化而来,但虚化程度还不高,如"紧、急、不行、不得了、要死、行得"等。如果不考虑词性,崇阳方言能充当程度补语的词,按量级也可以分为:低量词,中量词和高量词。低量词有:一点子、有点子、丁点子、丁嘎嘎;中量词有:一般般子、还可以、还行得;高量词有:很、要死、紧、不行、不得了、冇得法、煞、死、急,其中"煞、死、急"还可以称作超量或极量词。这些词有些虚化程度不高,句法功能有限,并非典型的副词。例如:

(14) 我比伊高得丁嘎嘎。我比他高一丁点。

(15) 今哒好得点子。今天好点了。

(16) 个汤箇味道一般般子。这个汤的味道非常一般。

(17) 阿块梆哒伊着得还可以。那件背心他穿得还可以。

(18) 个事伊制得还行得。这件事他做得还行。

(19) 我崽饿得不行。我儿子饿得不行。

(20) 把得别个捞去了几百块,心痛得要死。被人骗去了几百块,心疼得要死。

(21) 伊小气得不得了。他小气得不得了。

(22) 伊屋哒穷得桄榔响。他家里穷得叮当响。

(23) 昨日考试，伊紧张得有得法。昨天考试，他紧张得没有办法。

与此类似的结构还有"A+不过""A+多了"等，都表示程度很深。其中"A 多了"一般用于比较句中，或者句式里暗含比较意，而且"A"可以是单音节形容词，也可以是双音节形容词。这些特点都跟"A（丁）点子"很像。"A 多了"表示程度加深很低，"A 点子"则表示程度深一点。例如：

(24) 今哒比昨日强多了。今天比昨天强多了。

(25) 个女好看多了。这个女人好看多了。

(26) 伊心哒烦不过。他心里很烦。

(27) 个些人挤得屋哒吵不过。这么多人挤在屋里很吵人。

叶南（2007：211）通过考察程度副词做状语和补语的不对称性，认为做补语的程度副词都是从动词或形容词虚化而来。而且，这些动词和形容词"虚化程度是比较明显的：意义大都空灵虚化，功能黏着定位，语音形式上可以轻读，不好把它们看作形容词或动词。它们与形容词的语义特征相比，缺少静态的状态性和性状的程度性，与动词相比也缺少动作的依存性和动作的动态性。它们是语法化的程度副词。它们与做状语的程度副词（如'十分、非常、特别、比较、有点儿、万分、很'等）比较，有比较明显一致的程度意义"[1]。例句中"不行""要死""桄榔响"等补语，经由夸张表述转而有一定程度的虚化，形象表达程度深，而非真的"不行了""要死了""响声大"等意义。

关于崇阳方言里比较有特色的"A 得紧/急"，汤传扬（2017：73）通过考察近代文献和现代方言中的程度补语"紧""很（狠）"的使用情况，考证出"紧"做程度补语在明代中期出现，明清时是南北通行的用法，清中叶后失去优势，到现代汉语阶段只保留在南方方言中的个别方言点（如吴语）；程度补语"很（狠）"兴起于江淮流域，在清中叶后挤掉"紧"占据使用优势，而后向北向西扩散，直至扩散到现代汉语，并广泛存在于诸多方言之中。[2] 由此可见，崇阳方言中"A 得

---

[1] 叶南：《程度副词作状语和补语的不对称性》，《西南民族大学学报》（人文社会科学版）2007 年第 5 期，第 211 页。

[2] 汤传扬：《程度补语"紧""很"的历史与现状》，《汉语学报》2017 年第 2 期，第 73 页。

紧"的用法是近代汉语的残留，并与吴语存在相似之处。从类型学意义上来看，这也是提供了崇阳方言赣语与吴语有部分关联的证据。汤文（2017：78）中还提供了"热得紧"的方言说法分布情况，证明其存在于浙江（淳安、浦江、义乌、遂昌、分水），福建（浦城、宁化、清流、长汀、连城），湖南（道县）。而少数情况下，"紧/急"的意义有一定的虚化，作为程度副词修饰形容词，例如：

（28）伊困得急/紧。他非常困。

（29）个天晏得急/紧。这天色很黑了。

但是崇阳方言"A得紧"的虚化程度还没这么高，多数情况下还是用作形容词，做补语修饰动词，表示动作行为的急迫。如"我要走得紧/急我要赶着/急于离开"，"个事安排得急/紧这件事安排得很急"。这些都是使用"紧/急"的形容词用法。而大多数情况下，都不能做程度补语修饰形容词，如不能说"热得紧/急""好得紧/急""快得紧/急"等。

二是其他类型补语，如虚化后的各种短语，如"不晓得要哪样不知道要怎么样"，或者各种其他格式的短语，一般也表示程度比较深，甚至有夸张的成分。例如：

（30）我箇崽吵得不晓得要哪样。我儿子吵得不知道该怎么办好。

（31）我对个条路熟得闭倒眼睛都走得倒。我对这条路熟悉得闭着眼睛都会走。

（32）个几日日日落雨，落得人都要发霉了。这几天天天下雨，下得人都要发霉了。

22.1.3 小结

综上，我们可知，句法结构上，崇阳方言程度补语主要有两种：有标记词"得"的和无标记词的黏合式，即分别是"A+得+程度补语"和"A/V+程度补语"。前者的程度补语包括程度副词"很"，形成"A得很"结构，还包括形容词、名词、虚化后的固定词组及各类短语；后者的程度补语主要是程度副词"煞"，形成方言中常用的"V煞（人）"结构。

语义上，程度补语主要表达程度（量幅）的变化，多数是加深，可以是加深低量、中量、高量和极量四种不同程度。另外，"A点子"

"A 多了"两类还含有比较量的含义，分别表示相较之下程度的多少。

语用上，程度补语一般位于句子末尾，是信息焦点。因此往往附带了说话人强烈的主观情态和情感倾向，有感叹句的表达功能。这也和程度补语语义分布倾向量幅高即程度深有关，尤其是常用的程度补语往往是表高量、极量的副词（"很""煞""死"），或带有夸张表达的格式"不行、要死"等，句式主观量增强，主观评价色彩浓重，主观情感表达强烈。因此，相对于程度状语，方言这种口语交际中更多使用程度补语来凸显说话者强烈的褒贬倾向。如"今哒蛮热今天很热"是简单陈述，"今哒热得很今天热得很""今哒热煞今天热死"则传递出说话者更多的烦躁。有意思的是，崇阳方言里，能做状语的表示"很"义的程度副词"蛮、点把、特别、闷"都不能做程度补语，而能做程度补语的程度副词"很""煞"又都不能做程度状语。也许，这种句法选择里也含有一定程度的语用因素制约。

22.2　结果补语

崇阳方言中充当结果补语的成分可以是形容词、动词或虚化后的助词"倒"，也可以是"得"字结构，表示动作呈现出的性质、状态类的结果，或因为某个动作致使宾语达到某种效果。崇阳方言结果补语的句法形式与北京话一致，有无标记的黏合式述补短语，也有有标记词"得"的述补结构"V + 得 + C"。

22.2.1　黏合式述补结构

按充当补语的成分来看，崇阳方言黏合式述补结构分为三类：

其一，动词 + 动词。例如：打开｜斫断砍断｜写完｜烧死｜吹熄｜点燃等。

其二，动词 + 形容词。例如：吃刮光｜晒干｜绑紧｜烧红｜倒满｜吃饱｜洗干净｜话清楚说清楚｜梳光溜梳光滑顺畅｜搁稳当放稳当等。

其三，动词 + 倒。崇阳方言中，"倒"是结果补语中常用的成分，普通话用的"V + 见""V + 到""V + 着""V + 住""V + 上"，这些或已经虚化（"着"）或半虚化（"见、到、住"）的成分，在崇阳方言里都使用"倒"表示，形成"V+倒"结构。但是，其中表示"V+着"意思的"V+倒"不是动补结构，而是表示动作状态持续的持续体（详见前文"词法"中"体貌"部分论述）。下面列举崇阳方言中常用的表结果补语"V+倒"结构：

看倒看见｜听倒听见｜碰倒碰见｜撞倒遇见

买倒买到｜找倒找到｜听倒听到｜猜倒猜到｜想倒想到

记倒记住｜停倒停住｜拦倒拦住｜锁倒锁住｜定倒定住｜徛倒站住｜拉倒拉住

关倒关上｜停倒停住｜写倒写上｜补倒补上

黏合式述补短语接宾语时，宾语都置于补语之后，与北京话语序一致。例如：

（1a）明日六点尔要叫醒我哈。明早六点你要叫醒我啊。

（2a）昨日打麻将伊输刮了钱。昨天打麻将他输光了钱。

（3a）个伢崽好戏，不晓得斗了几多祸，踢球打烂了玻璃，骑车闯翻了花钵。这孩子贪玩，不知道闯了多少祸，踢球打破了玻璃，骑车撞翻了花盆。

（4a）我看完了个部电影。我看完了这部电影。

（5a）来来来，话清楚个桩事。来来来，说清楚这件事。

与北京话一样，这类述补结构接宾语的句子一般都能转换为"把"字句。这种转换可以从句法机制和语义动因上得到解释。句法上，谓语部分结构层次太多，将宾语用介词"把"提前，既可以强调宾语，又可以使补语得到句尾焦点补偿。语义上，从形成原因上说，动补结构就是"动词+动词+宾语"，第二个动词为使动用法，表示在第一个动作的影响下，使宾语怎么样的意思。其后第二个动词语义虚化，进一步重新分析，形成今天的动补结构。因此，动补结构本身就有致使意味，而致使又和处置有着千丝万缕的联系。因此，这类动补结构与处置式的转换就顺理成章了。另外，从语用上说，"动补宾"结构倾向于陈述客观事件，而口语交际中往往需要凸显说话人的个人看法或情绪，更倾向于选择处置式，以达到句式的平衡和语义的强调，也更利于传递说话人的主观感情。如上述五个例句转换成处置式后，主观性明显增强：

（1b）明日六点尔要把我叫醒哈。明早六点你要把我叫醒啊。

（2b）昨日打麻将伊把钱输刮了。昨天打麻将他把钱输光了。

（3b）个伢崽好戏，不晓得斗了几多祸，踢球把玻璃打烂了，骑车把花钵撞翻了。这孩子贪玩，不知道闯了多少祸，踢球把玻璃打破了，骑车把花盆撞翻了。

（4b）我把个部电影看完了。我把这部电影看完了。

（5b）来来来，把个桩件事话清楚。来来来，把这件事说清楚。

例（1b）明显突出强调。例（2a）和例（2b）的对比更直接，前者只是陈述事件，后者则根据不同语境，能传递说话者的不满或嘲笑等意味。例（3a）和例（3b）是对举句，对举修辞本身就有强调的作用，但如果单说"踢球打烂了玻璃"，就没有"踢球把玻璃打烂了"那么赋予主观感情。后面两个例句同理。

结果补语语义上表示动作有了结果，那么肯定是已然动作，因此其否定式是在述补短语前加"冇"，疑问式则是句末加"冇"。例如：

（6）伊冇制完作业。他没有做完作业。

（7）伊制完作业冇？你写完作业了没？

（8）我冇斫断个树。我没有砍断这棵树。

（9）个树尔斫断了冇？这棵树你砍断了没？

（10）我冇把电脑戏坏。我没有把电脑玩坏。

（11）尔把电脑戏坏了冇？你把电脑玩坏了没？

同理，第三类型的"V倒"也可以带宾语，否定式和疑问式同样用"冇"。例如：

（12）我昨日在街上撞倒伊了。我昨天在街上碰到他了。

（13）尔想要箇书买倒了冇？你想要的书买到了没？

（14）我冇猜倒伊会来。我没猜到他会来。

（15）把伊箇车拦倒，莫尽伊跑了。把那辆车拦住，别让它跑了。

（16）关倒门再话！关上门再说！

这个类型的黏合式述补短语有点特殊，有些句子不太能转换为处置式，大概跟结构补语的虚化程度有关。比如，例（12），由于"倒"的结果意义虚化，"撞倒碰到"几乎已经虚化为一个词语了。另外，"倒"在崇阳方言中兼具多重意义和用法，哪些是补语成分，还需要鉴别。

22.2.2　V+得+C

崇阳方言的这个结构可以用作结果补语也可以用作可能补语，取决于补语"C"的意义表达，所以有时甚至会产生歧义。比如："看得倒/见"可以理解为"看得清楚"（结果补语）或者"能看见"（可能补语），"看不倒/见"可以理解为"看不清楚"（结果补语）或"不能看见"（可能补语）。

（17）黑板上箇字尔看得倒不？<small>黑板上的字你看得清楚吗？</small>（结果补语）

（18）对面箇字个样远，尔看得倒不？<small>对面的字那么远，你能看见吗？</small>（可能补语）

但是，有意思的是，"看不见""听不见"在崇阳方言中还经常说为"不看见""不听见"，意思为"看得不清楚、听得不清楚"，与北京话的"不看见""不听见"意思不同。例如：

（19）年纪大了，我箇眼睛不看见，耳朵不听见。<small>年纪大了，我的眼睛看不清楚，耳朵听不清楚了。</small>

（20）个子哒闷暗，我家哒压不看见。<small>这里非常黑，我们都看不清楚。</small>

（21）尔在话么嘀啊？我箇耳朵不听见。<small>你在说什么啊？我的耳朵听不清楚。</small>

除了上述这些较为特殊的"V得C"外，一般的结果补语也可以用这个结构，其中C可以是形容词、动词，也可以是各种短语，其中以形容词或动词短语的各种生动形式居多，尤其是在处置式或被动式中。黏合式动补短语中的第一类和第二类也基本可以在中间加入"得"构成这种"V得C"结构。例如：

（22）尔家哒哈莫吱声，看伊想得清楚不？<small>你们都别说话，看他想清楚不？</small>

（23）放心，个图纸可以放得大。<small>放心吧，这图纸可以放大。</small>

（24）个柴火几干哟，一下子就点得着。<small>这柴火多干燥啊，一下子就点燃了。</small>

（25）伊把屋哒箇壁刷得雪白子。<small>他把房里的墙刷得雪白雪白的。</small>

（26）个崽把得别个打得鼻肿嘴歪箇。<small>这孩子被别人打得鼻肿嘴歪。</small>

（27）伊把电脑修得再也不死机了。<small>他把电脑修得再也不死机了。</small>

（28）个花把得雨沛断了，断得扶都扶不起来。<small>这花被雨淋断了，断得扶都扶不起来。</small>

结果补语"V得C"结构的否定式是"V不C"，这点也与可能补语形式上一样。但表意上，结果补语否定的是动作的结果，而非行为动作的可能性。例如：

（29）个车开不快。这车开不快。
（30）个桌哒点把重，我推不动伊。这张桌子特别重，我推不动它。
（31）伊洗碗都洗不干净。他洗碗都洗不干净。
（32）雨落不透，还是点把闷人。雨下不透，还是特别闷。
（33）锁坏了，我打不开个门。锁坏了，我打不开这个门。

当"V不C"后面无宾语时，该结构往往还可以再嵌入"得"形成"V得不C"结果补语形式，如例（29）、例（31）、例（32）中的动补结构分别可以说成"开得不快""洗得不干净"和"落得不透"；但是当该结构后面还有宾语时，则不能再嵌入"得"了，如例（30）。

22.3 可能补语

崇阳方言可能补语有两种表达方式：

第一种主要是通过在述语和补语之间加入"得[tə^{55}]"或"不[pæ^{55}]"，表示动作的结果、趋向，可能或不可能出现，即"V得/不C"结构。正因为其可能性涉及动作的结果，所以可能补语与结果补语有部分形式上的交叉，需要通过上下文语境进行甄别。例如：

A类：V+得+倒 | V+不+倒。例如：制得倒会做 | 制不倒不会做；写得倒能写/会写 | 写不倒不能写/不会写

V+得+当 | V+不+当。例如：话得当会说 | 话不当不会说；开得当会开（车）| 开不当不会开（车）

B类：V+得+形容词 | V+不+形容词。例如：解决得好能解决好 | 解决不好不能解决好；写得好 | 写不好；看得清楚能看清楚 | 看不清楚不能看清楚

C类：V+得+趋向动词。例如：提得起能提起 | 提不起不能提（提不动）；出得去能出去 | 出不去不能出去

D类：V+得+动词。例如：扯得动能扯动 | 扯不动不能扯动；挖得断能挖断 | 挖不断不能挖断

"V得/不C"结构除了A类外，B、C、D三类的语义均有歧义，都容易跟结果补语混淆。

先看 B 类。问题在这个"得",表示能、会等意义时是可能补语,完全虚化为补语标志后,引出结果补语的情况下,则是结果补语。这类补语一般在具体交际中,会有其他词帮助判断。比如,可能补语的情况下,"V 得/不 C"前面可以用"能"强调可能性;结果补语则会在补语位置即形容词前加各种修饰性副词。对比下面几组例句:

(1a) 个事不难办,放心,(能/可以) 解决得好。这件事不难办,放心吧,能解决好。

(1b) 个事尔解决得(蛮)好啊,厂长表扬尔了。这事你解决得好,厂长表扬你了。

(2a) 相信我,给我三日子,我(能/可以)写得好。相信我,给我三天时间,我能写好。

(2b) 伊箇作文写得(点把)好啊!他的作文写得好啊!

(3a) 黑板箇字点把小,尔(能)看得清楚?黑板的字特别小,你能看清楚吗?

(3b) 黑板箇字点把小,我看不(蛮)清楚。黑板的字特别小,我看不太清楚。

六个例句中,a 的都是可能补语,b 的都是结果补语。括号内的词可有可无,但是出现的话便于明确补语的性质。

C 类和 D 类也会有歧义。C 类是可能补语和趋向补语或结果补语的含义容易混淆。比如"提得起",可以分别表示"能提起来""提得起来"和"提得动"的意思,其否定形式也分别对应这三种语义。具体在语境中要具体分析:

(4a) 个东西点把重,我能提得起。这个东西很重,我能提得起来。

(4b) 个东西点把重,不过我试了下,还提得起,一把就提起来了。这个东西很重,不过我试了下,还提得起,一把就提起来了。

(4c) 个东西点把重,我哪提得起啊?这个东西很重,我哪里提得动?

上述用"不"构成的"V 不 X"动补结构,表示动作行为的不可能,就不能再用"不能""不会"来修饰动词或动词性结构。例如:

(5) 太重了,我提不起。太重了,我提不动。

(6) 个树根闷粗,想挖是挖不断箇。这棵树根特别粗,想用挖(的方式)是不可能挖断的。

第二种,崇阳方言还可以将"得"或"不得"用在单音节行为动词后面直接做补语，表示动作行为的结果可能实现或不能实现，其中"V得"还可以表示这个动作行为值得一试。例如：

去得_{能去}｜去不得_{不能去}；吃得_{能吃}｜吃不得_{不能吃}；制得_{能做}｜制不得_{不能做}；

想得_{能想}｜想不得_{不能想}；话得_{能说}｜话不得_{不能说}；看得_{能看}｜看不得_{不能看}

（7）尔本来就高血压，还吃得个咸箇东西？_{你本来就高血压，还能吃这么咸的东西吗？}

（8）个本书还看得下子。_{这本书还值得一看。}

（9）伊箇崽个际还话不得，一话就翻。_{这孩子现在还不能批评他，一批评就翻嘴。}

（10）个事制得，不蛮累，钱也不少。_{这工作可以做做，不是特别累，钱还不少。}

（11）个际箇伢崽啊，打打不得，骂骂不得。_{现在的孩子啊，打打不得，骂也骂不得。}

（12）阿子哒闷暗，尔一个人去不得。_{那个地方特别黑，你一个人不能去。}

（13）我箇脚昨日跌了，个际走不得路。_{我的脚昨天摔了，现在不能走路了。}

另外，崇阳方言也可以将"得了"或"不了"用在单音节行为动词后面直接做补语，表示动作行为的结果可能实现或不能实现。例如：

走得了｜走不了；办得了｜办不了；定得了｜定不了；制得了｜制不了；来得了｜来不了；写得了｜写不了；卖得了｜卖不了；进得了_{能进来}｜进不来_{不能进来}

（14）明日我走不了哦，屋哒有事。_{明天我走不了（不能走），家里有事。}

（15）个事伊肯定办得了。_{这件事他肯定能办好。}

（16）明年箇事个际哪样定得了？_{明年的事现在怎么能定下来？}

（17）尔话箇个价格卖不了，要折本。_{你说的这个价格我卖不了，要亏本。}

（18）个车过得了，有得问题。_{这个车能（开）过去，没有问题。}

值得注意的是，崇阳方言"V得C"动补结构中如果带有宾语，往往宾语有两个位置，即"V+不/得+C+O"或者"V+不/得+O+C"，表意相差无几。例如：

（19）我打得赢伊。＝我打得伊赢。_{我能打赢他。}

（20）我打不赢伊。＝我打不伊赢。我打不赢他。

（21）个崽已经话得当事了。＝个崽已经话得事当了。这孩子已经会说话了。

（22）个崽还小，话不当事。＝个崽还小，话不（得）事当。这孩子还小，不会说话。

可能补语和结果补语在形式上有重合的地方，但是在语义表达上一般可以区分，因为结果补语一般指有结果的事情，而可能补语是说行为动作达成的可能性。因此在表达否定含义时，可能补语的否定词用"不"，而结果补语的否定词可以用"冇"。例如：

（23）我冇打赢伊。＝我冇打伊赢。我没打赢他。（结果补语）

（24）太远了，我看不清楚。太远了，我看不清楚。（可能补语或结果补语）

（25）太远了，我冇看清楚。太远了，我没看清楚。（结果补语）

总的来说，崇阳方言的可能补语，在形式上与结果补语有交叉，语义表达上也因常常表示动作结果的可能性而与结果补语有千丝万缕的联系。因此，往往会呈现出一种结构两种解读的情况。但在实际交际过程中，交际双方或通过上下文语境，或通过前后修饰性成分的补充，一般来说，均能消除歧义，清晰明确地表达。

22.4　趋向补语

趋向补语用来补充说明动作行为或性状的发展趋势或方向。崇阳方言的趋向补语大部分与北京话无异，比较有特色的是在现代北京话中没有与"起来"对应的"起去"，但是崇阳方言中两者是可以对称表达的；还有，崇阳方言还有"归来、去归"的补语成分。下面从补语形式的角度来分析崇阳方言趋向补语的类别。

22.4.1　简单趋向补语

崇阳方言单音节趋向补语主要由"来""去"充任，形成"V来"和"V去"动补结构。一般来说，具有进出双向语义的动词，"V来"和"V去"可以形成对称用法，但有些动词能组成"V来"，却未必能对称性地组成"V去"动补式。这些动词往往是语义上仅有［＋纳入］义素的词，如"买"，说"买来"可以，但基本没有"买去"的说法。例如：

V来：掇来｜买来｜带来｜拿来｜找来｜走来……

V去：掇去｜？买去｜带去｜拿去｜？找去｜走去……

（1）把衣拿来著倒，莫冻倒。把衣服拿来穿上，别受凉了。

（2）伊掇来一碗汤，要我喝了嘀。他端来一碗汤，让我喝完。

（3）伊边走来了十个人，是搞么哒箇啊？那边走来了十个人，是干什么的啊？

（4）我崽每日拿十块钱去过早。我儿子每天都拿十块钱去吃早饭。

但是，"V来""V去"在动词和补语之间可以插入宾语成分。而且，加入宾语成分后，上述仅有［＋纳入］义素的词，又可以使用趋向补语"去"了，形成"V+O+来/去"结构。一般来说，这个名词宾语前往往有数量词，如果数量为一，"一"可省略。虽然没有数量结构也可以说，但加上会表达更自然。例如：

掇端把椅哒来｜买瓶醋来｜带块衣来｜拿双鞋来｜找个人来

掇把椅哒去｜买条烟去｜带根袱哒去｜拿盅杯水去｜找个人去

（5）尔家哒到隔壁去掇十把椅哒来。你们到邻居家去端十把椅子来。

（6）来来来，帮我买条烟去。来来来，帮我去买条烟。

（7）明日点把热，锄草要带根袱哒去。明天非常热，锄草（的时候）要带条毛巾去（擦汗）。

（8）个车太重了，推不动，去阿边找几个人来。这车太重了，推不动，去那边找几个人来（帮忙）。

动补之间插入宾语后，趋向补语还有个"V+O+归回"结构，但"V+归"一般不说，而说"V+归来/去"或"V+去归"。比如：

掇把椅哒归端把椅子回来｜买块衣归买件衣服回来｜带包烟归带包烟回来｜拿点钱归拿点钱回来｜找个女朋友归找个女朋友回来……

*掇归｜*买归｜*带归｜*拿归｜*找归｜*走归

掇归来/去｜买归来/去｜带归来/去｜拿归来/去｜找归来/去｜走归来/去……

掇去归端回去｜买去归买回去｜带去归带回去｜拿去归拿回去｜找去归找

回去｜走去归走回去……

(9) 尔来箇时际帮我带包烟归。你来的时候帮我带包烟回来。

(10) 我去把伊找归来。我去把他找回来。

(11) 我冇得车，只能走去归。我没有车，只能走回去。

(12) 把个些东西压拿去归，我不要。把这些东西都拿回去，我不要。

此外，"V 起"带宾语时，宾语置于述补短语之后，而且宾语往往是有数量短语修饰的。例如：

提起一袋米｜拿起一块衣拿起一件衣服｜装起一条烟｜抬起一张大桌哒抬起一张大桌子……

22.4.2 复合趋向补语

崇阳方言常用的复合趋向补语有：

上来｜下来｜进来｜出来｜归来｜过来｜起来

上去｜下去｜进去｜出去｜去归/归去｜过去｜起去

这些补语多与单音节动词搭配使用，如"抬上来/上去""搬下来/下去""跑进来/进去""喊出来/出去""买归来/去归买回来/回去""爬起来""爬起去"等。与北京话不同的是，崇阳方言里有与"起来"相匹配的"起去"。例如：

(13) 外底下忽一响，我慌倒爬起去看了下子，冇得么哒。外面突然一声响，我慌忙爬起来看了一下，没什么。

(14) 有客来了，尔要倚起去打个招呼吵。有客人来了，你要站起身打个招呼吧。

(15) 港里蛮多鱼压把得别个捞起去了。河里很多鱼都被人捞起来了。

22.5 数量补语

数量补语一般用于谓语动词之后，表示动作、变化的数量的补语。与北京话基本一致，崇阳方言的数量补语也可以分为时量补语、动量补语和比较数量补语几种。

22.5.1 时量补语

时量补语用于表示时间长短，如有宾语，一般置于动补结构之后。

（1） 伊制了一个小时箇作业。他做了一个小时的作业。
（2） 个女伢崽学了好些年箇钢琴。这个女孩子学了好几年的钢琴。
（3） 我话了伊一上昼。我批评了他一上午。
（4） 我箇爸打银针打了一世。我爸扎针灸扎了一辈子。

22.5.2 动量补语

动量补语用于谓语动词之后，表示动作持续的时间或频率。例如：

（5） 伊把我骂了一顿。他把我骂了一顿。
（6） 我跟伊话了几回事。我跟他说了几次话。
（7） 个菜尔要试下子，点把好吃。这个菜你要尝一下，非常好吃。

22.5.3 比较数量补语

比较数量补语用于比较句的谓语动词后面，表示比较的数量关系。例如：

（8） 我比伊小一岁。我比他小一岁。
（9） 我箇工资比伊箇高倒点子。我的工资比他的高一点。
（10） 我屋哒养箇鸡比伊屋哒箇少上十只。我家养的鸡比他家的少十只左右。

22.6 小结

本章讨论的是崇阳方言的述补结构，重点分类探讨补语结构，具体类型如表22—1所示。

表22—1　　　　崇阳方言补语结构一览

程度补语	有标记词"得"的补语，即"A+得+程度补语"	程度副词"很"，形成"A得很"结构；形容词、名词、虚化后的固定词组及各类短语
	无标记词的黏合式，即"A/V+程度补语"	程度副词"煞"，形成"V煞（人）"结构

续表

结果补语	黏合式述补结构	V + V
		V + adj.
		V + 倒
可能补语	"V 得 C"	
	"V 得/不 C"	V + 得 + 倒、V + 不 + 倒；V + 得 + 当、V + 不 + 当
		V + 得 + adj.；V + 不 + adj.
		V + 得 + 趋向动词
		V + 得 + V
	"V 得" "V 得了" "V 不了"	
趋向补语	简单趋向补语	V 来、V 去、V + O + 来/去；V + O + 归回、V + 归来/去 或 V + 去归
	复合趋向补语	V + 复合趋向动词
数量补语	时量补语	V + 时量短语
	动量补语	V + 动量短语
	比较数量补语	V + 比较数量短语

第 23 章　存现句

存现句是表示某处（或某时）存在、出现或消失某人某物的句子。与北京话相比，崇阳方言存现句的主语也往往是处所词或时间词，不同的是，北京话存现句的动词后常附着有动态助词"着"，崇阳方言则用持续体标记"倒"，有时句末还要附加上"在"，表示动作产生状态的持续。例如：

（1）门口徛倒两个人（在）。门口站着两个人。

（2）桌子高底搁倒一本书（在）。桌子上放着一本书。

（3）锅哒煮倒一碗汤（在）。锅里煮着一碗汤。

崇阳方言存现句也经常把北京话存现句的宾语提前，充当施事主语。此时，动词后的动态助词一般是"倒"，句末可加"在"，也可不加。例如：

（4）伊两个徛倒门口（在）。他们俩站在门口。

（5）阿本书搁倒桌子高底（在）。那本书放在桌子上了。

（6）番茄汤煮倒锅哒在。西红柿汤在锅里煮着。

两种句式不同的是，存现句的宾语一般是无定的，但后一种句式是一般的主谓句，其施事主语往往是有定的。

如果动词后附着了动态助词"了"，句末就不能附加"在"。例如：

（7）壁上挂了一幅画。墙上挂着一幅画。

（8）我车上备了一把伞。我车上准备了一把伞。

（9）昨日我屋哒来了闷多客。昨天我家里来了很多客人。

（10）港哒淹死了个人。河里淹死了一个人。

"了""在"不共现，也是完成体与持续体表意对立所致。

第 24 章　祈使句

用于表达命令、请求、禁止、劝阻等意义的句子叫作祈使句。祈使句因对象（即主语）往往是第二人称，所以主语通常省略。按照意义的不同，崇阳方言的祈使句大致可以分为以下几类。

24.1　表示命令

这类祈使句因为带有强制性，要求对方必须服从，言辞严肃，语调坚定。例如：

（1）倚倒！站着！
（2）写快点！写快点！
（3）快点把得我！快点给我！

有时还会用上"跟我 + V"结构，此时的"跟我"不表示字面意思，仅仅是用来加强语气。比如：

（4）跟我把脚放下来！把脚放下来！
（5）跟我老实点！老实点！
（6）跟我滚开！滚开！

24.2　表示请求

与表示命令的祈使句相比，表示请求的祈使句语气要柔和一些，有时开头或句中用"请"表示礼貌，句末用语气词来舒缓语气。例如：

（1）请喝茶！请喝茶！
（2）尔老家请进！您请进！

（3）来帮我看下子个题哪样制啊！来帮我看一下这道题怎么做啊！
（4）明日跟我一路去吧！明天跟我一起去吧！

24.3　表示禁止

表示禁止的祈使句明确表示禁止对方做什么事情，所以一般用"莫"开头，表明"不要/不许做某事"。有时为舒缓语气，会用上语气词。例如：

（1）莫造！别动！
（2）莫乱话吵！别乱说嘛！
（3）莫想倒去戏！别想着去玩！
（4）莫烦我啊！别烦我啊！

24.4　表示建议、劝阻

表示建议、劝阻的祈使句语调比较平缓，可以用语气词"吧、啊"。例如：

（1）要过细点啊！要小心仔细点！
（2）尔家哒好好话下子！尔们好好说说吧！
（3）还是莫去好些！最好还是不要去！
（4）回房哒睏瞌睡去吧！到房间里睡觉去吧！

第 25 章　感叹句

感叹句是用来表达喜、怒、哀、乐等强烈感情的句子。与北京话一样，崇阳方言的感叹句一般含有表示程度的如"真、几、点把、好、闷"等程度副词做状语或程度补语，表达主观上对程度高低的感叹，且一般搭配感叹词使用，主要有"啊"及其变体"哇、哪、哦、呀"等。例如：

(1) 个际箇日子点把好啊！现在的日子真是好啊！
(2) （个人）真不是个东西（呀）！（这人）真不是东西！
(3) 伊长得几高哦！他长得多么高啊！
(4) 破煞！破死了！
(5) 伊箇学堂好大啊！他的学校真大啊！

总的来说，崇阳方言祈使句和感叹句句法形式、表意手段，与北京话基本一致，都是通过相关语气词来传达祈使类或感叹类的不同感情。不过，由于语气词一般不固定表达某一种语气，而是兼表多种语气，因此往往需要在具体语境中，通过语气语调和语境，才能准确感受各种情感。

第 26 章　余论

26.1　研究思路

"摆事实、讲道理"对于方言研究尤为重要。[①] 本书力求对崇阳方言语法现象进行系统性介绍与研究，从词法到句法，选取了多个语法范畴内的十余个语法现象进行描写和比较，并根据不同语法现象选取合适的语法理论进行分析和解释，主要涉及"表—里—值""普—方—古"这两个"三角"，以及语法化、类型学、语言接触等理论。鉴于之前的崇阳方言研究，并未有系统记录该方言语法的材料，本书定位为"充分性描写""可能性解释"和"尝试性扩展"。据此，本书的研究思路也尽力向"摆事实、讲道理"两个方面靠拢。

一方面，发掘语言事实，尽可能呈现系统的方言语法材料。

详尽地记录和描写方言语法是方言研究的基础，也是关键性的一步。记录和描写看似简单，但要做好并不容易。

首先，如何将错综复杂的各语法现象分类呈现，就涉及择点和分类依据问题。我们往往会特别关注与北京话差异性比较大的语法现象，这些特色性的语法点当然值得探讨和研究，但那些语法现象与北京话差异不大（起码在现阶段的研究中感觉差异不大）的，是否就缺乏记录价值呢？我们认为，目前崇阳方言乃至整个鄂东南赣语的语法研究中，都没有相对完整的基础材料，我们有必要做好这项基础性工作，这是其一；其二，我们记录的是当下崇阳方言的语法，那么就应该尽可能呈现

[①] 鲍厚星：《方言语法研究与田野调查》，载《汉语方言语法研究和探索——首届国际汉语方言语法学术研讨会论文集》，2002 年，第 32 页。

其客观面貌，与特色关系不大；其三，即便与北京话相比，有些语法现象确实没有鲜明特色，但我们呈现的材料恰好就证明了这部分语法现象与北京话相关语法现象的共同性，也是有意义的；其四，单看崇阳一个方言点，没有特色的语法现象好像有些雷同甚至冗余，但对其他方言的研究，提供了可供对比的资料，尤其是地理语言学、语言接触还有语言类型学的研究，都需要尽可能多的方言点的翔实材料作为研究依据。

基于此，本书从传统的词法和句法两个角度，各选取十余个语法现象进行描写和分析。我们对有特色的语法现象，进行细致描写和合理解释，如词法部分的形容词生动形式，我们既分类描写其外在格式，也深入挖掘其"主观量"的表意特点和俏皮形象的语用价值，还对比北京话中丰富的重叠式结构，尝试解释崇阳方言中这些格式的成因；而代词系统中，我们除了描写其用词特色外，还对其用字进行溯源。再比如，句法部分的被动句，本书从句法结构、表意特点及语用价值进行充分描写和分析后，对其特色被动标记词"把得"的发展演变进行了梳理，解释了该句式的演变机制和句法动因。而对一些特色不鲜明的语法现象，本书简单介绍，重点在于提供材料，如句法部分的感叹句和祈使句部分，无论是句法形式还是表意特点，都与北京话相差无几，但用例句形式记录下来，也能为后人的研究提供相关材料。

其次，方言事实的发掘既需要细致耐心的观察和记录，还需要专业知识的积累和深入思考。其一，有些方言语法现象，由于调查者自己长期使用，习焉不察，未能敏锐感知到其特色；其二，有些看似具备鲜明特色的方言语法现象，调查者很容易关注到，但是随着调查的深入或者与周边方言的比对，或者在各项专业知识的融会贯通之后，发现不过是冰山一角，更多的问题亟待解决。这些收获，所需的不过是脚踏实地的行动和充满热爱的坚持。比如，崇阳方言的被动句因为被动标记词"把得"而特色鲜明，易于被研究者的目光捕捉。这类复音节被动标记在前人的研究中也被记录过，但是崇阳方言以及周边方言中相同被动标记"把得"的来源及演变途径是否与前人的研究一致？这些问题需要经过深入的思考和挖掘，之后我们发现，崇阳方言的被动标记"把得"虽然也经历过致使义，但它还经历了一个"换作"义，这是其他方言类似被动标记的演变机制中很少被提及的。因此，对于方言事实的发掘，我们始终感觉不是方言没有特色，而是我们所做的能做的都太少太浅，一定还有大量的语法现象未被关注，还有更多演变机制在现阶段未能厘清。

因此，本书在设计框架之初，就把注意力着重放在尽可能多地记录方言语法现象，并尽可能充分地发掘语言事实。

另一方面，择取语言理论，尽可能选用适宜的语言理论框架。

如果说记录是第一步，是起点是基础，那么解释就应该是第二步，是过程也是方向。方言语法的解释离不开语言理论框架，方言语法专著的体例构建也同样离不开合适的体系框架。

关于理论框架，本书认为，基于汉语语法研究而形成的本土理论是现阶段较为适合选用的。邢福义先生"两个三角"的理论本身就兼顾了汉语方言，其中"表—里—值"是描写分析具体语法现象的方法，"普—方—古"是深入解释语法现象的思路，都是汉语研究中具有普适性的框架。所以本书中大多数语法点都是采用该理论框架进行描写和分析。在大三角"普—方—古"的框架下，需要研究历时动态发展的，则还需要结合语法化理论梳理演变机制，解释发展动因；涉及研究共时横向对比的，则需要结合类型学或语言接触等理论，对比共性和个性。因此，本书会根据不同的语法现象，在"两个三角"理论大框架下，根据情况择取适宜的语言理论。如在介绍重叠式时，先按照"表—里—值"的思路对其格式、表意和语用进行描写，再结合汉语重叠式的历时发展演变特点，对比北京话中丰富的重叠式，解释崇阳方言重叠不那么发达的原因。这样就能把崇阳方言的重叠式说得更清楚一些。当然，如果能对比周边方言的重叠式，进行类型学研究，就能把这一现象研究得更为透彻，这需要占领大量的各方言材料，将是下一步的研究计划。

关于语法专著的体系框架，"拿印欧语法来套用汉语方言语法的研究早已被证明是不合适的；拿另一个方言的语法体系来套本方言的语法也会产生同样的弊病"[①]。鉴于第一条，本书希望尽可能详尽地记录崇阳方言语法材料，因此采用常见的词法和句法分篇的语法体系，对崇阳方言各语法现象进行分类罗列。但是在分类过程中，难免会有一些交叉

[①] 项梦冰：《连城客家话语法研究》，语文出版社1997年版。

或者彼此纠缠的现象。如词法下属框架中，通常按照语义表达范畴来分类，代词、介词、体貌等都比较纯粹，基本只涉及词法，但程度范畴就兼及词法部分的程度表达和句法部分的程度表达，前者的重叠式和后者的比较句，又分别与词法部分的重叠和句法部分的比较句有重合。这说明词法和句法的分列未必是最正确的，但在现阶段，只能说是比较契合本书的写作意图。

26.2　研究设想

本书的语法研究告一段落，许多未能解决的问题还需要后续进一步的研究。因此，笔者将从三个方面设想下一步的研究思路。

首先，更加全面细致地描写，更加充分深入地解释。

就单点方言研究而言，做细做深既是基本要求，又是必然趋势。目前，限于个人能力和时间材料等主客观原因，本书只能择点进行研究，远不能做到全面系统覆盖所有语法现象，并且在对材料的描写和解释方面还有待进一步细化和深入。所以，下一步的研究将会在已选方言点的基础上，更加全面细致地描写，更加充分深入地解释。比如，本书中提到但未能得到解决的问题，都是下一步继续研究的切入点。先行词"当"和重叠式"A 里 A 气"格式①的来源等问题，都有待进一步的考察和研究。

其次，加快建立健全方言语法语料库。

当下，随着"中国语言资源保护工程"项目的开展，全国各地进一步加快对方言及少数民族语言文字和影音资料的记录和整理，成果喜人。但是，该工程涉及语音、词汇、语法和文化等诸多方面，语法部分的调查例句仅 50 例，即便加上文化部分的补充，依然远不够研究所需。不过，依托该工程的人力及摄录方式，可以进一步建立健全各地方言语料库，从文本到影音，从单句到片段到篇章，从研究者给定例句到方言使用者的自然言说，都将为方言词汇句法方面的研究提供真实丰富且足

---

① 石锓（2007）论证了现代汉语 A 里 AB 重叠式来源于金元时期 A'B'AB 逆向变韵重叠式，但崇阳方言的"A 里 A 气"格式是否来源于此，并且为何仅限于贬义表达，都是亟待解决的问题。

量的宝贵语料。因此，方言语料库的建立意义重大。

当然，其中需要解决的问题也不少。

其一，语法例句的设计和筛选具有局限性。方言语音和词汇调查目前都有相关的例字例词用表，且基本得到学界的认可和广泛使用，唯有语法用例较难实现多数研究者满意的调查例句。本书在收集语料过程中，参考张振兴先生提供的《汉语方言语法调查例句》（248个例句，详见附录），再结合自然语言使用过程中的交流、讲述等资料记载，筛选书稿所需用例，写作过程中再多次请发音人核对例句。使用过程中，我们也切身体会到方言例句调查局限性太大，如被调查者不是在自然状态下使用方言，容易受普通话影响来套用方言；再比如，有些特色方言语法句式未必在例句中得到体现，或者有些方言例句无法针对方言中的特色句式。所以，语法例句的设计和筛选是首先要解决的难题。

其二，语料库中的方言语法如何呈现，统一按调查例句还是各方言自成体系？即便设计出了合适的语法例句调查表，在语料库中如何实现也是需要面临的另一个难题。自成体系，可能更易于突出各地方言自身的语法特色；但同时又对检索提出了很高的要求，尤其是使用者如果想做方言间的对比研究。因此这是个两难的选择。

其三，方言语法的调查也对调查者提出了很高的要求。调查者要有高度的语言敏感，还要对被调查者提供的句子有较强的判别能力。如给予义双宾句，如果调查者提供的例句或者观察到的自然叙述中，"O$_间$"是个人称代词，那么容易判定"把+O$_直$+得+O$_间$"和"把得+O$_间$+O$_直$"两种句式都是成立的。但是如果两个宾语都是复杂成分的话，则只有前一种句式可以使用（详见"双宾句"一节的论述）。因此，类似这种情况，语料库的语料似乎需要考虑句式各种变式下的各种情况，那么，对于掌握第一手资料的调查者而言，简单的收集工作可能远远不够。

其四，扩大方言研究视野，点面体结合研究鄂南赣语。

作为湖北省内较为有特色的鄂南赣语的代表，崇阳方言处于一种未曾缺乏关注，却鲜有具有影响力的成果的状态中。单点方言的研究意义除了展示自身方言特色以外，还需要在更大视角下，与其他方言材料一起做对比、做印证，揭示方言区、方言片的特色。崇阳方言是一个点，鄂南赣语是由多个这样的点组成的面，再结合语言的历时纵向联系，点面体全方位研究鄂南赣语的雏形就能基本具备了。再进一步，继续把研究推向湘鄂赣交界处方言的融合和变迁等语言接触现象，从动态演变的角度分析鄂南赣语的发展层次。

但做好这些后续工作的基础依然是鄂南各赣方言点准确翔实的语料。所以，作为基础性源流性的工作，崇阳方言语法研究仍需要在尽量全面、描写准确、分析深入三方面下功夫。本书的语法描写，从词法句法这种形式上的两方面切入，只是其中的一个角度，很难覆盖到所有的语法现象。另外，方言语法学发展至今，已经在前人的基础上取得了很大的突破，但我们依然可以肯定：当下的研究视角也很难保证对所有语法现象进行了全面的发掘，后续的描写和分析同样受这些主客观因素影响而具有一定的局限性。

总之，以当下的崇阳方言语法研究为立足点，未来我们可以扩大研究视野，辐射到整个鄂南赣语乃至更丰富的湘鄂赣交界处的方言接触研究。

参考文献

曹延杰:《宁津方言志》,中国文史出版社 2003 年版。

曹志耘:《汉语方言里表示动作次序的后置词》,《语言教学与研究》1998 年第 4 期。

曹志耘主编:《汉语方言地图集》,商务印书馆 2008 年版。

陈芙、汪国胜:《汉语否定标记的语义指向》,《语言研究》2020 年第 4 期。

陈光:《对现代汉语形容词重叠表轻微程度的重新审视》,《语言教学与研究》2008 年第 1 期。

陈光:《现代汉语量级范畴研究》,上海人民出版社 2010 年版。

陈立中:《论湘鄂赣边界地区赣语中的浊音走廊》,《汉语学报》2004 年第 2 期。

陈凌:《论幕阜山方言塞音三分现象》,《南昌大学学报》(人文社会科学版)2009 年第 4 期。

陈敏燕、孙宜志、陈昌仪:《江西境内赣方言指示代词的近指和远指》,《中国语文》2003 年第 6 期。

陈前瑞、李继红:《动词前"一"的体貌地位及其语法化》,《世界汉语教学》2006 年第 3 期。

陈前瑞:《汉语体貌研究的类型学视野》,商务印书馆 2008 年版。

陈燕玲:《泉州方言人称代词的变调》,《泉州师范学院学报》2006 年第 1 期。

陈勇:《旬阳县麻坪镇崇阳话语音研究》,硕士学位论文,西安外国语大学,2018 年。

陈有恒、刘兴策:《鄂东南方言的内部分歧与外部联系》,《咸宁师专学报》1986 年第 3 期。

陈有恒:《鄂东南的活古话》,《咸宁师专学报》1986 年第 1 期。

陈有恒:《鄂东南方言的特征》,《教学参考》1979 年第 2 期。

陈有恒:《鄂南方言的词汇特点》,《咸宁师专学报》1981 年第 1 期。

陈有恒:《鄂南方言里的"AA 甚"》,《咸宁师专学报》1982 年第 1 期。

陈有恒:《鄂南方言里的"把""到""在"》,《武汉师院咸宁分院学报》1982 年第 2 期。

陈有恒:《鄂南方言里的几个语法现象》,《咸宁师专学报》1990 年第 1 期。

陈有恒:《湖北方言里的十个词语现象》,《咸宁师专学报》1991 年第 2 期。

崇阳县志编纂委员会:《崇阳县志》,武汉大学出版社 1991 年版。

储泽祥、邓云华:《指示代词的类型和共性》,《当代语言学》2003 年第 4 期。

戴耀晶:《赣语泰和方言语法的完成体(上)》,《语言研究》1995 年第 1 期。

戴耀晶:《赣语泰和方言语法的完成体(下)》,《语言研究》1995 年第 2 期。

戴耀晶:《现代汉语时体系统研究》,浙江教育出版社 1997 年版。

邓思颖:《方言语言研究问题的思考》,《汉语学报》2013 年第 2 期。

丁声树编录:《古今字音对照手册》,中华书局 1981 年版。

丁声树撰文,李荣制表:《汉语音韵讲义》,上海教育出版社 1984 年版。

董秀芳:《从词汇化的角度看粘合式动补结构的性质》,《语言科学》2007 年第 1 期。

董秀芳:《主观性表达在汉语中的凸显性及其表现特征》,《语言科学》2016 年第 6 期。

付欣晴、朱文明:《汉语方言量词加缀重叠式"AXA"与主观量》,

《南昌大学学报》（人文社会科学版）2013年第5期。

甘紫丹：《鄂南方言研究综述》，《长江大学学报》（社会科学版）2013年第36期。

甘紫丹：《湖北崇阳方言代词研究》，硕士学位论文，中南民族大学，2014年。

高胜林：《肯定形式否定句语用探析》，《语言研究》2012年第3期。

何伟棠：《增城方言的语法特点》，《方言》1993年第2期。

胡建华：《否定、焦点与辖域》，《中国语文》2007年第2期。

胡明扬主编：《汉语方言体貌论文集》，江苏教育出版社1996年版。

黄伯荣：《汉语方言语法类编》，青岛出版社1996年版。

黄群建主编：《鄂东南方言音汇》，华中师范大学出版社2002年版。

李佳：《鄂东南方言蟹假果摄的主要元音及相关问题》，《方言》2010年第2期。

李蓝、曹茜蕾：《汉语方言中的处置式和"把"字句（上）》，《方言》2013年第1期。

李蓝、曹茜蕾：《汉语方言中的处置式和"把"字句（下）》，《方言》2013年第2期。

李蓝：《贵州大方话中的"到"和"起"》，《中国语文》1998年第2期。

李蓝：《汉语的人称代词复数表示法》，《方言》2008年第3期。

李蓝：《现代汉语方言差比句的语序类型》，《方言》2003年第3期。

李讷、石毓智：《论汉语体标记诞生的机制》，《中国语文》1997年第2期。

李荣：《方言存稿》，商务印书馆2012年版。

李荣：《汉语方言中当"你"讲的"尔"（上）》，《方言》1997年第2期。

李荣：《汉语方言中当"你"讲的"尔"（中）》，《方言》1997年第3期。

李荣：《武汉方言词典》，江苏教育出版社1995年版。

李荣：《语音演变规律的例外》，《中国语文》1965 年第 2 期。

李如龙、张双庆：《中国东南部方言比较研究（第四辑）代词》，暨南大学出版社 1999 年版。

李小凡：《苏州方言的体貌系统》，《方言》1998 年第 3 期。

李小军：《语气词"唦"的来源及其方言变体》，《语言科学》2008 年第 4 期。

李宇明：《主观量的成因》，《汉语学习》1997 年第 5 期。

林素娥：《汉语南方方言倒置双宾结构初探》，《语言科学》2008 年第 3 期。

林素娥：《汉语人称代词与指示代词同形类型及其动因初探》，《语言科学》2006 年第 9 期。

林裕文：《谈疑问句》，载《庆祝吕叔湘先生从事语言教育与研究六十年论文集》，语文出版社 1985 年版。

刘宝俊：《湖北崇阳方言音系及特点》，《中南民族学院学报》（哲学社会科学版）1988 年第 5 期。

刘彬、袁毓林：《反问句否定意义的形成与识解机制》，《语文研究》2017 年第 4 期。

刘辰诞、李恬：《相邻吸纳：语言结构创新的一个动因——以现代汉语动补结构的形成为例》，《外语教学》2013 年第 1 期。

刘丹青：《汉语给予类双及物结构的类型学考察》，《中国语文》2001 年第 5 期。

刘丹青：《汉语史语法类型特点在现代方言中的存废》，《语言教学与研究》2011 年第 4 期。

刘丹青：《原生重叠和次生重叠：重叠式历时来源的多样性》，《方言》2012 年第 1 期。

刘祥柏：《汉语言体貌助词研究与定量分析》，《中国语文》2000 年第 3 期。

刘祥柏：《六安丁集话体貌助词"倒"》，《方言》2000 年第 2 期。

刘月华：《用"吗"的是非问句和正反问句用法比较》，转引自中国社会科学院语言研究所现代汉语研究所编《句型和动词》，语文出版社 1987 年版。

陆俭明：《由"非疑问形式＋呢"造成的疑问句》，《中国语文》1982年第6期。

罗昕如：《湘语与赣语的否定词及其相关否定表达比较》，《河池学院学报》2010年第1期。

罗自群：《现代汉语方言持续体标记的比较研究》，中央民族大学出版社2006年版。

吕叔湘：《疑问·否定·肯定》，《中国语文》1986年第1期。

吕叔湘：《与动词后得与不有关之词序问题》，载转引自吕叔湘《汉语语法论文集》（增订本），商务印书馆1984年版。

吕叔湘：《指示代词的二分法和三分法》，《中国语文》1990年第6期。

吕叔湘著，江蓝生补：《近代汉语指代词》，学林出版社1985年版。

聂环：《崇阳方言中的动词重叠式"VV神"》，《科教文汇》（中旬刊）2017年第8期。

彭小川：《广州话是非问句研究》，《暨南学报》（哲学社会科学版）2006年第4期。

饶宏泉：《汉语方言三种体标记的共用分布与特征互动》，《语言研究》2011年第3期。

饶长溶：《福建长汀方言动词的体貌》，《中国语文》1996年第6期。

邵敬敏、任芝瑛、李家树：《汉语语法专题研究》，广西师范大学出版社2003年版。

邵敬敏：《现代汉语疑问句研究》（增订本），商务印书馆2014年版。

邵敬敏等：《汉语方言疑问范畴比较研究》，暨南大学出版社2010年版。

沈家煊：《"语用否定"考察》，《中国语文》1993年第5期。

沈家煊：《如何处置"处置式"？——论把字句的主观性》，《中国语文》2002年第5期。

盛爱萍、张虹倩：《从温州方言中的比较句到比喻句》，《当代修辞学》2011年第5期。

盛银花：《湖北安陆方言的否定词和否定式》，《方言》2007年第2期。

石毓智、李讷：《论汉语体标记诞生的机制》，《中国语文》1997年第2期。

石毓智、王统尚：《方言中处置式和被动式拥有共同标记的原因》，《汉语学报》2009年第2期。

石毓智：《汉语发展史上的双音化趋势和动补结构的诞生——语音变化对语法发展的影响》，《语言研究》2002年第1期。

石毓智：《汉语研究的类型学视野》，江西教育出版社2004年版。

石毓智：《量词、指示代词和结构助词的关系》，《方言》2002年第2期。

苏丽红：《玉林话的是非问句》，《汉语学报》2016年第2期。

孙立新：《关中方言代词概要》，《方言》2002年第3期。

唐贤清、陈丽：《程度补语"煞"的历时来源及跨方言考察》，《理论月刊》2011年第2期。

唐正大：《关中方言第三人称指称形式的类型学研究》，《方言》2005年第2期。

陶瑷丽：《程度范畴对语法的制约》，《湖南师范大学社会科学学报》2021年第1期。

万波：《安义方言的人称代词》，《方言》1996年第2期。

万献初：《鄂南地名志中的地名俗字评议》，《咸宁师专学报》1994年第3期。

汪国胜、李曌：《汉语方言的是非型正反问句》，《方言》2019年第1期。

汪国胜：《大冶方言的程度副词"闷"》，《方言》1992年第2期。

汪国胜：《大冶方言句法研究》，博士学位论文，华中师范大学，2000年。

汪国胜：《大冶方言语法研究》，湖北教育出版社1994年版。

汪国胜：《可能式"得"字句的句法不对称现象》，《语言研究》1998年第1期。

汪化云：《汉语方言代词研究述略》，《黄冈师范学院学报》2008年第 5 期。

汪化云：《汉语方言指示代词三分现象初探》，《语言研究》2002 年第 2 期。

王宏佳：《鄂东南方言研究》，湖北人民出版社 2019 年版。

王宏佳：《鄂东南方言研究综述》，《华中学术》2019 年第 25 辑。

王欢：《崇阳方言的程度副词"猛"》，《大众文艺》2016 年第 12 期。

吴福祥：《南方方言里虚词"到（倒）"的用法及其来源》，《中国语文研究》（香港）2002 年第 2 期。

吴福祥：《汉语能性述补结构"V 得/不 C"的语法化》，《中国语文》2002 年第 1 期。

吴福祥：《汉语语法化演变的几个类型学特征》，《中国语文》2005 年第 6 期。

吴福祥：《南方方言几个状态补语标记的来源（一）》，《方言》2001 年第 4 期。

吴福祥：《南方方言几个状态补语标记的来源（二）》，《方言》2002 年第 1 期。

吴福祥：《南方方言能性述补结构"V 得/不 C"带宾语的语序类型》，《方言》2003 年第 3 期。

伍金辉、邓先军：《长江以南汉语方言持续体标记"到"的语法化》，《重庆工学院学报》（社会科学版）2008 年第 5 期。

伍云姬：《湖南方言的动态助词》，湖南师范大学出版社 2009 年版。

武玉芳：《晋北方言中的"给给"》，《山西师范大学学报》（社会科学版）2012 年第 2 期。

夏俐萍：《汉语方言的完成持续体标记——以"路上停着一辆车"的标记类型为例》，《汉语学报》2009 年第 4 期。

夏群：《汉语比较句研究综述》，《汉语学习》2009 年第 2 期。

项梦冰：《连城（新泉）方言的人称代词》，《方言》1992 年第 3 期。

谢留文：《赣语的分区（稿）》，《方言》2006 年第 3 期。

谢文芳：《嘉鱼方言中的程度语义范畴》，《咸宁学院学报》2007 年第 1 期。

邢福义:《"起去"的普方古检视》,《方言》2002 年第 2 期。

邢福义:《从研究成果看方言学者笔下双宾句的描写》,《语言研究》2008 年第 3 期。

邢福义:《说"V一V"》,《中国语文》2000 年第 5 期。

邢向东:《陕北晋语沿河方言的指示代词及其来源》,《陕西师范大学学报》(哲学社会科学版)2005 年第 2 期。

徐琦:《湖北崇阳方言语法札记》,《科教文汇》2008 年第 1 期。

杨永龙:《句尾语气词"吗"的语法化过程》,《语言科学》2003 年第 1 期。

游汝杰:《吴语语法的历史层次叠置》,《语言研究集刊》2005 年第 1 期。

袁宾:《唐宋"煞"字考》,《中国语文》2003 年第 2 期。

袁芳、魏行:《否定辖域的非线性特征——来自汉语西北方言的证据》,《语言科学》2019 年第 3 期。

袁海霞:《"A 不比 BW"的语义及其方言分化形式》,《长江学术》2010 年第 2 期。

张赪:《从汉语比较句看历时演变与共时地理分布的关系》,《语文研究》2005 年第 1 期。

张道俊:《崇阳方言声系中的几个上古音特征》,《湖北师范学院学报》(哲学社会科学版)2009 年第 2 期。

张道俊:《崇阳方言文白异读分析》,《遵义师范学院学报》2011 年第 2 期。

张惠英:《广州方言词考释》,《方言》1990 年第 4 期。

张惠英:《汉语方言代词研究》,语文出版社 2001 年版。

张敏:《汉语方言反复问句的类型学研究:共时分布及其历史蕴含》,博士学位论文,北京大学,1990 年。

张文:《汉语双宾句构成历时演变特点探析》,《古汉语研究》2014 年第 4 期。

张一舟、张清源、邓英树:《成都方言语法研究》,巴蜀书社 2001 年版。

张勇生:《鄂东南赣语 v 声母的来源及其分布》,《中国方言学报》2013 年第 1 期。

张振兴:《汉语方言指示代词二分与三分》,载《汉语方言语法研究——第二届国际汉语方言语法学术研讨会论文集》,2004 年。

张振兴:《漳平方言研究》,中国社会科学出版社 1992 年版。

赵金铭:《汉语差比句的南北差异及其历史嬗变》,《语言研究》2002 年第 3 期。

赵元任等:《湖北方言调查报告》(崇阳卷),商务印书馆 1948 年版。

郑妞:《湖北方言中日母字的几类特殊读音》,《长江学术》2015 年第 2 期。

郑婷:《皖、鄂、赣交界区域三片方言的音韵比较研究》,硕士学位论文,南京师范大学,2015 年。

中国社会科学院语言研究所:《方言调查字表》,商务印书馆 1981 年版。

中国社会科学院语言研究所等编:《中国语言地图集》(第 2 版·汉语方言卷),商务印书馆 2012 年版。

中国社科院语言研究所方言研究室资料室:《汉语方言词语调查条目表》,《方言》2003 年第 1 期。

钟小勇、冯婷:《重动句产生机制再探》,《新疆大学学报》(哲学·人文社会科学版)2020 年第 2 期。

朱德熙:《与动词"给"相关的句法问题》,《方言》1979 年第 2 期。

朱德熙:《语法讲义》,商务印书馆 1982 年版。

朱景松:《形容词重叠式的语法意义》,《语文研究》2003 年第 3 期。

祝敏:《崇阳方言的"把得"被动句》,《华中学术》2018 年第 1 期。

祝敏:《崇阳方言研究》,华中师范大学出版社 2020 年版。

祝敏:《湖北崇阳话中的"点子"和"点把"》,《咸宁学院学报》2009 年第 2 期。

Bybee Joan William Perkins & Revere Pagliuca, *The Evolution of Grammar: Tense, Aspect, and Modality in the Languages of the World*, Chicago: The University of Chicago Press, 1994.

C. - T. James Huang, Y. - H Audrey Li and Yafei Li, *The Syntax of Chinese*, London: Cambridge University Press, 2009.

Comrie, Bernard, *Aspect*, Cambridge: University Press, 1976.

Comrie, Bernard, *Tense*, Cambridge: University Press, 1985.

Dahl and Osten, *Tense and Aspect System*, Bath, England: The Bath Press, 1985.

Hooi Ling Soh and Meijia Gao, *Perfective Aspect and Transition in Mandarin Chinese: An Analysis of Double-le Sentence: Proceedinges of the* 2004 *Texas Linguistics Society Conference*, Pascal Denis et al. ed., Somerville, MA: Cascadilla Proceedings Project, 2006, pp. 107 – 122.

John Lyons, *Semanics (Volume 2)*, Cambridge: Cambridge University Press, 1977.

Carlota S. Smith, "A theory of aspectual choice", *Language*, Vol. 59, No. 3, 1983, pp. 479 – 501.

Carlota S. Smith, "Aspectual viewpoint and situation type in Mandarin Chinese", *Journal of East Asian Linguistics*, No. 3, 1983, pp. 107 – 146.

Carlota S. Smith, *The Parameter of Aspect*. Dordrecht: Kluwer Academic Publishers, 1991.

附录　语法例句

这里所说的"语法例句"来源于张振兴先生提供的《汉语方言语法调查例句》，源例句在下文用括号括起来，源例句之下是对应的崇阳方言说法，例句下标注崇阳方言的国际音标。如果有多个不同的说法，则用"/"表示。

001. （这句话用崇阳话怎么说？）
　　个句事拿崇阳事哪样话？
　　ko²¹⁴ kui²¹⁴ sʅ⁴⁴ na⁵⁵ zən²¹ ɵiaŋ²¹ sʅ⁴⁴ na²¹⁴ ȵiaŋ⁴⁴ ɵua⁴⁴？

002. （你还会说别的地方的话吗？）
　　尔还话得当别么地方箇事？/尔话得么地方箇事倒不？
　　ɵn̩⁵³ hæ²¹ ɵua⁴⁴ tə⁵⁵ taŋ²¹⁴ ɓiɛ⁵⁵·moɗi⁴⁴ faŋ²² ·kasʅ⁴⁴？
　　/ɵn̩⁵³ ɵua⁴⁴ tə⁵⁵ ɓiɛ⁵⁵·moɗi⁴⁴ faŋ²² sʅ⁴⁴ tau²¹ pæ⁵⁵？

003. （不会了，我从小就没出过门，只会说崇阳话。）
　　不会啊，我小时际冇出去过，只话得当崇阳事。
　　pæ⁵⁵ fi⁴⁴·ɵia, ŋo⁵³ ɕio⁵³ sʅ²¹ tɕi⁵⁵ mau⁴⁴ ɗə⁵⁵ ziɛ²¹⁴ ko²¹⁴, tə⁵⁵ ɵua⁴⁴ tə⁵⁵ taŋ²¹⁴ zən²¹ ɵiaŋ²¹ sʅ⁴⁴。

004. （会，还会说武汉话，不过说得不怎么好。）
　　会啊，还话得点子武汉事当，不过话得不蛮效。
　　fi⁴⁴·ɵia, hæ²¹ ɵua⁴⁴ tə⁵⁵ tiɛ⁵³·tsæɵu⁵³ hə²¹⁴ sʅ⁴⁴ taŋ²¹⁴, pæ⁵⁵ ko²¹⁴ ɵua⁴⁴ tə⁵⁵ pæ⁵⁵ mæ²¹ ɕio⁴⁴。

005. （会说普通话吗？）
　　话得普通话当不？
　　ɵua⁴⁴ tə⁵⁵ ɓu⁵³ ɗən²² fa⁴⁴ taŋ²¹⁴ pæ⁵⁵？

006. （不会说，没有学过。）

话不当/倒，冇学过。

Øua^{44} pæ^{55} taŋ^{214}/tau^{53}，mau^{44} ho^{55} ko^{214}。

007. （会说一点儿，不标准就是了。）

话得点子当/倒，就是不标准。

Øua^{44} tə^{55} tiɛ^{53} · tsætaŋ^{214}/tau^{53}，ziəu^{44} sɿ^{44} pæ^{55} pio^{22} tən^{53}。

008. （在什么地方学的普通话？）

在哪哒学箇普通话啊？/在哪子哒学箇普通话啊？

zæ^{44} na^{53} · ɖæho^{55} · kaʙu^{53} ɖən^{22} fa^{44} · Øia？/zæ^{44} na^{214} · tsæ · ɖæho^{55} · kaʙu^{53} ɖən^{22} fa^{44} · Øia？

009. （上小学中学都学普通话。）

上/读小学中学哈/压学普通话。

saŋ^{44}/ɖəu^{55} ɕio^{53} ɕio^{55} tən^{22} ɕio^{55} ha^{44}/Øia^{55} ho^{55} ʙu^{53} ɖən^{22} fa^{44}。

010. （谁呀？我是老王。）

哪个啊？我是老王。

na^{214} ko^{44} · Øua？ ŋo^{53} sɿ^{44} nau^{53} Øuaŋ^{21}。

011. （您贵姓？我姓王，您呢？）

尔老家姓么哒？我姓王，尔老家呢？

Ø n̩^{53} · ɖæ · kaɕiaŋ^{214} mo^{53} · ɖæ？ ŋo^{53} ɕiaŋ^{214} Øuaŋ^{21}，Ø n̩^{53} · ɖæ · ka · ȵiɛ？

012. （我也姓王，咱俩都姓王。）

我也姓王，我两个压姓王。

ŋo^{53} Øia^{53} ɕiaŋ^{214} Øuaŋ^{21}，ŋo^{53} ɖiaŋ^{53} ko^{214} Øia^{55} ɕiaŋ^{214} Øuaŋ^{21}。

013. （巧了，他也姓王，本来是一家嘛。）

巧了，伊也姓王，本来是一家唦。

ʑio^{53} · ɖæ，Øi^{53} Øia^{53} ɕiaŋ^{214} Øuaŋ^{21}，pən^{53} na^{21} sɿ^{44} Øi^{55} ka^{22} · sa。

014. （老张来了吗？说好他也来的！）

老张来了？话好了箇伊也来箇呢！

nau^{53} taŋ^{22} næ^{21} · ɖæ？ Øua^{44} hau^{53} · ɖæ · kaØi^{53} Øia^{53} næ^{21} ka^{22} · ȵiɛ！

015. （他没来，还没到吧。）

伊有来，还有到吧？

Øi⁵³ mau⁴⁴ næ²¹, hæ²¹ mau⁴⁴ tau²¹⁴ · pɑ?

016. （他上哪儿了？还在家里呢。）

伊到哪去了？还在屋哒哦。

Øi⁵³ tau²¹⁴ nɑ⁵³ ʑiɛ²¹⁴ · dæ? hæ²¹ zæ⁴⁴ Øu⁵⁵ · dæ · Øo。

017. （在家做什么？在家吃饭呢。）

在屋哒搞么哒啊？在屋哒吃饭啊。

zæ⁴⁴ Øu⁵⁵ · dækau⁵³ mo⁵³ · dæ · Øɑ? zæ⁴⁴ Øu⁵⁵ · dæʑiɑ⁵⁵ fæ⁴⁴ · Øɑ。

018. （都几点了，怎么还没吃完？）

几点了，哪样还有吃完哆？

tɕi⁵³ tiɛ⁵³ · dæ, nɑ⁵³ Øiaŋ⁴⁴ hæ²¹ mau⁴⁴ ʑiɑ⁵⁵ Øuə²¹ · sɑ?

019. （还没有呢，再有一会儿就吃完了。）

还有啊，还要一下子吃完。

hæ²¹ mau⁴⁴ · Øuɑ, hæ²¹ Øio²¹⁴ Øi⁵⁵ hɑ⁴⁴ · tsæʑiæ⁵⁵ Øuə²¹。

020. （他在哪儿吃的饭？）

伊在哪哒吃箇饭啊？

Øi⁵³ zæ⁴⁴ nɑ⁵³ · dæʑiɑ⁵⁵ · kɑfæ⁴⁴ · Øiɑ?

021. （他是在我家吃的饭。）

伊在我屋哒吃箇饭。

Øi⁵³ zæ⁴⁴ ŋo⁵³ Øu⁵⁵ · dæʑiɑ⁵⁵ · kɑfæ⁴⁴。

022. （真的吗？真的，他是在我家吃的饭。）

真箇？真箇，伊在我屋哒吃箇饭。

tən²² · kɑ? tən²² · kɑ, Øi⁵³ zæ⁴⁴ ŋo⁵³ Øu⁵⁵ · dæʑiɑ⁵⁵ · kɑfæ⁴⁴。

023. （先喝一杯茶再说吧！）

先喝盅茶再话。

ɕiɛ²² hə⁵⁵ tən²² zɑ²¹ tsæ²¹⁴ Øuɑ⁴⁴。

024. （说好了就走的，怎么半天了还不走？）

话好了走箇呢？哪样半日还不走啊？

Øuɑ⁴⁴ hau⁵³ · dætɕio⁵³ · kɑ · dæ? nɑ⁵³ ȵiaŋ⁴⁴ pə²¹⁴ ȵin⁵⁵ hæ²¹ pæ⁵⁵ tɕio⁵³ · Øuɑ?

025. （他磨磨蹭蹭的，做什么呢？）

伊慢慢吊吊箇，搞么哒在呦？

Øi⁵³ mæ⁴⁴ mæ⁴⁴ tio⁵³ tio⁵³ · kɑ, kau⁵³ mo⁵³ · ɗæzæ⁴⁴ · sɑ?

026. （他正在那儿跟一个朋友说话呢。）

伊正在伊哒跟一个朋友话事啊。

Øi⁵³ tən²¹⁴ zæ⁴⁴ Øi⁵⁵ · ɗækɛ²² Øi⁵³ ko²¹⁴ ɓən²¹ Øiəu⁵³ ɵuɑ⁴⁴ sʅ⁴⁴ · Øɑ。

027. （还没说完啊？催他快点儿！）

还有话完？叫伊快点子！

hæ²¹ mau⁴⁴ ɵuɑ⁴⁴ ɵuə²¹? tɕio²¹⁴ Øi⁵³ ɵuæ²¹⁴ tiɛ⁵³ · tsæ!

028. （好，好，他就来了。）

好，好，伊马上来了。

hau⁵³, hau⁵³, Øi⁵³ mɑ⁵³ sɑŋ⁴⁴ næ²¹ · ɗæ。

029. （你上哪儿去？我上街去。）

尔到哪哒去啊？我到街上去啊。

Øn̩⁵³ tau²¹⁴ nɑ⁵³ · ɗæzie²¹⁴ · Øiɑ? ŋo⁵³ tau²¹⁴ kæ²² sɑŋ⁴⁴ ziɛ²¹⁴ · Øiɑ。

030. （你多会儿去？我马上就去。）

尔要几久去呦？我马上就去。

Øn̩⁵³ Øio²¹⁴ tɕi⁵³ tɕiəu⁵³ ziɛ²¹⁴ · sɑ? ŋo⁵³ mɑ⁵³ sɑŋ⁴⁴ ziəu⁴⁴ ziɛ²¹⁴。

031. （做什么去呀？家里来客人了，买点儿菜去。）

去搞么哒啊？屋哒来了客，去买点菜。

ziɛ²¹⁴ kau⁵³ mo⁵³ · ɗæ · Øɑ? ɵu⁵⁵ · ɗænæ²¹ · ɗæhɑ⁵⁵, ziɛ²¹⁴ mæ⁵³ tiɛ⁵³ zæ²¹⁴。

032. （你先去吧，我们一会儿再去。）

尔先去呦，我过一下子再去。

Øn̩⁵³ ɕiɛ²² ziɛ²¹⁴ · sɑ, ŋo⁵³ ko²¹⁴ Øi⁵⁵ hɑ⁴⁴ · tsætsæ²¹⁴ ziɛ²¹⁴。

033. （好好儿走，别跑！小心摔跤了。）

好生走，莫跑！莫跶倒了！

hau⁵³ sɑŋ²² tɕio⁵³, mo⁵⁵ ɓau⁵³! mo⁵⁵ tæ⁵⁵ tau²¹ · ɗæ!

034. （小心点儿，不然的话摔下去爬都爬不起来。）

过细点子啊，莫跶下去，爬都爬不起来箇哒。

ko²¹⁴ ɕi²¹⁴ tiɛ⁵³ · tsæ · Øɑ, mo⁵⁵ tæ⁵⁵ hɑ⁴⁴ ziɛ²¹⁴, ɓɑ²¹ təu²² ɓɑ²¹ pæ⁵⁵ zi⁵³ næ²¹ · kɑ · ɗæ。

035. （不早了，快去吧！）

不早了，快去！

pæ⁵⁵tsau⁵³·ɖæ, Øuæ²¹⁴ʑiɛ²¹⁴!

036. （这会儿还早呢，过一会儿再去吧。）

个么昝还早，过下子再去。

ko²¹⁴mo⁵³tsæ⁵³hæ²¹tsau⁵³, ko²¹⁴ha⁴⁴·tsætsæ²¹⁴ʑiɛ²¹⁴。

037. （吃了饭再去好不好？）

吃了饭再去，行得不？/行不行？

ʑia⁵⁵·ɖæfæ⁴⁴tsæ²¹⁴ʑiɛ²¹⁴, ɕin²¹tə⁵⁵pæ⁵⁵? /ɕin²¹pæ⁵⁵ɕin²¹?

038. （不行，那可就来不及了。）

不行啊，伊慢着搞不赢啊。

pæ⁵⁵ɕin²¹·na, Øi²¹⁴mæ⁴⁴·tsækau⁵³pæ⁵⁵Øiaŋ²¹·ŋa。

039. （不管你去不去，反正我是要去的。）

不管尔去不去，反正我是要去箇。

pæ⁵⁵kuə⁵³Øn̩⁵³ʑiɛ²¹⁴pæ⁵⁵ʑiɛ²¹⁴, fæ⁵³tən²¹⁴ŋo⁵³sɿ⁴⁴Øio²¹⁴ʑiɛ²¹⁴·ka。

040. （你爱去不去。你爱去就去，不爱去就不去。）

尔要去就去。尔要去就去，不去算了。

Øn̩⁵³Øio²¹⁴ʑiɛ²¹⁴ʑiəu⁴⁴ʑiɛ²¹⁴。Øn̩⁵³Øio²¹⁴ʑiɛ²¹⁴ʑiəu⁴⁴ʑiɛ²¹⁴, pæ⁵⁵ʑiɛ²¹⁴sə²¹⁴·ɖæ。

041. （那我非去不可！）

伊我硬是要去！（主观上非要去）/伊我不去不行。（客观上不得不去）

Øi²¹⁴ŋo⁵³ŋaŋ⁴⁴sɿ⁴⁴Øio²¹⁴ʑiɛ²¹⁴! /Øi²¹⁴ŋo⁵³pæ⁵⁵ʑiɛ²¹⁴pæ⁵⁵ɕin²¹。

042. （那个东西不在那儿，也不在这儿。）

伊个东西不在阿哒，也不在个哒。

Øi⁵³ko⁴⁴tən²²ɕi²²pæ⁵⁵zæ⁴⁴Øæ⁵³·ɖæ, Øia⁵³pæ⁵⁵zæ⁴⁴ko⁵³·ɖæ。

043. （那到底在哪儿？）

伊到底在哪哒吵？

Øi⁵³tau²¹⁴ti⁵³zæ⁴⁴na⁵³·ɖæ·sa?

044. （我也说不清楚，你问他去！）

我也话不清楚，去问伊！

ŋo⁵³ ɵia⁵³ ɵua⁴⁴ pæ⁵⁵ ʑin²² zəu⁵³, ʑiɛ²¹⁴ ɵuən⁴⁴ ɵi⁵³！

045. （怎么办呢？不是那么办，要这么办才对。）

哪样搞呢？不是阿样制，要个样制才行得。

na²¹⁴ ȵiaŋ⁴⁴ kau⁵³·ȵiɛ？pæ⁵⁵ sʅ⁴⁴ ɵæ²¹⁴ ȵiaŋ⁴⁴ tsʅ²¹⁴，ɵio²¹⁴ ko²¹⁴ ȵiaŋ⁴⁴ tsʅ²¹⁴ zæ²¹ ɕin²¹ tə⁵⁵。

046. （要多少才够呢？）

要几多才行啊？

ɵio²¹⁴ tɕi⁵³ to²² zæ²¹ ɕin²¹·na？

047. （太多了，要不了那么多，只要这么多就够了。）

伊样多啊？要不了伊样多啊，只要个样多就行得了。

ɵi²¹⁴ ȵiaŋ⁴⁴ to²²·ɵia？ɵio²¹⁴ pæ⁵⁵ ȵio⁵³ ɵi²¹⁴ ȵiaŋ⁴⁴ to²²·ɵa，tə⁵⁵ ɵio²¹⁴ ko²¹⁴ ȵiaŋ⁴⁴ to²² ziəu⁴⁴ ɕin²¹ tə⁵⁵·dæ。

048. （不管怎么忙，也得好好儿学习。）

不管哪样忙，也要好好学习吵。

pæ⁵⁵ kuə⁵³ na²¹⁴ ȵiaŋ⁴⁴ maŋ²¹，ɵia⁵³ ɵio²¹⁴ hau⁵³ hau⁵³ ɕio⁵⁵ ɕi⁵⁵·sa。

049. （你闻闻这朵花香不香？）

尔嗅下子个朵花香不香呢？

ɵn̩⁵³ ɕin²¹⁴ ha⁴⁴·tsæko²¹⁴ to⁵³ fa²² ɕiaŋ²² pæ⁵⁵ ɕiaŋ²²·ȵiɛ？

050. （好香呀，是不是？）

喷香啊，是不是？

ɓən²¹⁴ ɕiaŋ²²·ŋa，sʅ⁴⁴ pæ⁵⁵ sʅ⁴⁴？

051. （你是抽烟呢，还是喝茶？）

尔是吃烟呢，还是喝茶啊？

ɵn̩⁵³ sʅ⁴⁴ ʑia⁵⁵ ɵiɛ²²·ȵiɛ，hæ²¹ sʅ⁴⁴ ho⁵⁵ za²¹·ɵa？

052. （烟也好，茶也好，我都不会。）

烟也好，茶也好，我压搞不当。

ɵiɛ²² ɵia⁵³ hau⁵³，za²¹ ɵia⁵³ hau⁵³，ŋo⁵³ ɵia⁵⁵ kau⁵³ pæ⁵⁵ taŋ²¹⁴。

053. （医生叫你多睡一睡，抽烟喝茶都不行。）

医师叫尔多睏下子，吃烟喝茶压不行。

ɵi²² sʅ²² tɕio²¹⁴ ɵn̩⁵³ to²² ɵuən²¹⁴ ha⁴⁴·tsæ，ʑia⁵⁵ ɵiɛ²² ho⁵⁵ za²¹ ɵia⁵⁵ pæ⁵⁵ ɕin²¹。

054. （咱们一边走一边说。）

我家哒一边走一边话。

ŋo⁵³·ka·ɖaθi⁵⁵ piɛ²² tɕio⁵³ θi⁵⁵ piɛ²² θua⁴⁴。

055. （这个东西好是好，就是太贵了。）

个东西好是好，就是点把贵啊。

ko²¹⁴ tən²² ɕi²² hau⁵³ sɿ⁴⁴ hau⁵³，ʑiəu⁴⁴ sɿ⁴⁴ tiɛ⁵³ pa⁵³ kui²¹⁴·θia。

056. （这个东西虽说贵了点儿，不过挺结实的。）

个东西话起来点把贵，不过还蛮经用。

ko²¹⁴ tən²² ɕi²² θua⁴⁴ ʑi⁵³ næ²¹ tiɛ⁵³ pæ⁵³ kui²¹⁴，pæ⁵⁵ ko²¹⁴ hæ²¹ mæ²¹ tɕin²² θin⁴⁴。

057. （他今年多大了？）

伊今年几多岁啊？／伊今年几大啊？

θi⁵³ tɕin²² n̠iɛ²¹ tɕi⁵³ to²² ɕi²¹⁴·θa？／θi⁵³ tɕin²² n̠iɛ²¹ tɕi⁵³ ɖæ⁴⁴·θa？

058. （也就是三十来岁吧。）

也就三十几岁吧。

θia⁵³ ʑiəu⁴⁴ sæ²² sə⁵⁵ tɕi⁵³ ɕi²¹⁴·pa。

059. （看上去不过三十多岁的样子。）

看起来就三十几岁箇样子。

hə²¹⁴ ʑi⁵³ næ²¹ ʑiəu⁴⁴ sæ²² sə⁵⁵ tɕi⁵³ ɕi²¹⁴·kaθiaŋ⁴⁴·tsæ。

060. （这个东西有多重呢？）

个个东西几重啊？

ko²¹⁴ ko⁴⁴ tən²² ɕi²² tɕi⁵³ ɖən⁴⁴·na？

061. （怕有五十多斤吧。）

怕有五十多斤啰。

ɓa²¹⁴ θiəu⁵³ θn̩⁵³ sə⁵⁵ to²² tɕin²²·no。

062. （我五点半就起来了，你怎么七点了还不起来？）

我五点半就起来了，尔哪样七点钟还不起来啊？

ŋo⁵³ θn̩⁵³ tiɛ⁵³ pə²¹⁴ ʑiəu⁴⁴ ʑi⁵³ næ²¹·ɖæ，θn̩⁵³ na²¹⁴ n̠iaŋ⁴⁴ ʑi⁵⁵ tiɛ⁵³ tən²² hæ²¹ pæ⁵⁵ ʑi⁵³ næ²¹·θia？

063. （三四个人盖一床被。一床被盖三四个人。）

三四个人盖一床被。一床被盖三四个人。

sæ²² sʅ²¹⁴ ko²¹⁴ n̠in²¹ kæ²¹⁴ Øi⁵⁵ zaŋ²¹ ɓi⁴⁴。Øi⁵⁵ zaŋ²¹ ɓi⁴⁴ kæ²¹⁴ sæ²² sʅ²¹⁴ ko²¹⁴ n̠in²¹。

064. (一个大饼夹一根油条。一根油条外加一个大饼。)
一个大饼夹一根油条。一根油条加一个大饼。
Øi⁵⁵ ko²¹⁴ ɗæ⁴⁴ ɓiaŋ⁵³ kæ⁵⁵ Øi⁵⁵ kɛ²² Øio²¹ ɗio²¹。Øi⁵⁵ kɛ²² Øio²¹ ɗio²¹ tɕia²² Øi⁵⁵ ko²¹⁴ ɗæ⁴⁴ ɓiaŋ⁵³。

065. (两个人坐一张凳子。一张凳子坐了两个人。)
两个人坐一张凳。一张凳坐两个人。
ɗiaŋ⁵³ ko²¹⁴ n̠in²¹ zo⁴⁴ Øi⁵⁵ taŋ²² tiɛ²¹⁴。Øi⁵⁵ taŋ²² tiɛ²¹⁴ zo⁴⁴ ɗiaŋ⁵³ ko²¹⁴ n̠in²¹。

066. (一辆车装三千斤麦子。三千斤麦子刚好够装一辆车。)
一辆车装三千斤麦。三千斤麦刚刚装一辆车。
Øi⁵⁵ ɗiaŋ⁵³ ɗɑ²² tsaŋ²² sæ²² ʑiɛ²² tɕin²² mɑ⁵⁵。sæ²² ʑiɛ²² tɕin²² mɑ⁵⁵ kaŋ²² kaŋ²² tsaŋ²² Øi⁵⁵ ɗiaŋ⁵³ ɗɑ²²。

067. (十个人吃一锅饭。一锅饭够吃十个人。)
十个人吃一锅饭。一锅饭吃十个人。
sə⁵⁵ ko²¹⁴ n̠in²¹ ʑia⁵⁵ Øi⁵⁵ ko²² fæ⁴⁴。Øi⁵⁵ ko²² fæ⁴⁴ ʑia⁵⁵ sə⁵⁵ ko²¹⁴ n̠in²¹。

068. (十个人吃不了这锅饭。这锅饭吃不了十个人。)
十个人吃不了一锅饭。一锅饭吃不了十个人。
sə⁵⁵ ko²¹⁴ n̠in²¹ ʑia⁵⁵ pæ⁵⁵·n̠ioØi⁵⁵ ko²² fæ⁴⁴。Øi⁵⁵ ko²² fæ⁴⁴ ʑia⁵⁵ pæ⁵⁵·n̠iosə⁵⁵ ko²¹⁴ n̠in²¹。

069. (这个屋子住不下十个人。)
个屋住不落十个人。
ko²¹⁴ Øu⁵⁵ ɗəu⁴⁴ pæ⁵⁵ no⁵⁵ sə⁵⁵ ko²¹⁴ n̠in²¹。

070. (小屋堆东西，大屋住人。)
小屋堆东西，大屋住人。
ɕio⁵³ Øu⁵⁵ ti²² təŋ²² ɕi²²，ɗæ⁴⁴ Øu⁵⁵ ɗəu⁴⁴ n̠in²¹。

071. (他们几个人正说着话呢。)
伊家哒几个人正在话事。
Øi⁵³ ka²²·ɗatɕi⁵³ ko²¹⁴ n̠in²¹ təŋ²¹⁴ zæ⁴⁴ Øua⁴⁴ sʅ⁴⁴。

072. (桌上放着一碗水，小心别碰倒了。)
桌上搁倒一碗水，看倒莫把伊碰泼了。

tso⁵⁵saŋ⁴⁴ko⁵⁵・tauØi⁵⁵Øuə⁵³fi⁵³，hə²¹⁴・taumo⁵⁵pa⁵³Øi⁵³ɓən²¹⁴ɓə⁵⁵・ɖæ。

073. （门口站着一帮人，在说着什么。）
门口徛倒一伙人，在话么哒。
mən²¹tɕio⁵³ʑi⁴⁴・tauØi⁵⁵ho⁵³ȵin²¹，zæ⁴⁴Øua⁴⁴mo⁵⁵・ɖæ。

074. （坐着吃好，还是站着吃好？）
坐倒吃好，还是徛倒吃好呢？
zo⁴⁴・tauʑia⁵⁵hau⁵³，hæ²¹sɿ⁴⁴ʑi⁴⁴・tauʑia⁵³hau⁵³・ȵiɛ？

075. （想着说，不要抢着说。）
想好了再话，莫抢倒话。
ɕiaŋ⁵³hau⁵³・ɖætsæ²¹⁴Øua⁴⁴，mo⁵⁵ʑiaŋ⁵³・tauØua⁴⁴。

076. （说着说着就笑起来了。）
话倒话倒就笑起来了。
Øua⁴⁴・tauØua⁴⁴・tauʑiəu⁴⁴ɕio²¹⁴ʑi⁵³næ²¹・ɖæ。

077. （别怕！你大着胆子说吧。）
莫怕！放开胆子话。
mo⁵⁵ɓa²¹⁴！faŋ²¹⁴hæ²²tæ⁵³・tsɿØua⁴⁴。

078. （这个东西重着呢，足有一百来斤。）
个个东西蛮重箇哒，有一百多斤。
ko²¹⁴ko⁴⁴tən²²ɕi²²mæ²¹ɖən⁴⁴・kə・ɖæ，Øiəu⁵³Øi⁵⁵ɓa⁵⁵to²²tɕin²²。

079. （他对人可好着呢。）
伊对别个点把好啊。
Øi⁵³ti²¹⁴ɓiɛ⁵⁵ko²¹⁴tiɛ⁵³pa⁵³hau⁵³・Øua。

080. （这小伙子可有劲着呢。）
个年轻崽蛮有劲呢。
ko²¹⁴ȵiɛ²¹ʑin²²tsæ⁵³mæ²¹Øiəu⁵³tɕin²¹⁴ȵiɛ²¹。

081. （别跑，你给我站着！）
莫跑，跟我徛倒！
mo⁵⁵ɓau⁵³，kɛ²²ŋo⁵³ʑi⁴⁴・tau！

082. （下雨了，路上小心着！）
落雨了，路上过细点啊！

no⁵⁵vi⁵³·ɖæ, nəu⁴⁴saŋ⁴⁴ko²¹⁴ɕi²¹⁴tiɛ⁵³·ɵia!

083. (点着火了。着凉了。)

火点着了。受凉了。/冻倒了。

ho⁵³tiɛ⁵³tso⁵⁵·ɖæ。səu⁴⁴ɖiaŋ²¹·ɖæ。/tən²¹⁴·tau·ɖæ。

084. (甭着急，慢慢儿来。)

莫急，慢点子来!

mo⁵⁵tɕi⁵⁵, mæ⁴⁴tiɛ⁵³·tsænæ²¹!

085. (我正在这儿找着呢，还没找着。)

我正在个哒找啊，还有找到。

ŋo⁵³tən²¹⁴zæ⁴⁴ko⁵³·ɖætsau⁵³·ɵua, hæ²¹mau⁴⁴tsau⁵³tau⁵³。

086. (她呀，可厉害着呢!)

伊啊，狠得很啊!

ɵi⁵³·ɵia, hɛ⁵³tə⁵⁵hɛ⁵³·ɵia!

087. (这本书好看着呢。)

个本书点把好看。

ko²¹⁴pən⁵³səu²²tiɛ⁵³pa⁵³hau⁵³hə²¹⁴。

088. (饭好了，快来吃吧。)

饭好了，快过来吃。

fæ⁴⁴hau⁵³·ɖæ, ɵuæ²¹⁴ko²¹⁴næ²¹ʑia⁵⁵。

089. (锅里还有饭没有？你去看一看。)

锅哒还有饭冇? 尔去看下子。

ko²²·ɖæhæ²¹ɵiəu⁵³fæ⁴⁴mau⁴⁴? ɵn̩⁵³ʑiɛ²¹⁴hə²¹⁴ha⁴⁴·tsæ。

090. (我去看了，没有饭了。)

我去看了，冇得饭了。

ŋo⁵³ʑiɛ²¹⁴hə²¹⁴·ɖæ, mau⁴⁴tə⁵⁵fæ⁴⁴·ɖæ。

091. (就剩一点儿了，吃了得了。)

就剩一点子，吃了算了。

ʑiəu⁴⁴sən⁴⁴·ɵi⁵⁵tiɛ⁵³·tsæ, ʑia⁵⁵·n̩iosə²¹⁴·n̩io。

092. (吃了饭要慢慢儿地走，别跑，小心肚子疼。)

吃了饭要慢点子走，莫跑，小心肚子疼。

ʑia⁵⁵·n̩iofæ⁴⁴ɵio²¹⁴mæ⁴⁴tiɛ⁵³·tsætɕio⁵³, mo⁵⁵ɓau⁵³, ɕio⁵³ɕin²² təu⁵³·tsʅɗən²¹⁴。

093. （他吃了饭了，你吃了饭没有呢？）

伊吃了饭了，尔吃了有？

Øi⁵³ʑia⁵⁵·n̠iofæ⁴⁴·n̠io, Øn̩⁵³ʑia⁵⁵·ɗæmau⁴⁴?

094. （我喝了茶还是渴。）

我喝了茶还是点把干。

ŋo⁵³hə⁵⁵·ɗæza²¹hæ²¹sʅ⁴⁴tiɛ⁵³pa⁵³kə²²。

095. （我吃了晚饭，出去溜达了一会儿，回来就睡下了，还做了个梦。）

我吃了夜饭，出去走了一下，归来就睏了，还制了个梦。

ŋo⁵³ʑia⁵⁵·ɗæØia⁴⁴fæ⁴⁴, ɗə⁵⁵ʑiɛ²¹⁴tɕio⁵³·ɗæØi⁵⁵ha⁴⁴, kui²²næ²¹ʑiəu⁴⁴Øuən²¹⁴·ɗæ, hæ²¹tsʅ²¹⁴·ɗæko²¹⁴mən⁴⁴。

096. （吃了这碗饭再说。）

吃了个碗饭再话。

ʑia⁵⁵·ɗæko²¹⁴Øuə⁵³fæ⁴⁴tsæ²¹⁴Øua⁴⁴。

097. （我昨天照了相了。）

我昨日照了相。

ŋo⁵³tso⁵⁵n̠in⁵⁵tau²¹⁴·ɗæɕiaŋ²¹⁴。

098. （有了人，什么事都好办。）

有人，么事都好办。/认得人，么事都好办。

Øiəu⁵³n̠in²¹, mo⁵³sʅ⁴⁴təu²²hau⁵³ɓæ⁴⁴。/n̠in⁴⁴tə⁵⁵n̠in²¹, mo⁵³sʅ⁴⁴təu²²hau⁵³ɓæ⁴⁴。

099. （不要把茶杯打碎了。）

莫把茶盅打烂了。

mo⁵⁵pa⁵³za²¹tən²²tɑ⁵³næ⁴⁴·ɗæ。

100. （你快把这碗饭吃了，饭都凉了。）

尔快把个碗饭吃了嘀，饭都冷了。

Øn̩⁵³Øuæ²¹⁴pa⁵³ko²¹⁴Øuə⁵³fæ⁴⁴ʑia⁵⁵·n̠io·ti, fæ⁴⁴təu²²naŋ⁵³·ɗæ。

101. （下雨了。雨不下了，天晴开了。）

落雨了。雨不落了，天开了。

no⁵⁵vi⁵³·ɗæ。vi⁵³pæ⁵⁵no⁵⁵·ɗæ, ɗiɛ²²hæ²²·ɗæ。

102. （打了一下。去了一趟。）

打了一下。去了一趟。

ta^{53}·ɖæɵi^{55}ha^{44}。ʑiɛ^{214}·ɖæɵi^{55}ɖaŋ^{214}。

103. （晚了就不好了，咱们快点儿走吧!）

晏了就不好话了哦，我家哒快点走哦!

ŋæ^{214}·ɖæʑiəu^{44}pæ^{55}hau^{53}ɵua^{44}·ɖæ·ɵo，ŋo^{53}·ka·ɖæɵuæ^{214}tiɛ^{53}tɕio^{53}·ɵo。

104. （给你三天时间做得了做不了？）

把得尔三日制不制得了？

pa^{53}tə^{55}ɵn̩^{53}sæ^{22}n̠in^{55}tsʅ^{214}pæ^{55}tsʅ^{214}tə^{55}n̠io^{53}？

105. （你做得了，我做不了。）

尔制得了，我制不了。

ɵn̩^{53}tsʅ^{214}tə^{55}n̠io^{53}，ŋo^{53}tsʅ^{214}pæ^{55}n̠io^{53}。

106. （你骗不了我。）

尔□不了我。

ɵn̩^{53}ɕin^{55}pæ^{55}n̠io^{53}ŋo^{53}。

107. （了了这桩事情再说。）

了了个桩事再话。

n̠io^{53}·ɖæko^{214}tsaŋ^{22}sʅ^{44}tsæ^{214}ɵua^{44}。

108. （这间房没住过人。）

个间房冇住过人。

ko^{214}kæ^{22}faŋ^{21}mau^{44}ɖəu^{44}ko^{214}n̠in^{21}。

109. （这牛拉过车，没骑过人。）

个牛拉过车，冇把得别个骑过。

ko^{214}n̠iəu^{21}na^{22}ko^{214}ɖa^{22}，mau^{44}pa^{53}tə^{55}ɓiɛ^{55}ko^{214}ʑi^{21}ko^{214}。

110. （这小马还没骑过人，你小心点儿。）

个小马还冇把得别个骑过，尔过细点子。

ko^{214}ɕio^{53}ma^{53}hæ^{21}mau^{44}pa^{53}tə^{55}ɓiɛ^{55}ko^{214}ʑi^{21}ko^{214}，ɵn̩^{53}ko^{214}ɕi^{214}tiɛ^{53}·tsæ。

111. （以前我坐过船，可从来没骑过马。）

以前我坐过船，还冇骑过马。

Øi⁵³ ʑiɛ²¹ ŋo⁵³ zo⁴⁴ ko²¹⁴ sə²¹，hæ²¹ mau⁴⁴ ʑi²¹ ko²¹⁴ ma⁵³。

112. （丢在街上了。搁在桌上了。）
   落倒街上了。搁到桌子高底了。
   no⁵⁵ tau²¹ kæ²² saŋ⁴⁴・ɖæ。ko⁵⁵・tautso⁵⁵・tsɿkau²²・ti・ɖæ。

113. （掉到地上了，怎么都没找着。）
   落到地上去了，哪样找都找不到。
   no⁵⁵・tauɖi⁴⁴ saŋ⁴⁴ ʑiɛ²¹⁴・ɖæ，nɑ²¹⁴ ȵiaŋ⁴⁴ tsau⁵³ təu²² tsau⁵³ pæ⁵⁵ tau⁵³。

114. （今晚别走了，就在我家住下吧！）
   今夜莫走，就在我屋哒歇！
   tɕin²² Øia⁴⁴ mo⁵⁵ tɕio⁵³，ʑiəu⁴⁴ zæ⁴⁴ ŋo⁵³ Øu⁵⁵・ɖæɕiɛ⁵⁵！

115. （这些果子吃得吃不得？）
   个些果子吃不吃得？
   ko²¹⁴ ɕia²² ko⁵³・tsɿ ʑia⁵⁵ pæ⁵⁵ ʑia⁵⁵ tə⁵⁵？

116. （这是熟的，吃得。那是生的，吃不得。）
   个是熟箇，吃得。伊是生箇，吃不得。
   ko²¹⁴ sɿ⁴⁴ səu⁵⁵・kɑ，ʑia⁵⁵ tə⁵⁵。Øi²¹⁴ sɿ⁴⁴ saŋ²²・kɑ，ʑia⁵⁵ pæ⁵⁵ tə⁵⁵。

117. （你们来得了来不了？）
   尔家哒来不来得了？
   Øn̩⁵³ kɑ²²・ɖænæ²¹ pæ⁵⁵ næ²¹ tə⁵⁵ ȵio⁵³？

118. （我没事，来得了，他太忙，来不了。）
   我有得事，来得了。伊点把忙，来不了。
   ŋo⁵³ mau⁴⁴ tə⁵⁵ sɿ⁴⁴，næ²¹ tə⁵⁵ ȵio⁵³。Øi⁵³ tiɛ⁵³ pa⁵³ maŋ²¹，næ²¹ pæ⁵⁵ ȵio⁵³。

119. （这个东西很重，拿得动拿不动？）
   个个东西点把重，拿不拿得动哟？
   ko²¹⁴ ko⁴⁴ təŋ²² ɕi²² tiɛ⁵³ pa⁵³ ɖəŋ⁴⁴，nɑ⁵⁵ pæ⁵⁵ nɑ⁵⁵ tə⁵⁵ ɖəŋ⁴⁴・sɑ？

120. （我拿得动，他拿不动。）
   我拿得动，伊拿不动。
   ŋo⁵³ nɑ⁵⁵ tə⁵⁵ ɖəŋ⁴⁴，Øi⁵³ nɑ⁵⁵ pæ⁵⁵ ɖəŋ⁴⁴。

121. （真不轻，重得连我都拿不动了。）

真是点把重啊，重得我都拿不起。

tən^{22} sʅ^{44} tiɛ^{53} pa^{53} ɖən^{44} · na， ɖən^{44} tə^{55} ŋo^{55} təu^{22} na^{55} pæ^{55} ʑi^{53}。

122. （他手巧，画得很好看。）

伊手点把巧，画得点把好看。

øi^{53} səu^{53} tiɛ^{53} pa^{53} ʑio^{53}， fa^{44} tə^{55} tiɛ^{53} pa^{53} hau^{53} hə^{214}。

123. （他忙得很，忙得连吃过饭没有都忘了。）

伊忙得很，忙得饭都难记吃了。

øi^{53} maŋ^{21} tə^{55} hɛ^{53}， maŋ^{21} tə^{55} fæ^{44} təu^{22} næ^{21} tɕi^{214} ʑia^{55} · ɖæ。

124. （你看他急得，急得脸都红了。）

尔看伊急得面都红了。

øn̩^{53} hə^{214} øi^{53} tɕi^{55} tə^{55} miɛ^{44} təu^{22} fən^{21} · ɖæ。

125. （你说得很好，你还会说些什么呢？）

尔话得点把好，尔还话倒么嘀当唦？

øn̩^{53} øua^{44} tə^{55} tiɛ^{53} pa^{53} hau^{53}， øn̩^{53} hæ^{21} øua^{44} · taumo^{53} · titaŋ^{214} · sa？

126. （说得到，做得了，真棒！）

话得到，制得到，点把狠啊！

øua^{44} tə^{55} tau^{214}， tsʅ^{214} tə^{55} tau^{214}， tiɛ^{53} pa^{53} hɛ^{53} · øia！

127. （这个事情说得说不得呀？）

个个事话不话得唦？

ko^{214} ko^{44} sʅ^{44} øua^{44} pæ^{55} øua^{44} tə^{55} · sa？

128. （他说得快不快？听清楚了吗？）

伊话得快不快啊？听得清楚不？

øi^{53} øua^{44} tə^{55} øuæ^{214} pæ^{55} øuæ^{214} · øia？ ɖiaŋ^{214} tə^{55} ʑin^{22} zəu^{53} pæ^{55}？

129. （他说得快不快？只有五分钟时间了。）

伊话得快不快啊？只有五分钟了。

øi^{53} øua^{44} tə^{55} øuæ^{214} pæ^{55} øuæ^{214} · øia？ tə^{55} øiəu^{53} øn̩^{53} fən^{22} tən^{22} · ɖæ。

130. （这是他的书。）

个是伊箇书。

ko^{214} sʅ^{44} øi^{53} · kasəu^{22}。

131. （那本书是他哥哥的。）

伊本书是伊箇哥箇。

ɵi²¹⁴pən⁵³səu²²sɿ⁴⁴ɵi⁵³·kako²²·ka。

132. （桌子上的书是谁的？是老王的。）

桌哒高底箇书是哪个箇？是老王箇。

tso⁵⁵·ɖækau²²·ti·kasəu²²sɿ⁴⁴na²¹⁴ko⁴⁴·ka？sɿ⁴⁴nau⁵³ɵuaŋ²¹·ka。

133. （屋子里坐着很多人，看书的看书，看报的看报，写字的写字。）

屋哒坐倒点把多人，看书箇看书，看报箇看报，写字箇写字。

ɵu⁵⁵·ɖæzo⁴⁴·tautiɛ⁵³pa⁵³to²²ȵin²¹，hə²¹⁴səu²²·kahə²¹⁴səu²²，hə²¹⁴pau²¹⁴·kahə²¹⁴pau²¹⁴，ɕia⁵³zɿ⁴⁴·kaɕia⁵³zɿ⁴⁴。

134. （要说他的好话，不要说他的坏话。）

要话伊箇好事，莫话伊箇坏事。

ɵio²¹⁴ɵua⁴⁴ɵi⁵³·kahau⁵³sɿ⁴⁴，mo⁵⁵ɵua⁴⁴ɵi⁵³·kafæ⁴⁴sɿ⁴⁴。

135. （上次是谁请的客？是我请的。）

上回是哪个请箇客啊？我请箇。

saŋ⁴⁴fi²¹sɿ⁴⁴na²¹⁴ko⁴⁴ʑiaŋ⁵³·kaha⁵⁵·ɵua？ŋo⁵³ʑiaŋ⁵³·ka。

136. （你是哪年来的？）

尔是哪年来箇？

ɵn̩⁵³sɿ⁴⁴na⁵³ȵiɛ²¹næ²¹·ka？

137. （我是前年到的北京。）

我前年来箇北京。

ŋo⁵³ʑiɛ²¹ȵiɛ²¹næ²¹·kapiɛ⁵⁵tɕin²²。

138. （你说的是谁？）

尔话箇是哪个？

ɵn̩⁵³ɵua⁴⁴·kasɿ⁴⁴na²¹⁴ko⁴⁴？

139. （我反正不是说的你。）

我反正不是话箇尔。

ŋo⁵³fæ⁵³tən²¹⁴pæ⁵⁵sɿ⁴⁴ɵua⁴⁴·kaɵn̩⁵³。

140. （他那天是见的老张，不是见的老王。）

伊伊日哒看到箇是老张，不是老王。

ɵi⁵³ɵi²¹⁴ȵin⁵⁵·ɖæhə²¹⁴·tau·kasɿ⁴⁴nau⁵³taŋ²²，pæ⁵⁵sɿ⁴⁴nau⁵³ɵuaŋ²¹。

141. （只要他肯来，我就没的说了。）

只要伊愿意来，我就冇得么话箇。
tɔ⁵⁵ɕio²¹⁴ɕi⁵³ɕyɛ⁴⁴ɕi²¹⁴næ²¹, ŋo⁵³ʑiəu⁴⁴mau⁴⁴tə⁵⁵mo⁵³ɕua⁴⁴·ka。

142. （以前是有得做，没得吃。）
以前是有制箇，冇得吃箇。
ɕi⁵³ʑiɛ²¹sɿ⁴⁴ɕiəu⁵³tsɿ²¹⁴·ka, mau⁴⁴tə⁵⁵ʑia⁵⁵·ka。

143. （现在是有得做，也有得吃。）
个际是有制箇，也有吃箇。
ko²¹⁴tɕi⁵⁵sɿ⁴⁴ɕiəu⁵³tsɿ²¹⁴·ka, ɕia⁵³ɕiəu⁵³ʑia⁵⁵·ka。

144. （上街买个蒜啊葱的，也方便。）
上街买个蒜啊葱啊，也方便。
saŋ⁴⁴kæ²²mæ⁵³ko²¹⁴sə²¹⁴·ɕazən²²·na, ɕia⁵³faŋ²²ɕiɛ⁴⁴。

145. （柴米油盐什么的，都有的是。）
柴米油盐管么哒，压有。
zæ²¹mi⁵³ɕiəu²¹ɕiɛ²¹kuə⁵³mo⁵³·ɖæ, ɕia⁵⁵ɕiəu⁵³。

146. （写字算账什么的，他都能行。）
写字算账么哒箇，伊下搞得当。
ɕia⁵³ʐɿ⁴⁴sə²¹⁴taŋ²¹⁴mo⁵⁵·ɖæ·ka, ɕi⁵³ha⁴⁴kau⁵³tə⁵⁵taŋ²¹⁴。

147. （把那个东西递给我。）
把伊个东西把得我。
pa⁵³ɕi²¹⁴ko⁴⁴tən²²ɕi²²pa⁵³tə⁵⁵ŋo⁵³。

148. （是他把那个杯子打碎了。）
是伊把伊个盅哒打烂了箇。
sɿ⁴⁴ɕi⁵³pa⁵³ɕi²¹⁴ko⁴⁴tən²²·ɖæta⁵³næ⁴⁴·ɖæ·ka。

149. （把人家脑袋都打出血了，你还笑！）
把别个脑壳打出血了，尔还笑！
pa⁵³ɕiɛ⁵⁵ko²¹⁴nau⁵³ho⁵⁵ta⁵³ɖə⁵⁵fiɛ⁵⁵·ɖæ, ɕn̩⁵³hæ²¹ɕio²¹⁴！

150. （快去把书还给他。）
快去把书还倒伊啊。
ɕuæ²¹⁴ʑiɛ²¹⁴pa⁵³səu²²fæ²¹tau²¹ɕi⁵³·ɕia。

151. （我真后悔当时没把他留住。）
我真后悔当时冇把伊留下来。

ŋo⁵³ tən²² ʑio⁴⁴ fi⁵³ taŋ²² sʅ²¹ mau⁴⁴ pa⁵³ Øi⁵³ ɖiəu²¹ ha⁴⁴ næ²¹。

152. （你怎么能不把人当人呢？）
尔哪不把人当人啊？
Øn̩⁵³ na⁵³ pæ⁵⁵ pa⁵³ ȵin²¹ taŋ²² ȵin²¹ · na?

153. （有的地方管太阳叫日头。）
有些地方把太阳叫日头。
Øiəu⁵³ ɕia²² ɖi⁴⁴ faŋ²² pa⁵³ ɖæ²¹⁴ Øiaŋ²¹ tɕio²¹⁴ ȵin⁵⁵ ɖiəu²¹。

154. （什么？她管你叫爸爸！）
么哒？伊喊尔喊爸？
mo⁵³ ɖæ? Øi⁵³ hæ⁵³ Øn̩⁵³ hæ⁵³ pa⁵⁵?

155. （你拿什么都当真的，我看没必要。）
尔把么哒都当真箇，我看有得必要。
Øn̩⁵³ pa⁵³ mo⁵⁵ · ɖætəu²² taŋ²² tən²² · ka，ŋo⁵³ hə²¹⁴ mau⁴⁴ tə⁵⁵ pi⁵⁵ Øio²¹⁴。

156. （真拿他没办法，烦死我了。）
真拿伊有得办法，把我烦煞。
tən²² na⁵⁵ Øi⁵³ mau⁴⁴ tə⁵⁵ ɓæ⁴⁴ fæ⁵⁵，pa⁵³ ŋo⁵³ fæ²¹ sæ⁵⁵。

157. （看你现在拿什么还人家。）
看尔个际拿么哒还倒别个哒。
hə²¹⁴ Øn̩⁵³ ko²¹⁴ tɕi⁵⁵ na⁵⁵ mo⁵⁵ · ɖæØuæ²¹ · tauɓiɛ⁵⁵ ko²¹⁴ · ɖæ。

158. （他被妈妈说哭了。）
伊把得伊箇妈话哭了。
Øi⁵³ pa⁵³ tə⁵⁵ Øi⁵³ · kama²² Øua⁴⁴ Øu⁵⁵ · ɖæ。

159. （所有的书信都被火烧了，一点儿剩的都没有。）
所有箇信压把得火烧了，一点子都有留。
so⁵³ Øiəu⁵³ · kaɕin²¹⁴ Øia⁵⁵ pa⁵³ tə⁵⁵ ho⁵³ sau²² · ɖæ，Øi⁵⁵ tiɛ⁵³ · tsætəu²² mau⁴⁴ ɖiəu²¹。

160. （被他缠了一下午，什么都没做成。）
把得伊缠了一下昼，管么嘀都有制。
pa⁵³ tə⁵⁵ Øi⁵³ ɖə²¹ · ɖæØi⁵⁵ ha⁴⁴ təu⁴⁴，kuə⁵³ mo⁵⁵ · titəu²² mau⁴⁴ tsʅ²¹⁴。

161. （让人给打懵了，一下子没明白过来。）
把得别个打哈了，一下子有想过来。

pa⁵³tə⁵⁵ɓiɛ⁵⁵ko⁴⁴ta⁵³ha⁵³·ɖæ, Øi⁵⁵ha⁴⁴·tsæmau⁴⁴ɕiaŋ⁵³ko²¹⁴næ²¹。

162. （给雨淋了个浑身湿透。）
身上把得雨下沛湿了。
sən²²saŋ⁴⁴pa⁵³tə⁵⁵vi⁵³ha⁴⁴zæ⁵⁵sə⁵⁵·ɖæ。

163. （给我一本书。给他三本书。）
把得我一本书，把得伊三本书。
pa⁵³tə⁵⁵ŋo⁵³Øi⁵⁵pən⁵³səu²², pa⁵³tə⁵⁵Øi⁵³sæ²²pən⁵³səu²²。

164. （这里没有书，书在那里。）
个哒冇得书，书在伊哒。
ko⁵³·ɖæmau⁴⁴tə⁵⁵səu²², səu²²zæ⁴⁴Øi⁵³·ɖæ。

165. （叫他快来找我。）
叫/喊伊快点来找我。
tɕio²¹⁴/hæ⁵³Øi⁵³Øuæ²¹⁴tiɛ⁵³næ²¹tsau⁵³ŋo⁵³。

166. （赶快把他请来。）
快点把伊请过来。
Øuæ²¹⁴tiɛ⁵³pa⁵³Øi⁵³ʑin⁵³ko²¹⁴næ²¹。

167. （我写了条子请病假。）
我写了个请假箇条子。
ŋo⁵³ɕia⁵³·ɖæko²¹⁴ʑin⁵³tɕia⁵³·kaɖio²¹·tsæ。

168. （我上街买了份报纸看。）
我上街买份报纸看。
ŋo⁵³saŋ⁴⁴kæ²²mæ⁵³fən⁴⁴pau²¹⁴tsɿ⁵³hə²¹⁴。

169. （我笑着躲开了他。）
我笑倒把伊躲过去了。
ŋo⁵³ɕio²¹⁴·taupa⁵³Øi⁵³to⁵³ko²¹⁴ʑiɛ²¹⁴·ɖæ。

170. （我抬起头笑了一下。）
我抬起脑壳笑了下。
ŋo⁵³ɖæ²¹ʑi⁵³nau⁵³ho⁵⁵ɕio²¹⁴·næhæ⁴⁴。

171. （我就是坐着不动，看你能把我怎么着。）
我就坐倒不动，看尔能把我哪样。
ŋo⁵³ʑiəu⁴⁴zo⁴⁴·taupæ⁵⁵ɖən⁴⁴, hə²¹⁴Øn̩⁵³n̠iɛ²¹pa⁵³ŋo⁵³na²¹⁴n̠iaŋ⁴⁴。

172. （她照顾病人很细心。）

伊招几病人闷过细。

ɕi⁵³ tau²² tɕi⁴⁴ ɓiaŋ⁴⁴ȵin²¹ mən⁵⁵ ko²¹⁴ ɕi²¹⁴。

173. （他接过苹果就咬了一口。）

伊接过苹果就啮了一口。

ɕi⁵³ tɕiɛ⁵⁵ ko²¹⁴ ɓin²¹ ko⁵³ ʑiəu⁴⁴ ŋæ⁵⁵·ɗæɕi⁵⁵ ʑio⁵³。

174. （他的一番话使在场的所有人都流了眼泪。）

伊话简事听得在场简所有人下流了眼泪哒。

ɕi⁵³ ɕua⁴⁴·kasɿ⁴⁴ ɗiaŋ²¹⁴ tə⁵⁵ zæ⁴⁴ ɗaŋ⁵³·kaso⁵³ ɕiəu⁵³ȵin²¹ ha⁴⁴ ɗio²¹·ɗæŋæ⁵³ ɗi⁴⁴·ɗæ。

175. （我们请他唱了一首歌。）

我家哒请伊唱了一首歌。

ŋo⁵³·ka·næʑiaŋ⁵³ ɕi⁵³ ɗaŋ²¹⁴·næɕi⁵⁵ səu⁵³ ko²²。

176. （我有几个亲戚在外地做工。）

我有几个亲戚在外面打工。

ŋo⁵³ ɕiəu⁵³ tɕi⁵³ ko²¹⁴ ʑin²² ʑi²¹⁴ zæ⁴⁴ ŋæ⁴⁴ miɛ⁴⁴ ta⁵³ kən²²。

177. （他整天都陪着我说话。）

伊一日压陪倒我话事。

ɕi⁵³ ɕi⁵⁵ȵin⁵⁵ ɕia⁵⁵ ɓi²¹·tauŋo⁵³ ɕua⁴⁴ sɿ⁴⁴。

178. （我骂他是个大笨蛋，他居然不恼火。）

我话伊是个哈巴哒，伊也不怄。

ŋo⁵³ ɕua⁴⁴ɕi⁵³ sɿ⁴⁴ ko²¹⁴ ha⁵³ pa²²·ɗæ, ɕi⁵³ ɕia⁵³ pæ⁵⁵ȵio²¹⁴。

179. （他把钱一扔，二话不说，转身就走。）

伊把钱一丢，管么都冇话就走了。

ɕi⁵³ pa⁵³ ʑiɛ²¹ ɕi⁵⁵ tio²², kuə⁵³ mo⁵⁵ təu²² mau⁴⁴ ɕua⁴⁴ ʑiəu⁴⁴ tɕio⁵³·ɗæ。

180. （我该不该来呢？）

我该不该来啊？

ŋo⁵³ kæ²² pæ⁵⁵ kæ²² næ²¹·ɕia?

181. （你来也行，不来也行。）

尔来也行，不来也行。

ɕn̩⁵³ næ²¹ ɕia⁵³ ɕin²¹, pæ⁵⁵ næ²¹ ɕia⁵³ ɕin²¹。

182. （要我说，你就不应该来。）

要我话，尔就不该来。/把得我话，尔就不该来。

ɵio²¹⁴ ŋo⁵³ ɵua⁴⁴，ɵn̩⁵³ ʑiəu⁴⁴ pæ⁵⁵ kæ²² næ²¹。/pa⁵³ tə⁵⁵ ŋo⁵³ ɵua⁴⁴，ɵn̩⁵³ ʑiəu⁴⁴ pæ⁵⁵ kæ²² næ²¹。

183. （你能不能来？）

尔能不能来啊？

ɵn̩⁵³ n̠iɛ²¹ pæ⁵⁵ n̠iɛ²¹ næ²¹·ɵia？

184. （看看吧，现在说不准。）

看下子当，个际话不好。

hə²¹⁴ ha⁴⁴·tsætaŋ²¹⁴，ko²¹⁴ tɕi⁵⁵ ɵua⁴⁴ pæ⁵⁵ hau⁵³。

185. （能来就来，不能来就不来。）

能来就来，不能来就不来。

n̠iɛ²¹ næ²¹ ʑiəu⁴⁴ næ²¹，pæ⁵⁵ n̠iɛ²¹ næ²¹ ʑiəu⁴⁴ pæ⁵⁵ næ²¹。

186. （你打算不打算去？）

尔打算去不？/尔准不准备去？

ɵn̩⁵³ ta⁵³ sə²¹⁴ ʑiɛ²¹⁴ pæ⁵⁵？ɵn̩⁵³ tən⁵³ pæ⁵⁵ tən⁵³ ɓi⁴⁴ ʑiɛ²¹⁴？

187. （去呀！谁说我不打算去？）

去啊！哪个话我不准备去？

ʑiɛ²¹⁴·ɵia！na²¹⁴ ko⁴⁴ ɵua⁴⁴ ŋo⁵³ pæ⁵⁵ tən⁵³ ɓi⁴⁴ ʑiɛ²¹⁴？

188. （他一个人敢去吗？）

伊一个人敢去？

ɵi⁵³ ɵi⁵⁵ ko²¹⁴ n̠in²¹ kə⁵³ ʑiɛ²¹⁴？

189. （敢！那有什么不敢的？）

敢！伊有么嘀不敢箇唦？

kə⁵³！ɵi²¹⁴ ɵiəu⁵³ mo⁵⁵·tipæ⁵⁵ kə⁵³·ka·sɑ？

190. （他到底愿不愿意说？）

伊到底愿不愿意话唦？

ɵi⁵³ tau²¹⁴ ti⁵³ ɵyɛ⁴⁴ pæ⁵⁵ ɵyɛ⁴⁴ ɵi²¹⁴ ɵua⁴⁴·sɑ？

191. （谁知道他愿意不愿意说？）

哪个晓得伊愿不愿意话唦？

na²¹⁴ ko⁴⁴ ɕio⁵³ tə⁵⁵ ɵi⁵³ ɵyɛ⁴⁴ pæ⁵⁵ ɵyɛ⁴⁴ ɵi²¹⁴ ɵua⁴⁴·sɑ？

192. （愿意说得说，不愿意说也得说。）

愿意话就话，不愿意话也要话。

ɵyɛ⁴⁴ ɵi²¹⁴ ɵua⁴⁴ ʑiəu⁴⁴ ɵua⁴⁴，pæ⁵⁵ ɵyɛ⁴⁴ ɵi²¹⁴ ɵua⁴⁴ ɵia⁵³ ɵio²¹⁴ ɵua⁴⁴。

193. （反正我得让他说，不说不行。）

不管哪样我都要伊话，不话不行。

pæ⁵⁵ kuə⁵³ na²¹⁴ ȵiaŋ⁴⁴ ŋo⁵³ təu²² ɵio²¹⁴ ɵi⁵³ ɵua⁴⁴，pæ⁵⁵ ɵua⁴⁴ pæ⁴⁴ ɕin²¹。

194. （还有没有饭吃？）

还有有得饭吃？

hæ²¹ ɵiəu⁵³ mau⁴⁴ tə⁵⁵ fæ⁴⁴ ʑia⁵⁵？

195. （有，刚吃呢。）

有，刚开始吃。

ɵiəu⁵³，kaŋ²² hæ²² sʅ⁵³ ʑia⁵⁵。

196. （没有了，谁叫你不早来！）

冇得了，哪个要尔不早点来！

mau⁴⁴ tə⁵⁵·dæ，na²¹⁴ ko⁴⁴ ɵio²¹⁴ ɵn̩⁵³ pæ⁵⁵ tsau⁵³ tiɛ⁵³ næ²¹！

197. （你去过北京吗？我没去过。）

尔去过北京冇？我冇去过。

ɵn̩⁵³ ʑiɛ²¹⁴ ko²¹⁴ piɛ⁵⁵ tɕin²² mau⁴⁴？ ŋo⁵³ mau⁴⁴ ʑiɛ²¹⁴ ko²¹⁴。

198. （我十几年前去过，可没怎么玩，都没印象了。）

我十几年前去过，也冇哪样戏，下冇得印象了。

ŋo⁵³ sə⁵⁵ tɕi⁵³ ȵiɛ²¹ ʑiɛ²¹⁴ ko²¹⁴，ɵia⁵³ mau⁴⁴ na²¹⁴ ȵiaŋ⁴⁴ ɕi²¹⁴，ha⁴⁴ mau⁴⁴ tə⁵⁵ ɵin²¹⁴ ɕiaŋ²¹⁴·dæ。

199. （这件事他知道不知道？）

个桩事伊晓不晓得啊？

ko²¹⁴ tsaŋ²² sʅ⁴⁴ ɵi⁵³ ɕio⁵³ pæ⁵⁵ ɕio⁵³ tə⁵⁵·ɵia？

200. （这件事他肯定知道。）

个桩事伊肯定晓得。

ko²¹⁴ tsaŋ²² sʅ⁴⁴ ɵi⁵³ hɛ⁵³ dʑin⁴⁴ ɕio⁵³ tə⁵⁵。

201. （据我了解，他好像不知道。）

就我晓得箇，伊好像不晓得。

ʑiəu⁴⁴ ŋo⁵³ ɕio⁵³ tə⁵⁵·ka，ɵi⁵³ hau⁵³ ɕiaŋ⁴⁴ pæ⁵⁵ ɕio⁵³ tə⁵⁵。

202. （这些字你认得不认得？）

个些字尔认不认得？

ko²¹⁴ɕia²² zɿ⁴⁴ ø̩n⁵³ n̩in⁴⁴ pæ⁵⁵ n̩in⁴⁴ tə⁵⁵？

203. （我一个大字也不认得。）

我一个大字也不认得。

ŋo⁵³ øi⁵⁵ ko²¹⁴ ɖæ⁴⁴ zɿ⁴⁴ øia⁵³ pæ⁵⁵ n̩in⁴⁴ tə⁵⁵。

204. （只有这个字我不认得，其他字都认得。）

只有个个字我不认得，其他字压认得。

tə⁵⁵ øiəu⁵³ ko²¹⁴ ko⁴⁴ zɿ⁴⁴ ŋo⁵³ pæ⁵⁵ n̩in⁴⁴ tə⁵⁵，zi²¹ ɖa²² zɿ⁴⁴ øia⁵⁵ n̩in⁴⁴ tə⁵⁵。

205. （你还记得不记得我了？）

尔还记不记得我唦？

ø̩n⁵³ hæ²¹ tɕi²¹⁴ pæ⁵⁵ tɕi²¹⁴ tə⁵⁵ ŋo⁵³·sɑ？

206. （记得，怎么能不记得！）

记得，哪样不记得唦！

tɕi²¹⁴ tə⁵⁵，na²¹⁴ n̩iaŋ⁴⁴ pæ⁵⁵ tɕi²¹⁴ tə⁵⁵·sɑ？

207. （我忘了，一点都不记得了。）

我难记了，一点都不记得了。

ŋo⁵³ næ²¹ tɕi²¹⁴·ɖæ，øi⁵⁵ tiɛ⁵³ təu²² pæ⁵⁵ tɕi²¹⁴ tə⁵⁵·ɖæ。

208. （你在前边走，我在后边走。）

尔在前面走，我在后面走。

ø̩n⁵³ zæ⁴⁴ ziɛ²¹ miɛ⁴⁴ tɕio⁵³，ŋo⁵³ zæ⁴⁴ zio⁴⁴ miɛ⁴⁴ tɕio⁵³。

209. （我告诉他了，你不用再说了。）

我话倒伊听了，尔莫再话了。/我告到伊去了，尔莫再话了。

ŋo⁵³ øua⁴⁴·tauøi⁵³ ɖiaŋ²¹⁴·ɖæ，ø̩n⁵³ mo⁵⁵ tsæ²¹⁴ øua⁴⁴·ɖæ。
/ŋo⁵³ kau²¹⁴ tau⁵³ øi⁵³ ziɛ²¹⁴·ɖæ，ø̩n⁵³ mo⁵⁵ tsæ²¹⁴ øua⁴⁴·ɖæ。

210. （这个大，那个小，你看哪个好？）

个个大，伊个小，尔看哪个好？

ko²¹⁴ ko⁴⁴ ɖæ⁴⁴，øi²¹⁴ ko⁴⁴ ɕio⁵³，ø̩n⁵³ hə²¹⁴ na²¹⁴ ko⁴⁴ hau⁵³？

211. （这个比那个好。）

个个比伊个好。

ko²¹⁴ ko⁴⁴ pi⁵³ øi²¹⁴ ko⁴⁴ hau⁵³。

212. （那个没有这个好，差多了。）
    伊个冇得个个好，差远/多了。
    Øi²¹⁴ko⁴⁴mau⁴⁴tə⁵⁵ko²¹⁴ko⁴⁴hau⁵³，za²²Øyɛ⁵³/to²²·dæ。

213. （要我说这两个都好。）
    把得我话，个两个压好。
    pa⁵³tə⁵⁵ŋo⁵³Øua⁴⁴，ko²¹⁴diaŋ⁵³ko²¹⁴Øia⁵⁵hau⁵³。

214. （其实这个比那个好多了。）
    话到底，个个比伊个好得多。/话到底，个个比伊个好多了。
    Øua⁴⁴tau²¹⁴ti⁵³，ko²¹⁴ko⁴⁴pi⁵³Øi²¹⁴ko⁴⁴hau⁵³tə⁵⁵to²²。
    /Øua⁴⁴tau²¹⁴ti⁵³，ko²¹⁴ko⁴⁴pi⁵³Øi²¹⁴ko⁴⁴hau⁵³to²²·dæ。

215. （今天的天气没有昨天好。）
    今哒箇天气冇得昨日好。
    tɕin²²·da·kadiɛ²²ʑi²¹⁴mau⁴⁴tə⁵⁵zo⁵⁵n̩in⁵⁵hau⁵³。

216. （昨天的天气比今天好多了。）
    昨日箇天气比今哒好多了。
    zo⁵⁵n̩in⁵⁵·kadiɛ²²ʑi²¹⁴pi⁵³tɕin²²·dahau⁵³to²²·dæ。

217. （明天的天气肯定比今天好。）
    明日箇天气肯定比今哒好。
    miaŋ²¹n̩in⁵⁵·kadiɛ²²ʑi²¹⁴hɛ⁵³din⁴⁴pi⁵³tɕin²²·dahau⁵³。

218. （那个房子没有这个房子好。）
    伊个屋冇得个个屋好。
    Øi²¹⁴ko⁴⁴Øu⁵⁵mau⁴⁴tə⁵⁵ko²¹⁴ko⁴⁴Øu⁵⁵hau⁵³。

219. （这些房子不如那些房子好。）
    个些屋冇得伊些屋好。
    ko²¹⁴ɕia²²Øu⁵⁵mau⁴⁴tə⁵⁵Øi²¹⁴ɕia²²Øu⁵⁵hau⁵³。

220. （这个有那个大没有？）
    个个有伊个大冇？
    ko²¹⁴ko⁴⁴Øiəu⁵³Øi²¹⁴ko⁴⁴dæ⁴⁴mau⁴⁴？

221. （这个跟那个一般大。）
    个个跟伊个一样大。
    ko²¹⁴ko⁴⁴kɛ²²Øi²¹⁴ko⁴⁴Øi⁵⁵Øiaŋ⁴⁴dæ⁴⁴。

222. （这个比那个小了一点点儿，不怎么看得出来。）

个个比伊个小点子，蛮看不出来。

ko²¹⁴ko⁴⁴pi⁵³Øi²¹⁴ko⁴⁴ɕio⁵³tiɛ⁵³·tsæ, mæ²¹hə²¹⁴pæ⁵⁵ɗə⁵⁵næ²¹。

223. （这个大，那个小，两个不一般大。）

个个大，伊个小，两个不一样大。

ko²¹⁴ko⁴⁴ɗæ⁴⁴, Øi²¹⁴ko⁴⁴ɕio⁵³, ɗiaŋ⁵³ko²¹⁴pæ⁵⁵Øi⁵⁵Øiaŋ⁴⁴ɗæ⁴⁴。

224. （这个跟那个大小一样，分不出来。）

个个跟伊个一样大，蛮分不出来。

ko²¹⁴ko⁴⁴kɛ²²Øi²¹⁴ko⁴⁴Øi⁵⁵Øiaŋ⁴⁴ɗæ⁴⁴, mæ²¹fən²²pæ⁵⁵ɗə⁵⁵næ²¹。

225. （这个人比那个人高。）

个个人比伊个人高。

ko²¹⁴ko⁴⁴n̪in²¹pi⁵³Øi²¹⁴ko⁴⁴n̪in²¹kau²²。

226. （是高一点儿，可是没有那个人胖。）

是高点子，还是冇得伊个人肉。

sɿ⁴⁴kau²²tiɛ⁵³·tsæ, hæ²¹sɿ⁴⁴mau⁴⁴tə⁵⁵Øi²¹⁴ko⁴⁴n̪in²¹n̪iəu⁵⁵。

227. （他们一般高，我看不出谁高谁矮。）

伊家哒一样高，我看不出来哪个高哪个矮。

Øi⁵³·kɑ·ɗæØi⁵⁵Øiaŋ⁴⁴kau²², ŋo⁵³hə²¹⁴pæ⁵⁵ɗə⁵⁵næ²¹nɑ²¹⁴ko⁴⁴kau²²nɑ²¹⁴ko⁴⁴ŋæ⁵³。

228. （胖的好还是瘦的好？）

肉箇好还是瘦箇好？

n̪iəu⁵⁵·kɑhau⁵³hæ²¹sɿ⁴⁴ɕio²¹⁴·kɑhau⁵³？

229. （瘦的比胖的好。）

瘦箇比胖箇好。

ɕio²¹⁴·kɑpi⁵³ɓaŋ²¹⁴·kɑhau⁵³。

230. （瘦的胖的都不好，不胖不瘦最好。）

瘦箇肉箇压不好，不胖不瘦最好。

ɕio²¹⁴·kɑn̪iəu⁵⁵·kɑØia⁵⁵pæ⁵⁵hau⁵³, pæ⁵⁵ɓaŋ²¹⁴pæ⁵⁵ɕio²¹⁴ʑi²¹⁴hau⁵³。

231. （这个东西没有那个东西好用。）

个个东西冇得伊个东西好用。

ko²¹⁴ko⁴⁴tən²²ɕi²²mau⁴⁴tə⁵⁵Øi²¹⁴ko⁴⁴tən²²ɕi²²hau⁵³Øin⁴⁴。

232. （这两种颜色一样吗？）

个两种颜色一样箇？

ko²¹⁴ɗiaŋ⁵³tən⁵³Øiɛ²¹ɕiɛ⁵⁵Øi⁵⁵Øiaŋ⁴⁴·ka?

233. （不一样，一种色淡，一种色浓。）

不一样，一种颜色淡点子，一种颜色浓点子。

pæ⁵⁵Øi⁵⁵Øiaŋ⁴⁴，Øi⁵⁵tən⁵³Øiɛ²¹ɕiɛ⁵⁵ɗæ⁴⁴tiɛ⁵³·tsæ，Øi⁵⁵tən⁵³Øiɛ²¹ɕiɛ⁵⁵nən²¹tiɛ⁵³·tsæ。

234. （这种颜色比那种颜色淡多了，你都看不出来？）

个种颜色比伊种颜色淡闷多，尔还看不出来？

ko²¹⁴tən⁵³Øiɛ²¹ɕiɛ⁵⁵pi⁵³Øi²¹⁴tən⁵³Øiɛ²¹ɕiɛ⁵⁵ɗæ⁴⁴mən⁵⁵to²²，Øṇ⁵³hæ²¹hə²¹⁴pæ⁵⁵ɗə⁵⁵næ²¹?

235. （你看看现在，现在的日子比过去强多了。）

尔看下个际，个际箇日子比过去强多了。

Øṇ⁵³hə²¹⁴ha⁴⁴ko²¹⁴tɕi⁵⁵，ko²¹⁴tɕi⁵⁵·kaɳin⁵⁵·tsʅpi⁵³ko²¹⁴ʑiɛ²¹⁴ʑiaŋ²¹to²²·næ。

236. （以后的日子比现在更好。）

以后箇日子比个际子更好。

Øi⁵³ʑio⁴⁴·kaɳin⁵⁵·tsʅpi⁵³ko²¹⁴tɕi⁵⁵·tsækɛ²¹⁴hau⁵³。

237. （好好干吧，这日子一天比一天好。）

下夫制，个日子一日比一日好。

ha⁴⁴fu²²tsʅ²¹⁴，ko²¹⁴ɳin⁵⁵·tsʅØi⁵⁵ɳin⁵⁵pi⁵³Øi⁵⁵ɳin⁵⁵hau⁵³。

238. （这些年的生活一年比一年好，越来越好。）

个些年箇生活一年比一年好，越来越好。

ko²¹⁴ɕia²²ɳiɛ²¹·kaɕiɛ²²ho⁵⁵Øi⁵⁵ɳiɛ²¹pi⁵³Øi⁵⁵ɳiɛ²¹hau⁵³，Øyɛ⁵⁵na²¹Øyɛ⁵⁵hau⁵³。

239. （咱兄弟俩比一比谁跑得快。）

我俩兄弟比下子看哪个跑得快。

ŋo⁵³ɗiaŋ⁵³fiaŋ²²ɗi⁴⁴pi⁵³ha⁴⁴·tsæhə²¹⁴na²¹⁴ko⁴⁴ɓau⁵³tə⁵⁵Øuæ²¹⁴。

240. （我比不上你，你跑得比我快。）

我敌不得尔倒，尔跑得比我快。

ŋo⁵³ ɗi⁵⁵ pæ⁵⁵ tə⁵⁵ ɵn̩⁵³ tau⁵³，ɵn̩⁵³ ɓau⁵³ tə⁵⁵ pi⁵³ ŋo⁵³ ɵuæ²¹⁴。

241. （他跑得比我还快。一个比一个跑得快。）
    伊跑得比我还快。一个比一个跑得快。
    ɵi⁵³ ɓau⁵³ tə⁵⁵ pi⁵³ ŋo⁵³ hæ²¹ ɵuæ²¹⁴。ɵi⁵⁵ ko²¹⁴ pi⁵³ ɵi⁵⁵ ko²¹⁴ ɓau⁵³ tə⁵⁵ ɵuæ²¹⁴。

242. （他比我吃得多，干得也多。）
    伊比我吃得多，制得也多。
    ɵi⁵³ pi⁵³ ŋo⁵³ ʑia⁵⁵ tə⁵⁵ to²²，tsʅ²¹⁴ tə⁵⁵ ɵia⁵³ to²²。

243. （他干起活来，比谁都快。）
    伊制起事来，比哪个都快。
    ɵi⁵³ tsʅ²¹⁴ ʑi⁵³ sʅ⁴⁴ næ²¹，pi⁵³ na²¹⁴ ko⁴⁴ təu²² ɵuæ²¹⁴。

244. （说了一遍，又说一遍，不知说了多少遍。）
    话了一回，又话一回，不晓得话了几多回。
    ɵua⁴⁴·ɗæɵi⁵⁵ fi²¹，ɵiəu⁴⁴ ɵua⁴⁴ ɵi⁵⁵ fi²¹，pæ⁵⁵ çio⁵³ tə⁵⁵ ɵua⁴⁴·ɗætçi⁵³ to²² fi²¹。

245. （我嘴笨，怎么也说不过他。）
    我不蛮会话事，再哪样都话不赢伊。
    ŋo⁵³ pæ⁵⁵ mæ²¹ fi⁴⁴ ɵua⁴⁴ sʅ⁴⁴，tsæ⁴⁴ na²¹⁴ ȵiaŋ⁴⁴ təu²² ɵua⁴⁴ pæ⁵⁵ ɵiaŋ²¹ ɵi⁵³。

246. （他走得越来越快，我都跟不上了。）
    伊走得越来越快，我下逢不赢。
    ɵi⁵³ tçio⁵³ tə⁵⁵ ɵyɛ⁵⁵ næ²¹ ɵyɛ⁵⁵ ɵuæ²¹⁴，ŋo⁵³ ha⁴⁴ ɓaŋ²² pæ⁵⁵ ɵiaŋ²¹。

247. （越走越快，越说越快。）
    越走越快，越话越快。
    ɵyɛ⁵⁵ tçio⁵³ ɵyɛ⁵⁵ ɵuæ²¹⁴，ɵyɛ⁵⁵ ɵua⁴⁴ ɵyɛ⁵⁵ ɵuæ²¹⁴。

248. （慢慢说，一句一句地说。）
    慢慢子话，一句一句筒话。
    mæ⁴⁴ mæ⁴⁴·tsæɵua⁴⁴，ɵi⁵⁵ kui²¹⁴ ɵi⁵⁵ kui²¹⁴·kaɵua⁴⁴。

后　　记

　　近几年，我比较关注崇阳方言，像处对象一样，对其从感性认知逐渐深入内在。

　　初相识，就感觉崇阳方言很特别：语音上，全浊声母有别于典型赣语的全部清化为送气音，而是有内爆现象；词汇上，明显保留了很多古汉语词汇；语法上，也有一些与共同语差异明显的句法结构，如双宾句、被动句等。

　　三年前，我有幸主持并完成"中国语言资源保护工程"子课题"湖北汉语方言调查·崇阳"的调研工作。调研、摄录阶段，与发音人的交流、调查过程中，我接触了大量鲜活真实的语料；专家审核、验收阶段，张振兴和张惠英两位先生四两拨千斤地解决了我在调研过程中的种种疑惑。这些都使我对崇阳方言的认知进一步深化。同年，汪国胜教授鼓励我将这些收获形成文字，从语音、词汇、语法全方位研究崇阳方言。次年，我顺利完成《崇阳方言研究》一书的写作。在汪教授及华中师范大学语言研究所的资助下，该书作为"湖北方言研究丛书"中的一员，于2020年出版。

　　得益于这些专家、学者的鞭策和帮助，我一步一步走进崇阳方言。随着对该方言了解的加深，我不再满足于大而全的研究，觉得很多语法现象在《崇阳方言研究》一书中没有说透，那些点到为止的论述让我越来越有种隔靴搔痒般的难受。正在此时，恩师汪教授又着手打造"汉语方言语法研究丛书"，给了我专门研究崇阳方言语法的宝贵机会。

　　如今，书稿已成，宛如一纸婚书，印证我与崇阳方言研究的恋情。然而我也明白，一切还只是开始，我与崇阳方言的研究还将继续携手同行。本人才疏学浅，书中错漏无可避免，概由本人负责。而这些错漏，也终将成为日后我进一步研究的起点。

　　回首过往，感恩汪教授，他是我学生时代方言学习的启蒙者，毕业后方言研究的领路人！感谢张振兴教授、张惠英教授对我在崇阳方言研究中的答疑解惑、指点迷津！感谢发音人为我提供大量鲜活真实、生动有趣的语料！感谢我的父母和爱人，在我写作过程中，主动承担各种家务，为我全身心写作提供良好的家庭氛围！感谢家住崇阳的公婆，为我寻觅合适的方言发音人，安排我田野调查期间的生活起居！感谢中国社会科学出版社的各位老师，为该书的出版付出辛勤的汗水！感谢华中师范大学语言研究所资助本书！感谢湖北科技学院鄂南文化研究中心对本书的出版提供部分资助！感谢挚友袁海霞，和湖北科技学院人文与传媒学院的同事郭彧、王宏佳、李爱国、孙和平等老师，给予我的鼓励和帮助！

　　感谢陪伴我一路走来的各位！

祝　敏
湖北科技学院
2021 年 10 月 28 日

《汉语方言语法研究丛书》书目

安陆方言语法研究
安阳方言语法研究
长阳方言语法研究
崇阳方言语法研究
大冶方言语法研究
丹江方言语法研究
高安方言语法研究
河洛方言语法研究
衡阳方言语法研究
辉县方言语法研究
吉安方言语法研究
浚县方言语法研究
罗田方言语法研究
宁波方言语法研究
武汉方言语法研究
宿松方言语法研究
汉语方言持续体比较研究
汉语方言完成体比较研究
汉语方言差比句比较研究
汉语方言物量词比较研究
汉语方言被动范畴比较研究
汉语方言处置范畴比较研究
汉语方言否定范畴比较研究
汉语方言可能范畴比较研究
汉语方言小称范畴比较研究
汉语方言疑问范畴比较研究